# 我国小学体育教师职前教育培养方案研究

王 硕 ◎ 著

人民体育出版社

图书在版编目（CIP）数据

我国小学体育教师职前教育培养方案研究／王硕著．-- 北京：人民体育出版社，2020
ISBN 978-7-5009-5827-7

Ⅰ.①我… Ⅱ.①王… Ⅲ.①小学教师－体育教师－师资培养－研究－中国 Ⅳ.①G625.1

中国版本图书馆 CIP 数据核字（2020）第 120645 号

\*

人 民 体 育 出 版 社 出 版 发 行
北京中献拓方科技发展有限公司印刷
新 华 书 店 经 销

\*

710×1000　16 开本　18.25 印张　310 千字
2020 年 4 月第 1 版　2020 年 4 月第 1 次印刷

\*

ISBN 978-7-5009-5827-7
定价：80.00 元

---

社址：北京市东城区体育馆路 8 号（天坛公园东门）
电话：67151482（发行部）　　邮编：100061
传真：67151483　　　　　　　邮购：67118491
网址：www.sportspublish.cn
（购买本社图书，如遇有缺损页可与邮购部联系）

# FOREWORD 前 言

　　有好的教师才会有好的教育。小学阶段是一个人体育兴趣和体育习惯养成的关键期，关注小学体育教师教育就是关注小学体育的发展。因此，在教师教育领域，以国家颁布的《教师专业标准》和《教师教育课程标准（试行）》为基础，以最低标准为原则，通过研究形成小学体育教师职前教育人才培养方案雏形，以此来为小学体育教师职前教育改革提供理论与实践参考。

　　本书按照发现问题—解决问题的思路，综合运用文献资料法、调查法、逻辑分析法、数理统计法及案例分析法等研究方法，着重对改革开放以来我国小学体育教师职前教育的发展历程、需求、培养目标、培养规格、课程体系等问题进行了深入、细致的研究，得出以下结论：

　　一、传统"项目划分模式"存在诸多的弊端。这种模式与教师教育专业标准的理念、不同学段的学校对体育教师的需求、未来施教对象和教材等方面存在着错位现象，本书提出了"学段划分模式"的新构想。该模式将解决体育教师教育形式演变中的断层现象，同时为推动体育教师教育一体化模式的构建和促进各学段的体育教师专业化发展提供理论依据。

　　二、本科阶段有针对性地进行小学体育教师职前教育是解决小学体育教师数量与质量问题的最佳途径。

　　三、深入访谈更加符合当前小学体育教师职前教育需求的研究需要。小学体育教师进行职前教育后，应具备适合小学体育教育特点的专业知识与能力，并体现出较高的综合素质。

　　四、小学体育教师将成为学校体育工作的设计者、组织与实施者、激励与评价者、沟通与合作者、反思与发展者五种角色，他们需要掌握小学生发展知识、体育学科知识、教育教学知识和通识知识，四类知识总计21个条目内容，并要具备小学体育教学方面的能力、课外体育活动方面的能力、课余训练和比赛方面的能力，各项能力均包括五个维度，总计 60 个条目内容。

五、小学体育教师职前教育课程体系由公共基础课程、学科专业课程和教师教育课程组成。总学分在 140~170 分。其中学科专业课程包括专业基础理论、专业技术和技能、专业能力培养实践。建议课程比例按照"公共基础课程 25.4%+学科专业课程 42.6%+教师教育课程 32%"来设计，其中公共基础课程最低必修 36 学分、学科专业课程最低学分为 60 学分（其中最低必修 42 学分）、教师教育课程最低学分 45 学分（其中最低必修 34 学分）。

六、小学体育教师职前教育培养方案雏形，将可作为正在进行或有意进行小学体育教师职前教育单位制订人才培养方案的理论参考。

七、体育教育专业当前的培养目标表述不准确，体育教师职前教育课程体系中教师教育课程缺失严重。

八、提高小学体育教师的质量要从招生、职前教育、入职、职后培训等多个方面共同抓起。

# 目 录 CONTENTS

**第一章 绪 论** …………………………………………………………… 001
  一、研究背景和研究意义 ……………………………………………… 003
    （一）研究背景 ………………………………………………………… 003
    （二）研究意义 ………………………………………………………… 004
  二、研究的视角、定位 ………………………………………………… 007
    （一）研究视角 ………………………………………………………… 007
    （二）研究定位 ………………………………………………………… 007
  三、研究的整体思路和技术路线 ……………………………………… 008
    （一）研究的整体思路 ………………………………………………… 008
    （二）研究的技术路线 ………………………………………………… 009
  四、研究假设与研究任务 ……………………………………………… 009
    （一）研究假设 ………………………………………………………… 009
    （二）研究任务 ………………………………………………………… 010

**第二章 文献综述** ………………………………………………………… 011
  一、相关概念的界定 …………………………………………………… 011
    （一）人才培养 ………………………………………………………… 011
    （二）培养方案 ………………………………………………………… 011
    （三）职前教育 ………………………………………………………… 012
    （四）小学体育教师职前教育 ………………………………………… 012
  二、小学教师职前教育研究 …………………………………………… 013
    （一）国外小学教师职前教育研究 …………………………………… 013

（二）国内小学教师职前教育研究……………………………017
　一、小学体育教师教育培养方案研究………………………………032
　　（一）小学体育教师职前教育培养目标研究………………………033
　　（二）体育教师职前教育课程体系研究……………………………042
　四、小结及启示………………………………………………………044

## 第三章　研究对象与方法……………………………………046
　一、研究对象……………………………………………………………046
　二、研究方法……………………………………………………………046
　　（一）文献资料法……………………………………………………046
　　（二）调查法…………………………………………………………047
　　（三）数理统计法……………………………………………………061
　　（四）逻辑分析法……………………………………………………061

## 第四章　我国小学体育教师职前教育人才培养方案研究的理论基础…062
　一、小学体育教师职前教育人才培养方案制定的依据……………062
　　（一）国家政策和法规当航标………………………………………062
　　（二）专业标准为依据………………………………………………063
　二、小学体育教师职前教育培养方案研究的基础理论……………063
　　（一）人的全面发展理论……………………………………………063
　　（二）高等教育分流理论……………………………………………066
　　（三）教师教育理论…………………………………………………067
　三、小学体育教师职前教育人才培养方案制定的观点剖析………071
　　（一）体育教师职前教育课程改革现状……………………………072
　　（二）传统"项目划分模式"下的几个矛盾现状…………………073
　　（三）"学段划分模式"新构想………………………………………075
　　（四）两种不同模式下课程体系特征的比较………………………076
　　（五）"学段划分模式"的实践价值…………………………………077
　　（六）结语……………………………………………………………080

# 目 录

## 第五章　我国小学体育教师职前教育需求研究 … 081
- 一、研究设计的依据 … 081
- 二、研究的技术路线 … 083
- 三、研究的结果 … 083
  - （一）访谈对象基本情况介绍 … 083
  - （二）学习者群访谈结果归纳 … 085
  - （三）学校专家群访谈结果归纳 … 092
  - （四）教育专家群访谈结果归纳 … 102
- 四、启示与思考 … 113
  - （一）小学体育教师职前教育的目的、危机与机遇 … 113
  - （二）小学体育教师职前培养目标的制定 … 114
  - （三）小学体育教师职前培养的知识与能力 … 116
  - （四）小学体育教师职前培养方案的阶段性特征 … 117
- 五、小结 … 117

## 第六章　我国小学体育教师职前教育培养目标定位的研究 … 119
- 一、理论部分 … 119
  - （一）培养目标的概念 … 119
  - （二）培养目标、教育目的和教育方针等概念的层次与关系 … 119
  - （三）培养目标的要素 … 120
- 二、调查部分 … 123
  - （一）技术路线 … 123
  - （二）研究结果与分析 … 123
  - （三）小结 … 144
  - （四）讨论 … 146

## 第七章　我国小学体育教师职前教育课程体系构建 … 147
- 一、理论部分 … 147
  - （一）研究的立足点 … 147

（二）整体思路设计 …………………………………………………… 148
　　（三）小学体育教师职前教育课程体系构建的基本理念 ………… 149
　　（四）小学体育教师职前教育学科专业课程设置理论 …………… 151
　二、调查部分 …………………………………………………………… 157
　　（一）研究目标 ……………………………………………………… 157
　　（二）结果与分析 …………………………………………………… 157
　　（三）小学体育教师职前教育课程体系构建的建议 ……………… 179
　　（四）研究所思考的几个相关问题 ………………………………… 180

## 第八章　我国小学体育教师职前教育人才培养方案构建 ……… 183
　一、关于专业名称的探索 ……………………………………………… 183
　二、关于招生与学制的探索 …………………………………………… 184
　　（一）招生 …………………………………………………………… 184
　　（二）学制 …………………………………………………………… 184
　三、关于教学保障条件的探索 ………………………………………… 185
　　（一）制度保障 ……………………………………………………… 186
　　（二）师资队伍 ……………………………………………………… 187
　　（三）实践教学条件 ………………………………………………… 188
　四、探索性地形成我国小学体育教师职前教育人才培养方案 …… 188
　　（一）专业名称 ……………………………………………………… 188
　　（二）培养目标 ……………………………………………………… 189
　　（三）培养规格 ……………………………………………………… 189
　　（四）学制、学位授予与学分 ……………………………………… 190
　　（五）课程设置与最低学分要求 …………………………………… 190

## 第九章　我国小学体育教师职前教育培养方案的案例分析 …… 192
　一、研究目的 …………………………………………………………… 192
　二、结果与分析 ………………………………………………………… 192
　　（一）培养目标 ……………………………………………………… 193

（二）培养规格 ································································ 198
　　（三）课程体系 ································································ 200
三、小结 ············································································ 204

# 第十章　结论与展望 ································································ 206
一、结论 ············································································ 206
二、展望 ············································································ 207
　　（一）招生 ···································································· 208
　　（二）培养 ···································································· 209
　　（三）入职 ···································································· 212
　　（四）职后培训 ······························································· 213

# 参考文献 ············································································ 214

# 附　录 ·············································································· 224
附件1：研究知情同意书 ······················································· 224
附件2：访谈提纲 ································································ 225
附件3：函询问卷 ································································ 230
附件4：调查问卷 ································································ 252

# 后　记 ·············································································· 271

# 攻读学位期间科研成果 ···························································· 277

# 第一章 绪 论

古人云："庸匠误器，器可他求；庸妇误衣，衣可别制；庸师误子弟，子弟可复胚乎？"意思就是事情耽误了可以弥补，但不称职的教师对学生的低质量教育是很难被补过的。在现实教育中，教师的不合格、短缺、任意替补等现象的存在均可能造成"庸师"，并导致"误子弟"事件的重现。"庸师"与"误子弟"之间存在着因果关系。因此，要想避免"误子弟"事件的再现，首先就要改变"庸师"现象的存在，高质量的教师教育是"医治""庸师"现象出现的最佳"良药"。在当下，教育问题已经成为全世界共同的话题，教师教育问题也已受到普遍的关注。国家主席习近平高度重视教师队伍的建设问题，把培养和造就高素质的教师队伍看作"立教之本、兴教之源"。2014年教师节，他在北师大的讲话中谈到："找准教师教育中存在的主要问题，寻求深化教师教育改革的突破口和着力点，不断提高教师培养、培训的质量。"[①] 国务院总理李克强在2013年也指出，打造中国经济升级版，我们要更加注重依靠"人才红利"，必须依靠教育和科技。他强调"最重要的教育资源不是楼房、不是课桌，而是教师。"[②] 当前，我国基础教育改革已经步入以提高质量为核心任务、以创新人才培养体制与模式为深化改革着力点的新时期及新阶段。各学段、各学科都需要高质量的教师来实现教育改革的持续发展，体育也不例外。一方面，十多年的体育课程改革经验告诉我们，体育教师就是体育与健康课程改革的关键。未来体育与健康课程改革能

---

① 人民日报. 深入学习贯彻习近平同志关于教育工作的重要论述 [EB/OL]. [2014-9-10]. http：//news. eastday. com/eastday/13news/auto/news/china/u7ai2500227_ K4. html.
② 人民日报客户端. 这几天，李克强在忙四件大事 [EB/OL]. [2015-8-28]. http：//www. gov. cn/xinwen/2015-08/28/content_ 2921601. htm.

否被进一步推进,与培养未来体育教师的高等学校紧密相关。① 王占春曾指出:新的课程之下,如果培养师资的院校不做相应的改革,这些学生毕业后是很难适应工作的。② 2015年6月,时任教育部部长袁贵仁在贯彻落实《国务院办公厅关于深化高等学校创新创业教育改革的实施意见》的视频会议上,就当前和今后一个时期推进高等教育综合改革要抓好的六项重点任务进行了重要讲话,第一条就是"修订人才培养方案",他强调一定要明确教育目标要求和完善课程体系。因此,要提高体育教师的质量就必须关注体育教师教育问题,而关注体育教师教育问题的起点就是修订人才培养方案。纵观不同学段的体育教师状况后发现,在兴趣培养和习惯养成关键时期的小学阶段存在的问题最为严重。长期以来,数量和质量的双重短板成为我国小学体育教师的真实写照,这一问题产生的根源在哪里?该如何解决这一现存的真实问题将是本书撰写的初衷。因此,本书将关注点投向"我国小学体育教师教育人才培养方案"。

培根曾在《论人生》一书中的"习惯和教育"篇中讲道:"幼年时候培养起来的习惯是最完美的,我们称为教育。因为这个时候人的四肢关节比较柔软,较为适于学习各种竞技和运动。而学得比较晚的人确实不像从小学起的人那么自如。"因此,对于小学体育教师的培养不仅仅关乎着小学体育与健康课程的质量,还关乎着小学生的人生发展。另外,教师教育已经取代了传统的师范教育,正处于改革的转型期。"教师专业发展、提升教师质量"已经成为提高基础教育质量的关键,这一观点在世界各国已经达成共识。培养本科层次小学体育教师是我国基础教育获得更大发展的必然要求,关系到整个国民教育质量的重大飞跃。但是,我国当前身处基础教育改革关键时期,小学体育教师职前教育所存在的很多问题还未引起足够的重视。在小学教师专业化发展的道路上,小学体育教师教育还存在着本末倒置的现象,当前继续教育成了小学体育教师专业化建设的主力军。③ 按照教师教育发展的趋势和我国当前的人才培养理念,小学体育教师教育的职前、入职和职后一体化协同发展是较为理想的状态。因为,职前教育就是小学体育教师的第一站,是基础。俗话说:"好的开端是成功的一半。"职前阶段

---

① 杨文轩,季浏. 义务教育体育与健康课程标准(2011年版)解读[M]. 北京:高等教育出版社,2012:3.
② 毛振明,赖天德. 再说这个体育课程与教学改革:学校体育知名专家各抒己见[M]. 北京:地质出版社,2007:178.
③ 沈建华,陈融. 学校体育学[M]. 北京:高等教育出版社,2012:242.

的培养要完成小学体育教师哪些方面的教育任务？这个阶段要达到什么样的程度？需要具备什么样的知识、能力？怎样才是好的"开端"？回答这些问题不仅关乎未来小学体育教师、小学体育工作的质量问题，还包括小学体育教师教育各阶段的衔接问题，是一体化构建与完善的关键环节，是职后教育的前提。而针对当前体育教师专业发展关注点主要集中在职后体育教师专业发展，很少涉及职前体育教师专业发展的现状①，本书将关注点锁定在"我国小学体育教师职前教育人才培养方案"。

## 一、研究背景和研究意义

### (一) 研究背景

卢梭在《爱弥儿》中讲道："要想培养学生的智慧，首先要培养他的体力，锻炼他的身体，使他强壮起来。"2015年3月17日两会期间，贵州大学校长郑强在接受记者采访时表示："如果中小学要改革，我希望加强体育和艺术的教育，一个人的精神要靠身体来支撑，一个人再伟大，病了也不行……"事实上，我国青少年体质呈连年下降趋势，迫使国家不断地加大对学校体育的改革力度。但当前小学体育教师在数量与质量上的不足无疑成为学校体育改革的阻力，这会使小学生在学校仅有的时间内得不到有效的体育教育，继而导致国家不得不下大力气进行职后培训。而本科阶段有针对性培养小学体育教师的职前教师教育在师范转型几乎处于"真空"状态，在如此背景之下，"培养什么样的小学体育教师""怎样培养小学体育教师"就成了保障小学体育教育质量亟待探讨的重要问题。

人才培养方案是高校能否培养出合格专业人才的纲领性文件。在《高等教育词典》中，培养方案又被称为"专业培养计划"，它是高等学校根据各层次、各专业的培养目标与教育对象的特点而专门制订的实施培养具体计划和方案，是学校指导、组织与管理教学工作的基本文件。高校培养的人才是否能满足社会需求，人才质量是否达标，首先在于人才培养方案是否科学合理、是否有时效性。教育部在《基础教育课程改革纲要（试行）》（教基〔2001〕17号）中明确要求："师范院校和其他承担基础教育师资培养和培训任务的高等院校和培训机构

---

①尹志华，汪晓赞，季浏. 论体育教师专业发展方式的转变［J］. 北京体育大学学报，2015，38（5）：95-100.

应根据基础教育课程改革的目标与内容，调整培养目标、专业设置、课程结构，改革教学方法①。"2011—2012年教育部又先后颁布了《小学教师专业标准（试行）》和《教师教育课程标准（试行）》，"标准"的颁布有利于小学教师教育机构明确培养目标，完善培养方案，并能科学设置小学教师教育的课程，改革培养方式，降低和消除教师职前培养的盲目性和随意性，提升小学教师的培养标准②。小学体育教师职前教育培养方案是最能体现"纲要"和"标准"精神的表达形式。

本书以小学体育工作的实际需求为出发点，以新课标为导向，依据《小学教师专业标准（试行）》《教师教育课程标准（试行）》等内容，从教师教育的视角出发，站在教师专业发展的层面，对小学体育教师职前教育人才培养目标、培养规格、课程设置等问题展开深入的研究，旨在明确小学体育教师职前的培养目标，科学定位培养规格、合理设置课程，是小学体育教师职前教育模式改革的理论基础，并为实现小学体育教师教育专业发展、满足我国高质量小学体育教师诉求提供理论依据。

## （二）研究意义

1. 促使小学体育教师职前教育发展与教师教育时代发展相对接

根据钟秉林的研究③，我国师范教育分为师范教育时代、后师范教育时代和教师教育时代。当前我国正处于后师范教育时代向教师教育时代的过渡时期。这是一个追求质量、制定标准的时期。它表现出教师培养和培训话语的多元性共存的重要特征。而教师教育质量的控制和各项标准的制定都将在统一的教师教育制度建立之后的教师教育时代方能得以真正地实现。从发展的视角看待小学体育教师职前教育问题可以发现，根据标准培养小学体育教师是其专业发展的必然。

2011年，我国出台了《教师教育课程标准（试行）》《中小学和幼儿园教师资格考试标准（试行）》；2012年，我国出台了《幼儿园教师专业标准（试行）》、《小学教师专业标准（试行）》和《中学教师专业标准（试行）》；2012年12月，北京师范大学出版社出版了《中小学教师专业发展标准指导（体

---

①教育部办公厅. 基础教育课程改革纲要 [S]. 2001.
②徐辉，季诚钧. 独立学院人才培养的理论与实践 [M]. 杭州：浙江大学出版社，2007：227.
③钟秉林. 教师教育转型研究 [M]. 北京：北京师范大学出版社，2009.

育与健康）》（以下简称《中小学教师专业发展标准指导》）。这些标准成为我国各阶段体育教师培养、准入和培训的重要依据。根据《教师教育课程标准（试行）》《小学教师资格考试标准（试行）》《小学教师专业标准》，结合当前小学体育教师的实际需求，制订小学体育教师职前教育培养方案是成功实现小学体育教师教育的首要任务。

2. 满足基础教育课程改革对专业化小学体育教师的需要

在新课程实施的背景下，课程改革、教学改革、教师教育都已成为当下教育发展的主流话语，"如何提高小学体育教师专业化发展的质量与水平"是实现小学阶段《体育与健康》新课程中教育教学目标的关键。

2001年，教育部颁布了《基础教育课程改革纲要（试行）》，拉开了中国教育史上最浩大的一场课程改革序幕，2011年，《义务教育课程标准》重新修订并颁布。可以说义务教育课程改革已经进入了"深水区"。为此，国家投资了5.5亿元来启动有史以来规模最大的"国培计划"，旨在对基础教育阶段的在职教师进行培训，以适应新课程改革的需求。但职后培训的效果与我国基础教育课程改革的步伐相比依然只是杯水车薪。从长远的角度出发，研究认为：如果不从高等教育人才培养的"源头"入手来解决基础教育的教师问题，那么职后培训的压力将会只增不减。如果培养阶段还停留在连"培养什么样的小学体育教师"都不清楚的层面，那么可想而知，未来小学体育教师入职的质量、未来小学体育教育的质量、未来小学体育教师职后培训的压力都将无穷大。长效思虑而行，职前培养阶段的改革将会事半功倍，基础教育改革与小学体育教师教育并驾齐驱才是有效解决问题的关键。因此认为，明确小学体育教师职前教育培养目标并制订相应的培养方案是解决未来小学体育教师专业化发展的第一要务。

3. 对当前小学体育事业发展实际需要呼唤的回应

小学体育教师是小学体育工作的第一资源，是小学发展体育事业的关键所在。2010年《中国中小学教师专业发展状况调查与政策分析报告》对我国的11190名教师样本的调查分析后指出：小学阶段科班出身的体育教师仅仅占据4.1%，其余大部分小学体育教师均由其他人文社会科学出身的教师担任或兼职[①]。2013年的一项全国统计数据显示，在我国，平均每一所农村学校只有0.7

---

① 丁钢. 中国中小学教师专业发展状况调查与政策分析报告[M]. 上海：华东师范大学出版社，2010：42.

个体育教师，很多学校面临着没有师资的尴尬境地①。2013年的另一项研究显示，至2010年，我国小学体育教师缺少20余万，而中学体育教师不但不缺反而增多②。2014年，教育部体育卫生和艺术司王登峰司长在某学校体育工作研讨会上曾透露，"一些农村学校或边远地区的学校，没有专职体育教师的事实"。③ 反观2010年《国家中长期教育改革和发展规划纲要（2010—2020年）》（以下简称《纲要》）提出"提高义务教育质量，配齐体育教师，开足开好规定课程"。从2014年开始，我国义务教育阶段体育与健康课程课时再次增加，到2015—2020年义务教育阶段学生数额还要增长400万等具体国情来看，小学体育教师数额差距再次拉大。我们认为，补充小学体育教师数量事关重大，但高质量的数量补充意义将更大，因为未来补充的小学体育教师将是向小学体育教师队伍注入的新鲜血液，将承载着诸多我国小学学校体育工作未来发展的新希望。那么，培养什么样的小学体育教师？怎样培养才能实现高质量专业化的人才补充？我们认为必须根据小学体育改革的需要和对当前现实需求的调查，在本科阶段明确小学体育教师职前教育培养目标，并制订相应的培养方案才是解决问题的最佳途径。

4. 为体育教育专业改革提供新的发展思路

改革开放以来，我国历经了5次体育教育专业课程方案的修订。这5次课程方案的修订跨越了从计划经济向市场经济的转型，历经了传统三级师范教育向综合大学教育的过渡，在发展的过程中，我国原有的三级对口人才输出模式（中专毕业去小学、大专毕业去中学、大学毕业进高中）已不复存在，当前四年本科阶段的人才培养面对的人才输出口径已拓宽，就体育教师教育而言就包括了培养幼儿园体育教师、小学体育教师、中学体育教师和其他学段、性质体育教师的任务。自中等师范院校升级后，高等院校肩负培养小学教师的那天起，高等院校体育教育专业就应将中学体育教师教育与小学体育教师教育划分开。虽然都是培养体育教师，但这两种体育教师所面对的教学群体、所教授的教学内容及所用语言

---

①卢苇. 教育部释放积极信号 学校体育工作有望出现拐点［EB/OL］.［2014-03-21］. http：//www.sports.edu.cn.

②潘建芬，毛振明. 全国中小学体育教师数量结构发展概况分析［J］. 体育科技文献通报，2013，21（7）：122-127.

③新华网. 数据显示义务教育阶段体育老师缺口高达30万［EB/OL］.［2013-08-14］. http：//edu.qq.com/a/20130814/003039.htm.

下达指令的明确程度截然不同①。但实际并非如此,四年本科阶段体育教育专业的人才培养目标从最初计划经济时代培养中学体育教师,到培养具有科研能力的中学体育教师,再到培养具有科研能力的体育教师专门人才,最后到培养复合型人才,虽然体育教育仍是其第一目标,但越来越模糊,更不用说小学体育教师的培养。四年本科阶段体育教育专业培养目标的种种调试都是在不断地突出专业的适应性,但在突出专业适应性的同时,往往又会出现另一种倾向或极端,即模糊了专业的针对性。这种没有针对性的培养是小学体育教师培养质量得不到有效保障的根本原因,也是体育教育专业在竞争中没有优势的根本所在。因此认为,体育教育专业应该摆脱路径依赖,在教师教育的理念下,根据不同阶段学生教育的需求制订不同的培养方案,有针对性地培养不同阶段所需要的体育教师是未来体育教育专业改革的新思路。

## 二、研究的视角、定位

### (一) 研究视角

本书通过对教师教育的研究视角,在小学体育教师职前教育的研究当中,始终把握以系统的观点来思考问题。因为,从概念来讲,"教师教育"比"师范教育"的概念更加宽泛。"教师教育"意味着教师职前教育、入职教育和职后教育的系统性,而不仅仅是割裂的职前教育。因此,本书以一个"务实理想主义者"的态度和立场来谨慎看待、思索和研究小学体育教师职前教育的问题。既不是没有任何道理不切合实际的空想,也不是只注重眼前利益而没有理想和追求的功利主义者,注重理论与实际相结合,注重现实需求与长远发展相结合,注重宏观与微观相结合,以此来展开对每一个问题的回答。

### (二) 研究定位

依据当前《小学教师专业标准(试行)》《教师教育课程标准(试行)》《体育与健康课程标准》等各项相关标准,构建小学体育教师职前教育培养方案是对国家"标准"与人才培养的具体实施之间搭建了一道桥梁,是"标准"与实践之间的过渡,因此,研究构建的培养方案并非是针对某一所人才培养机构而

---

① 王晖. 黑龙江高师院校培养小学体育教师的课程体系研究 [D]. 牡丹江:牡丹江师范学院,2012.

制订的具体培养方案,而是具有共性特征的小学体育教师职前教育培养方案,其共性表现在,它是标准之下的产物,是国家意志转化为现实需求的具体表现;任何培养小学体育教师的单位和部门都必须满足,因为它是依据"标准"而成,是最低门槛的具体呈现,是当前过渡时期的必然产物。各个培养单位均可在共性的基础上根据自身的实际情况进行再演绎,从而表现为个性,即具体的人才培养方案。

## 三、研究的整体思路和技术路线

### (一)研究的整体思路

培养方案是人才培养的纲领性文件,其研究是一个非常复杂的过程,其中涉及小学体育教师职前教育相关理论与实践的方方面面,但这些问题的研究又是不可避免的,是客观存在的,并且是亟需解决的现实问题。对其进行研究是小学体育教师职前教育质量保障的前提。

本书通过全面审视,筛选出以下几个重点问题:

1. 我国小学体育教师职前教育的现状如何?怎样完善?发展趋势是什么?
2. 我国小学体育教师职前教育的现实需求有哪些?
3. 我国小学体育教师职前教育培养目标是什么?培养规格有哪些?
4. 如何构建与培养目标相对应的我国小学体育教师职前教育课程体系?
5. 我国小学体育教师职前教育培养方案制订中的其他保障条件有哪些?各校在制订自己的、能体现特色的培养方案时应该如何运用本研究的培养方案?

本书将围绕上述问题,按照发现问题、分析问题、解决问题的思路进行论述。

## (二) 研究的技术路线

整体技术路线如图 1.1 所示。

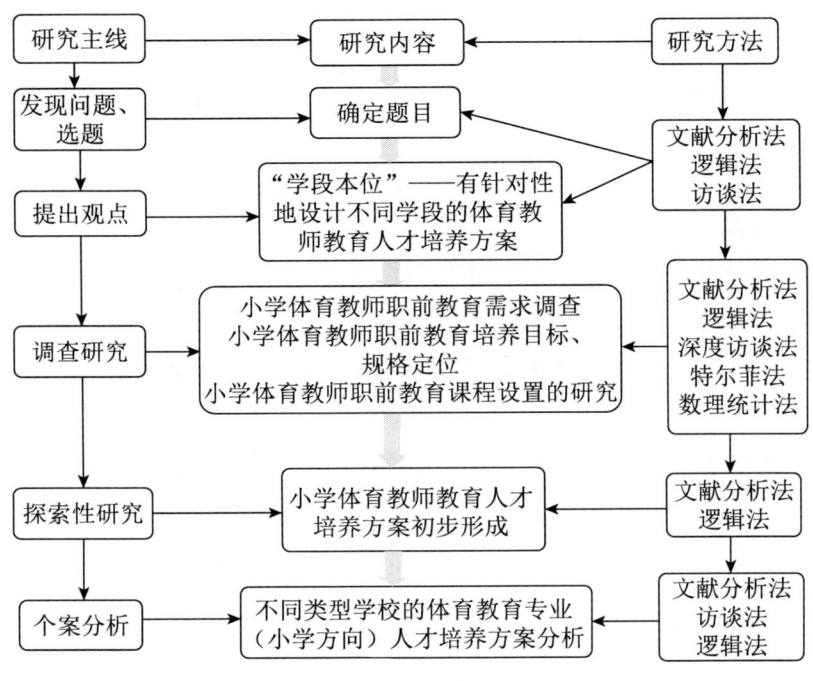

**图 1.1　整体技术路线**

## 四、研究假设与研究任务

### (一) 研究假设

按照逻辑关系，社会需要的理想小学体育教师等于职前教育将要培养的人。培养方案是将"需要的理想小学体育教师"转化为"培养理想小学体育教师"的载体，是对社会需要的理想小学体育教师经过教育过程使其成为现实小学体育教师的总体设计，是执行培养理想的小学体育教师教育活动过程的依据。因此，培养方案设计质量的高低将是人才培养质量的前提保障。假设通过调查得出社会需求理想的小学体育教师的条件，那么，国家对小学教师的专业标准和当前我国小学体育教师的需求将成为已知项，假设方案成立，那么培养的人才将可能满足现在国家对小学教师的标准和现在小学对体育教师的需求。

## （二）研究任务

1. 1949年以来我国小学体育教师教育的情况概述。

2. 调查我国小学体育教师的社会需求情况。

3. 根据调查结果，结合国家相关标准制定我国小学体育教师职前教育培养目标、培养规格。

4. 根据培养目标、培养规格，结合国家相关标准设置我国小学体育教师职前教育课程体系。

5. 形成小学体育教师职前教育培养方案雏形。

本书的培养方案思路与国家"标准"研制的思路保持一致。也就是说，本书中的"培养方案"坚持最低标准原则，即任何培养小学体育教师的单位都必须达到这个标准线。因此，这个"最低标准线"的方案具有共性的特点，对我国小学体育教师职前培养单位均具有参考价值。

# 第二章 文献综述

## 一、相关概念的界定

### (一) 人才培养

"人才培养"包括两个层面的含义：第一层含义是"人才"，即社会需要的理想的人；第二层含义是"培养"，即为了造就这种理想的人的教育活动过程。《辞海》的解释是"栽培""养育"之意，引申为教育，造就"人才"。

### (二) 培养方案

方案是进行工作的具体计划或对某一问题制定的规划。培养方案是学校专业人才培养的总体设计，是安排教学内容、组织教学活动的主要依据，是人才培养目标、培养规格以及培养过程和方式的总体设计和实施蓝图，是组织教学、安排教学任务的依据，是保证教学质量的最基本的教学主体，同时也是实现高校培养目标的重要保证[1]。相关的研究认为："专业培养目标"实质内涵的现实性与前瞻性的有机结合是专业方案建构的重点，应当更加看重"专业培养方案"的前瞻性[2]。培养目标、人才规格和课程计划是高等学校体育教育专业人才培养方案设计中的三个基本要素，这三个要素共同构成了人才培养方案。三者之间互为前提、相辅相成[3]。小学体育教师教育职前培养方案为小学体育教师培养提供理论

---

[1] 韩晓霞. 高等学校构建创新人才培养体系的研究 [D]. 北京：华北电力大学，2010.
[2] 阎守扶，张蕴琨. 我国高等院校近10年来本科专业培养方案研究文献回顾 [J]. 首都体育学院学报，2009，21 (3)：266-272.
[3] 徐佶. 专业化视野下体育教师教育的反思与构建 [M]. 北京：中央编译出版社，2012：71.

依据，搭建了小学体育工作实际需求—人才培养—国家标准之间的桥梁。

### （三）职前教育

职前教育是教师教育的重要组成部分，与入职教育和在职培训共同组成教师教育的完整体系。本书采用"职前教育"一词，首先，将小学体育教师的培养作为小学体育教师教育的重要组成部分来看待，从系统或者整体的角度来看待小学体育教师的培养问题。其次，在纵向上强调了教师教育中的正规学历教育，并以本科阶段的教育为研究对象。

### （四）小学体育教师职前教育

什么是教师？所谓教师，就是在学校中承担教育、教学任务，以教书育人为主要职责的教育专业人员（亦称专业教育者）。小学教师是履行小学教育教学工作职责的专业人员，他们需要经过严格的培养与培训，具有良好的职业道德，掌握系统的专业知识和专业技能[1]。小学体育教师就是在小学承担体育与健康教育教学任务、以教书育人为主要职责的教育专业人员。小学体育教师教育是小学教师教育的组成部分，也是体育教师教育的组成部分。体育教师教育是指培养体育教师的专业教育，即将一个人由非体育教师培养成为能胜任培养学生体育知识技能的专业工作者[2]。小学体育教师教育是指专门培养小学体育教师的教育活动。小学教师教育包含了小学教师的职前培养和职后进修学习，是职前、入职和职后教育的综合概念[3]。教师职前教育是为教师候选人提供专业化培训，是教师职业和专业化发展的起始阶段[4]。所谓职前体育教师，即指高校培养体育教师专业的在读学生[5]。本书中的小学体育教师职前教育是指针对小学体育教师候选人开展的本科阶段的专业化学校教育活动。传统的师范院校主要对在校师范生进行职前培养。当前随着教师教育的发展，教师职前教育除了师范院校以外还分布在更多的大学和专科院校等地方，当前承担体育教师培养的专业是体育教育专业，94%

---

[1] 胡德海. 教育学原理 [M]. 兰州：甘肃教育出版社，2006：319-320.
[2] 徐佶. 专业化视野下体育教师教育的反思与构建 [M]. 北京：中央编译出版社，2012：16-17.
[3] 周南照，赵丽，任友群. 教师教育改革与教师专业发展：国际视野与本土实践 [M]. 上海：华东师范大学出版社，2007：235.
[4] 教育部教师工作司. 教师教育课程标准（试行）解读 [M]. 北京：北京师范大学出版社，2013：4.
[5] 尹志华. 中国体育教师专业标准提心的探索性研究 [D]. 上海：华东师范大学，2014.

以上分布在综合类、师范类、理工类和体育类大学或学院。

## 二、小学教师职前教育研究

### (一) 国外小学教师职前教育研究

在美国和英国等西方发达国家，小学教师不分学科，作为一名小学教师，应该能够胜任统一课程中任一学科的教学。职前、入职和专业化发展的一体化已经深入包括教育政策制定者在内的所有教师教育相关者的理念当中。综合性大学是培养教师的中流砥柱。

1. 美国小学教师职前教育

美国密歇根大学的教师教育主要由教育学院教师教育系来负责。本科层次的教师教育是美国密歇根州立大学教育学院的主要优势之一，主要集中在教师教育系和人体运动学系这两个系的课程中。教师教育专业课程又分为小学教育、中学教育和特殊教育三个专业。小学教育专业的课程是为了培养幼儿园到八年级的教师（K-8），中学教育专业的课程是为了培养中学教师。这两个专业的课程都要求学生在四年的专业学习之后，必须到中小学进行为期一年的教学实习，学习成绩和实习成绩达标后，才能获得相关的证书。[①] 获得小学教育证书后，持证人将有资格在该学段教授任何一门课程。

密歇根州立大学在经过长达10多年准备和协调后，终于在20世纪90年代初期率先在美国推出了"第五年教师教育计划"这一模式。密歇根州立大学的小学教师专业学生要达到的基本目标是：既要懂得教育理论的相关知识，又要掌握各种教学方法；不仅要掌握批判性思维和具备扎实的学科知识，还要具有课堂教学、课堂管理能力及实践经验；既要把理论知识与实践经验联系起来，掌握教学技术，又要关注到学生的特殊需要，能面对多元文化的学生，能够适应多样化的教学和体现平等精神。具体要求小学教师专业的学生掌握两门学科内容知识，能教授从幼儿园到五年级学生的所有主要学科，通过主修专业课程考试或副修专业课程考试，可以教授六到八年级一门学科或两门学科，并且熟悉各阶段学校相关政策。

美国教师教育认可委员会在1994年制定的课程标准中，把教师教育的课程

---

① Michigan State University. College of Education [EB/OL]. [2011-02-19]. http：//education.msu.edu/te/Department Programs and Communities/Teacher Preparation Programs. asp.

分为三个组成部分，包括通识教育课程、任教学科课程和教育专业课程。美国高等院校实行学分制，一般要求120学分左右。在美国各个大学，学生入学前两年都要求完成必修的普通文理科课程学习。所设置科目一般包括英语、人文科学、社会科学、自然科学等核心课程，各州的大学课程名称和内容不完全一致，也不要求学生全部修习，但任何专业的大学生都要必修大部分的通识课程。从课程结构来看，美国小学教师教育课程结构有以下特点：其一，重视教育类课程，不放松通识课程；其二，美国的教师教育内容丰富，通过这种教师教育，可以使未来教师掌握普通宽厚的文化知识和全面的学科专业知识及教学技能，促进教师专业化发展；其三，初等教育教师培养不分科，实现了教师教育综合化；其四，重视教育实践课程和教师实践能力的培养。

近年来美国教师教育呈现出以下趋势：提高了入学标准，延长了修业年限；关注文化的多元性和多文化教育；在教师教育内容上加强人文知识教育，调整教师教育的课程结构；加强理论与实践的联系等。

2. 英国小学教师职前教育

英国也和美国一样，小学教师是全科教师教育。但是苏格兰政府近年来非常关注儿童体育课程，规定所有的3~18岁的学生必须在学校接受每周2小时的体育训练。中小学急需经过专门训练的体育教师。英国在经过200多年的发展之后，当前综合大学成为承担英国教师教育的中坚力量并形成了自身鲜明的特色。19世纪80年代以来，在英国政府的大力倡导和推动之下，综合大学与中小学在教师教育领域建立起广泛的合作伙伴关系，力图通过这种各司其职并相互促进的模式来实现理论与实践的结合[①]。

从1972年开始，英国开设了教育学士学位课程，专门为幼儿园、小学、中学培养教师，学生通过四年学习后，颁发教育学士学位。英国合格教师资格标准与职前教师教育要求明确规定：四年制的学习中，每名学生的实践体验不得少于32周，并且在最后一学年，每名学生还要进行5~8周的教学实习。此外，"专门学科研究"也是英国教师教育计划的特色，要求学生根据自己的兴趣选择小学阶段的一门学科进行深入学习。

英国爱丁堡大学是苏格兰著名的综合大学之一，爱丁堡大学莫雷教育学院共

---

[①] 陈时见，周琴. 综合大学教师教育的国际比较——侧重综合大学教师教育发展的案例分析 [M]. 重庆：西南师范大学出版社，2011：10-164.

有三个机构：教育、教育与领导力系；体育、体育教育与健康教育系；教育、社区与社会系。针对本科阶段的教师教育，教育学院仅开设了四年制的荣誉学士学位课程，包括针对3~12岁儿童的初等教育和针对中学的体育教育。初等教育第一学年和第二学年以学习理论和学科知识为主，同时安排一些教学见习机会。第三学年到第四学年，学生被安排到小学进行实践，同时在校内的学习内容也更加广泛，学生通过各种角度达到充分理解儿童、理解初等教育的目的。

教育学院还开设了研究生教师教育文凭（Professional Granduate Diploma in Education，PGDE），主要是为那些已经获得学士学位并希望从事教师行业的学生而开设。研究生专业教育分为小学研究生专业教育文凭和中学研究生专业教育文凭，学制为一年，学生通过各项考试就可以注册为正式教师。小学研究生教师教育文凭课程包括三个单元，每个单元包括两门课程：教学准备课程和学校教学实践课程。教学准备课程一般包括小学教授科目的学习与教师专业研究，授课内容与小学授课的真实情景紧密相连，使学生具备丰富的专业知识和实践经验。学校教学实践课程则主要通过实践来提高学生的教学水平与能力。

3. 韩国小学教师职前教育

韩国处于东方儒家文化圈内，其教师教育的主要特征是：教师认证严格规范、招生制度完善独立、教育目标明确详细、课程设置全面实用、教育实习关注实效、在职培训灵活具体等。韩国教师教育的终极目标是培养有理想、有能力、有价值的且具有专业性的教师。教育大学和综合大学的教育学院和教育系等为实现设立的目的而制定如下规定：具备教育者需要的坚定的价值观和健全的教职伦理；体验教育的理念及其具体的实践方法；确立教师终身素质和力量基础。各个大学教育学院在培养目标上语言表达各不相同，但基本理念和精神保持一致。各个专业在教育学院总的培养目标之下设置自己的具体目标。

20世纪六七十年代，韩国的小学教师就已经进入四年本科制的培养阶段。职前教师教育分小学教师的职前培养和中学教师的职前培养。教育大学是培养小学教师的主体，韩国《高等教育法》第119条规定：教育大学的培养目标是"培养教育者具有勤勉努力的精神；使教育者掌握国民教育观念及具体的实践方法；具备作为教育者的坚定信念和坚韧思想。"目前韩国培养小学教师的课程按照文教部提供的《教育课程标准》制定和实施，即各教育大学可以根据本校实际情况，对所规定的课程和学分进行必要的调整，但不许出现较大的差异。韩国体育教师职前培养课程的转变依托于"韩国教育科学技术部 MEST"颁布的评价标准，是标准引领他们前进的方向。

梨花女子大学是世界上最大的综合女子大学。尤其在教师教育方面，其具有独特的传统与风格，至今仍是韩国小学教师职前培养的唯一私立机构。正是因为它在教师教育领域的卓越贡献，使得韩国对其十分重视。梨花女子大学的教育系共分 10 个单一教育学科和 2 个跨学科合作项目，分别为幼儿教育、初等教育、教育学、教育工程等。在秉承基督教精神和真善美教育理念的基础上，以培养自我主导性的创造性人才为目标，幼儿及初、中等教育专业始终坚持师范学院的培养模式，努力实施理论与实践兼备的全球化教师教育。在教育目标上，各个系均有适合自身的专业培养目标，如初等教育系的培养目标是强调"创造性思维"和"爱护儿童"，培养具有教育领导能力的 21 世纪小学教师[1]。

4. 澳大利亚小学教师职前教育

澳大利亚的小学总共是六年时间，从一年级到六年级学习的科目基本保持不变，主要包括数学、英语、社会、艺术、体育和个人发展。每个年级所有科目的教学都由同一名教师承担。小学教师需要学习的科目较多，比如心理学、教育学、教学法、社会学、艺术、健康与环境、自然科学、人文科学等。

职前教育是教师质量保证的基本环节，澳大利亚从 2005 年开始致力于教师职前教育标准的制定工作，并出台了澳大利亚全国鉴定标准，标准分为毕业标准和培养标准两个部分。毕业标准主要从专业知识、专业实践和专业承诺三个方面进行展开，重点从实际出发，落实毕业生知道什么，能够做什么。而培养标准则主要从招生、课程教学、评估程序、专业经验和质量保证五个领域展开。

澳大利亚的墨尔本大学是一所综合类大学，在全国处于领先地位。墨尔本大学在教师教育领域中善于探索，在澳大利亚教师的培养上起到重要的作用。墨尔本大学的教育研究生院设有幼儿教育课程、幼儿教育研究课程及小学教师教育课程三种学士学位课程。小学教师教育课程，学制四年，主要培养全科教师，重点向学生传授如何在小学教学的专业知识和方法。

澳大利亚教师教育方案是培养本国学前、小学和中学教师的课程方案。该国职前教师教育方案有五种培养模式。单学位和双学位模式是其中最重要的两种模

---

[1] 陈时见，周琴. 综合大学教师教育的国际比较——侧重综合大学教师教育发展的案例分析 [M]. 重庆：西南师范大学出版社，2011：10-164.

式,其中单学位模式适用于学前和小学教师的培养,双学位模式则适用于中学教师的培养。①

从以上各国的教师教育可以看出,目前国际上教师教育一体化已经达成共识,职前教育已经受到广泛关注。发达国家小学教师的培养均由综合大学或其他学院统一进行,全科型小学教师培养是他们的共性,教师职前教育学段划分清晰,制定的小学教师教育目标非常具体化,能体现出小学教师教育的专业性,能紧密联系当前的教学理念和实践需求,比较重视教师教育课程、教师能力的培养、注重教育实践环节。这些将成为我国教师教育的重要参考。

当前我们必须清楚地认识到:第一,发达国家的改革是在原有教育的基础上根据自己的发展需要而进行的。第二,在体育教师职前教育课程设置的过程中,避免照搬发达国家的课程,以免形成依附关系。因此,必须以我国本土文化的传播发展为依托,汲取各国发展的优点并依据实际情况进行教育改革才是中国特色的教育改革。

小学教育与小学体育教师教育还没有很好地融合,分别属于教育和体育学科之下,教师教育以专业方向为出发点进行。当前体育教师教育主要由体育教育专业来培养,培养目标不够具体,以体育学科为出发点而不是以学段教育为出发点。当前我国体育教师教育要解决的问题:

第一,按不同学段进行有针对性的体育教师教育。

第二,针对不同学段的需求明确小学教师教育人才培养方案。

第三,突破体育学科之下培养体育教师的观念。

### (二) 国内小学教师职前教育研究

1. 我国小学教师职前教育研究现状

通过中国知网,以"小学教师职前教育"主题进行搜索,结果为:期刊论文29篇,其中与本研究相关的研究有13篇,其中有7篇是与"课程"有关的研究,5篇是与"人才培养"的有关研究,还有1篇是关于"反思能力"的研究。其中有2篇是关于国外小学教师职前教育的研究,芬兰小学专业教师职前经验和美国佛罗里达州立大学的小学教育专业课程体系研究。硕士论文12篇,博士论

---

①胡秀威,王河江. 澳大利亚堪培拉大学教师教育方案管窥[J]. 外国教育研究,2011,38 (4).

文 0 篇，其中关于课程的研究 5 篇，涉及国外的研究 3 篇，其他研究 4 篇。

小学教师职前教育研究期刊论文分布数量统计见表 2.1。

表 2.1　小学教师职前教育研究期刊论文分布数量统计

| 年份 | 2014 | 2013 | 2012 | 2010 | 2009 | 2007 | 2006 | 2005 | 2003 | 1992 |
| --- | --- | --- | --- | --- | --- | --- | --- | --- | --- | --- |
| 篇数 | 3 | 3 | 4 | 5 | 2 | 2 | 3 | 1 | 1 | 1 |

小学教师职前教育研究硕士论文分布数量统计见表 2.2。

表 2.2　小学教师职前教育研究硕士论文分布数量统计

| 年份 | 2015 | 2014 | 2013 | 2012 | 2011 | 2010 | 2008 | 2005 |
| --- | --- | --- | --- | --- | --- | --- | --- | --- |
| 篇数 | 2 | 2 | 1 | 2 | 1 | 2 | 1 | 1 |

教育学门类下，教育学科下设有小学教育专业，小学教育专业致力于培养合格的小学教师，已经沿着单科型教师—多科型教师—全科型教师的路线在发展。

目前全科型小学教师的培养还是一个新生事物。从 1998 年至今，经过近 20 年的探索，目前主要有四种代表性的培养模式。一是首都师范大学代表的从中文到数学等 8 个学科的分方向培养模式；二是上海师范大学代表的大文、大理培养模式；三是南京师范大学代表的"2+2"培养模式（后 2 年按学科方向培养，有小学语文与社会方向、小学数学与科学方向、小学英语与双语方向）；四是杭州师范学院代表的综合培养学有专长的培养模式。上述培养模式都不同程度地对应了小学的分科教学[①]。"全科"是相对而言的，有研究表明[②]：如果把小学某年级的全部课程按照文科类、理科类、体艺类进行划分，一名教师能负责教授其中一类课程内的全部课程就属于"全科"教师。全科教师的工作模式中最典型的是"包班制"，即 1~2 名教师承担本班的除体、音、美专业性较强的课程以外的全部课程。照此来看，就不会出现"你的数学是体育老师教的""你的体育是数学老师教的"的现象。从已有的文献信息来看，小学全科教师的培养到目前为止还未看到包括体育在内的"全科"教师范例，而历来体育教师都是由体育教育专

---

[①] 徐雁. 全科型本科小学教师培养模式研究 [J]. 湖南第一师范学院学报，2011, 11（4）：8-10.
[②] 谢惠盈. "全科型"优秀小学本科教师培养思考 [J]. 海南师范大学学报：社会科学版，2012, 25（5）：107-111.

业来培养。

叶宁在研究中指出：虽然基础教育改革已经对小学教师职前教育提出了新时期的要求，但小学教师职前教育当前所存在的问题仍需要引起重视，小学教师的职前教育存在着教师培养观念滞后、培养目标模糊、专业课程设置不够合理等问题，需要制定科学合理的培养目标、课程体系，转变人才培养体制并建立质量管理制度[①]。

通过文献分析：当前小学教师职前教育研究还应进一步加强和提高。当前培养全科小学教师职前教育的条件还不是很成熟，这一阶段，单科教师职前教育与现行的教育制度相匹配，对单科小学教师职前教育的相关研究也是未来全科教师职前培养的理论基础。我们始终秉承教师—小学教师—小学体育教师的思路来看待小学体育教师职前教育问题。

2. 我国小学体育教师职前教育研究

时间不限，以"小学体育教师"为关键词进行检索，总计文献为8353条。通过1955年到2016年的发文量可以看出，20世纪70年代末以前文献量非常少，"文化大革命"时期的发文量为6篇，历史的原因使得教育学科体系遭到严重破坏，1949年后的17年间教育学科建设的成就被全部否定，教育学科体系建设被迫中断。因此，从1977年开始，逐年排查，整理出与本书相关的文献总计172篇。

小学教师研究的发文量及环比增长率如图2.1所示。

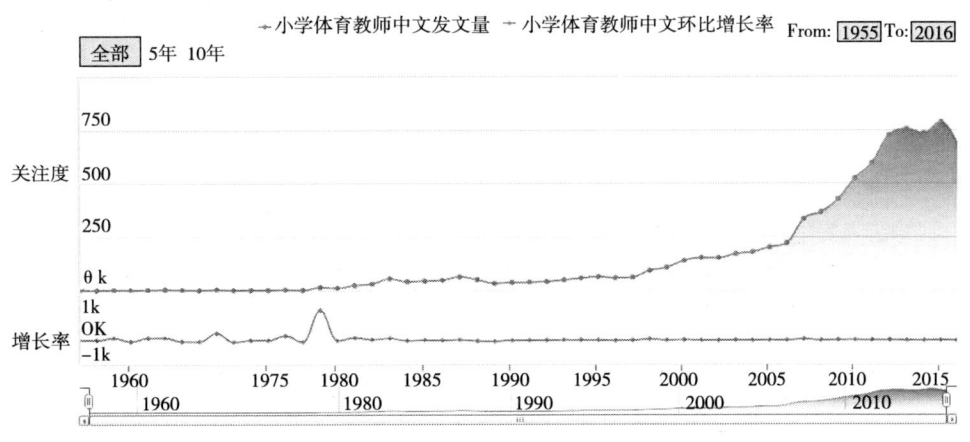

图 2.1　小学教师研究的发文量及环比增长率

---

①叶宁. 我国小学教师职前教育问题研究［J］. 前沿，2012，18：178-179.

以学者叶澜对中国基础教育改革的历程划分为依据①，将改革开放以来小学体育教师教育划分为四个时期：1977—1984 年，教育改革启动时期；1985—1996 年，教育体制改革时期；1997—2003 年，"素质教育"时期；2004 年至今，提高质量时期。因为，小学体育教师教育的最终目的是为小学服务的，是基础教育的重要保障。打破阶段性，看问题的静态观，从历史的视角纵观小学体育教师职前教育问题，用动态和发展的眼光来剖析小学体育教师教育的问题，发现体育教师的培养与基础教育存在脱节的事实。因此，分析的主线选定以基础教育的历程划分为依据，以基础教育的发展为主线，通过分析国家政策、文件的精神指示和当时小学体育教育的现状来窥视小学体育教师的发展，能更直观地发现小学体育教师职前教育的问题所在。

（1）**教育改革启动时期**（1977—1984 年）

①师范教育工作逐步恢复，中等师范教育受到重视

教育部在 1978 年召开全国教育工作会议，对于如何办好师范教育等一些主要问题进行讨论，这一次大会的召开标志着"文化大革命"之后师范教育开始步入恢复与发展的新时期。1978 年 10 月，教育部颁布《关于加强和发展师范教育的意见》（以下简称《意见》），该《意见》强调发展教育事业和提高教育质量的根本在于强化师资队伍的建设。教育部于 1980 年 6 月召开全国师范教育工作会议，标志着中国教师教育跨入一个全面发展与改革的新阶段。这次会议对开办中等师范教育三十年的经验进行全面总结，并就如何进一步办好中等师范教育深入讨论。此次会议还通过了《关于办好中等师范教育的意见》《中等师范学校规程（试行草案）》《中等师范学校教学计划（试行草案）》等重要文件，并于 8 月下发给有关部门，这些文件对我国小学教师的培养起到了积极的指导作用。

②学校体育工作逐渐恢复，开始步入发展的正轨阶段

1979 年著名的"扬州会议"召开，本次会议强调贯彻党的十一届三中全会精神和党的教育方针，把学校的体育和卫生工作搞好，更好地培养德、智、体全面发展的人才，以适应实现四个现代化的需要。学校体育的地位得到充分的肯定，从此，学校体育沐浴着改革的春风开始蓬勃发展。同时，会议还对体育教师的配备做出了具体的要求，提出：小学体育教师应该满足 8～9 个教学班配一名

---

①叶澜. 中国基础教育改革发展研究 [M]. 北京：中国人民大学出版社，2009：49-94.

合格的专业体育教师的标准①②。1979年10月5日，教育部与国家体委发布了中华人民共和国成立以来学校体育工作的第一个专门法规制度——《中小学体育工作暂行规定（试行草案）》（以下简称《规定》）。《规定》对学校体育课程的教学指导思想、教学内容、学校体育的基本任务和评价标准有了明确的阐述。《规定》的颁布改变了当时学校体育散漫无序的状况，使学校体育迅速恢复正常的秩序，从此步入正轨。为了进一步指导学校体育工作，1982年8月27日国家体育运动委员会颁布《国家体育锻炼标准》，要求各级各类学校遵照执行。

③"中师"——培养小学教师任务的明确

粉碎"四人帮"以后，教育重新得到了重视。中共中央和国务院也提出全国应在20世纪80年代实现普及小学教育的历史任务，但当时却还存在一个地区的"中师"处于无要求、无计划甚至无教材的尴尬状况③。甚至在一开始许多培养单位还在为中师是否要培养小学教师的定位问题发生过争执，因为这一时期中小学都面临着教师缺乏的情况。因此，"中师"当时也存在培养中学教师的事实，但这种状态很快就得到了更正。例如，在1979年7月湖北省荆州地区教育局召开了荆州区师范教育工作会议，决定"中师"培养合格的小学教师，"中师"的培养目标再一次被明确。

既然这一时期"中师"肩负着培养小学教师的任务，那么小学体育教师的培养情况如何？根据王漾湄在1983年《努力培养小学体育教师》的研究成果中获悉④：当时小学体育教师不仅数量少，质量也亟待提高。文中大意：中等师范没有设立体育专科，教学实行的是普通中学的两课（每周两节体育课）、两操（早操和课间操）、两活动（每周两次课外体育活动）的体育教学计划。作者认为，当时的条件下，"中师"难以完成培养合格小学体育教师的培养目标。

④小学体育教师培养的困境

由于历史的原因，小学体育教师的总体情况表现为"数量不足，质量低下"⑤。王迪光在20世纪80年代初的研究成果显示，辽宁省小学体育教师严重缺乏。当时本省共有一万三千多所小学，假设每所小学配一名体育教师，全省就需

---

①堵道元.加速师资培训提高小学体育教学质量［J］.江苏体育科技，1983（5）：22-23.
②赵利.承继与发展：基础教育体育教学变革30年（1979—2009）［D］.南京：南京师范大学，2012.
③湖北省荆州地区教育局.办好中师培养合格的小学教师［J］.人民教育，1981（1）：50-52.
④王漾湄.努力培养小学体育教师［J］.成都体育学院学报，1983（3）：93-96，107.
⑤刘绍曾，曲宗湖.中国学校体育发展战略［J］.北京体育学院学报，1989，45（3）：1-10.

要一万多名小学体育教师。辽宁省在当时只有 5 所地市级师范学校中设有培养小学体育教师的体育班,这些体育班每年的招收人数总共只有 200 名左右。这样的培养小学体育师资数量不可能满足当时辽宁省对小学体育教师的需求量。① 陈见旭在 1981 年《立志改革,抓好体育教学研究工作——我当体育教研员的体会》研究中②,对大连某区的小学体育教师情况进行了这样的描述:"当时我区有 62 所小学,95 名体育教师。其中,学过专业的有 6 人('中师'体育班),占 6.3%,半路改行的 56 名,占 58%,接班顶替的新手 33 名,占 36%。"这种状况基本反映了在 20 世纪 80 年代初期中小城市的小学体育教师情况。南京体院的堵道元在《加速师资培训提高小学体育教学质量》③ 一文中指出:由于当时小学体育师资的严重短缺,致使正在前进的小学体育大都处在了"心有余而力不足"的状况。堵道元在文中还提到,南京存在和北京市相似的小学体育教师情况,在 1981 年合格的小学体育教师仅达到 1.5%。这种状况基本反映了大中城市在 20 世纪 80 年代初期的小学体育教师情况。

⑤针对小学体育教师的现状提出了一些好的设想与建议

当时的小学体育教育状况引起了一些学者和专家的关注。他们针对当时的具体情况进行分析后提出了相应的设想与建议。这些设想与建议符合当时的需要,具有一定的时代性,有的设想和建议甚至在今天依旧值得借鉴。例如,1982 年重庆市某县文化教育局为迅速扩大体育教师队伍,专门举办为期一年的专训班,招录体育特长的教师进行专业培训,培养小学体育教师 50 名,原因是当时暂不可能从体育专业学校得到更多合格的体育教师。这一临时举措因为效果较好,所以得以推行。当时就解决小学体育师资问题提出了两种设想,一种是创办中等体育专业学校,增加班级数量,扩大招生名额,将其培养成为小学体育教师,充实小学体育教师骨干队伍。另一种是对在职小学教师进行短期培训④。白晋湘在《湘西中小学体育师资现状的分析研究》⑤ 中表明湘西自治州小学体育教师奇缺,

---

①王迪光. 学校体育必须改革 [J]. 北京体育学院学报,1983 (2):1-6.
②陈见旭. 立志改革,抓好体育教学研究工作——我当体育教研员的体会 [J]. 上海体育学院学报,1985 (1):41-43.
③堵道元. 加速师资培训提高小学体育教学质量 [J]. 江苏体育科技,1983 (5):22-23.
④包昌明. 重庆市二十所重点中、小学体育教学工作的调查与分析 [J]. 四川体育科学学报,1983 (3):24,50-53.
⑤白晋湘. 湘西中小学体育师资现状的分析研究 [J]. 吉首大学学报:自然科学版,1988,9 (1):60-70.

差额是 839 人，阻碍学校体育工作开展以致体育教学质量不能提高的核心原因是体育教师水平低、素质差。为了解决小学体育教师总数量的不足，继续创办中等体育师范学校，在扩大数量的同时也需要高度重视小学体育教师的培养目标。李向东的研究提到"中师要培养小学体育教师，必须了解小学、熟悉小学，认真钻研小学体育教学大纲和教材。如果不熟悉、不了解小学，要培养合格的小学体育教师只是一句空话。"这一句话在今天的本科体育教师的培养过程中还是非常适用的，而且十分重要。

（2）教育体制改革时期（1985—1996 年）

①小学教师培养的法律保障和明确的目标定位

1985 年 5 月国务院召开自改革开放以来第一次全国教育工作会议，本次会议讨论了《中共中央关于教育体制改革的决定》（以下简称《决定》）。《决定》指出：实施义务教育过程中，提高基础教育水平的根本在于建设数量充足、人员稳定且合格的师资队伍。《决定》特别强调发展师范教育要作为发展教育事业的战略措施，优先发展师范教育，可以适度超前发展；办好师范教育是政府的职责所在。

1986 年《中华人民共和国义务教育法》的颁布，是我国实施九年义务教育走上法制轨道的重要标志。其中指出：国家要采取措施加强和发展师范教育，加速培养、培训师资，有计划地实现小学教师具有中等师范学校毕业以上水平。

经国务院批准，1990 年 3 月 12 日颁布了《学校体育工作条例》（以下简称《条例》），该《条例》的颁布使得学校体育工作开始真正进入法制化轨道。1993 年 10 月，国家颁布实施《中华人民共和国教师法》，第一次对小学教师的学历进行规定，小学教师要求具备中等师范学校毕业及其以上学历，还提出建立教师资格证书制度。1995 年 3 月《中华人民共和国教育法》颁布，我国开始逐步实行教师资格聘任制度。1995 年 12 月颁布《教师资格条例》，对中小学教师的资格做了明确的规定，特别提出中等师范学校培养目标是小学师资。1995 年，国家教委师范司下发五年一贯制《大学专科程度小学教师培养课程方案》，标志着小学教师大专化培养趋势逐渐形成。

②小学体育教师缺额巨大——兼职体育教师成为时代特征

据 1986 年国家教委印发的《关于加强中小学体育师资队伍建设的意见》（以下简称《意见》），该《意见》提出全国约需配备专职体育教师 10 万人，按照小学专职与兼职体育教师的比例1∶8计算,兼职小学体育教师80万名。现只有专职体育教师约4万名,有6万名小学体育教师的大缺口。所以现有的小学体育教师大部分没有学过体育专业。

③"量少质差"是小学体育教师的真实写照

1986年,李向东撰写的《中等师范学校体育教学面向小学的尝试》[①] 一文中提到小学教师数量缺、质量差,很多学校没有体育教师,有体育教师的也不是经过专业培养的。由此认为,中小学体育教学质量问题的根源在于,小学阶段由于体育教师的业务水平,未能培养学生早期爱好体育锻炼的习惯所造成的。[②] 李向东在1988年对四川某区5个县15个乡农村小学的规模、教师人数及体育教师配备等情况进行了调查研究,研究结果显示,按照当时的要求他所研究的区域应该配备专职小学体育教师14人,而现状是所调查的学校无专职体育教师,仅有2名兼职体育教师。[③] 华东师范大学吴在田的研究得出,内蒙古、广西、西藏、宁夏、新疆5个自治区,在1990年农村小学体育教师需求数占总需求数的81.1%。[④] 而曲宗湖教授等在《2000年中国学校体育发展战略研究》中曾预测,至2000年小学需新补充11.1万名体育教师。

④"地域、学段缺额差异显著"未能成为体育师资培养侧重的依据

这一阶段小学体育教师职前教育的情况如何?通过文献发现,这一阶段中专体育师资培养机制还未形成规模,改革的浪潮就已经开始促使其必须向前发展,这就如一个发育还不成熟的孩子一样,由于环境的改变,使其儿童期未满就已经被迫进入了成年生活的状态。

早在1984年,我国首次开始出现五年制专科层次的小学教师培养,经国家教委正式批准,江苏南通师范学校招收初中毕业生进行这种类型的教师培养,小学教师培养形式更加的丰富。1985年之后,小学体育教师的培养形式包括中等师范学校体育班、体育运动学校师资班及专科学历小学体育教师培养。但是,由于缺额巨大,少数的补充终难产生实质性的效果,再加上入职制度还不完善,普遍存在"能进高中就不进中学,能进中学绝不去小学"的现象。因而,全国中小学体育教师严重缺乏的事实并未在培养举措上形成侧重。培养与需求之间的对

---

① 李向东. 中等师范学校体育教学面向小学的尝试 [J]. 成都体育学院学报, 1986 (1): 76-79.
② 王漾湄. 努力培养小学体育教师 [J]. 成都体育学院学报, 1983 (3): 93-96, 107.
③ 李向东. 重视培养农村小学体育教师 [J]. 四川体育科学, 1990 (3): 41-46.
④ 吴在田. 关于少数民族地区中小学体育师资数量、学历的几点研究 [J]. 体育学刊, 1997 (1): 54-56.

话也并非顺畅。这一阶段原本培养小学体育教师的中专实力在逐渐地减弱,而培养中学和高中的大专和本科力量在逐渐地上升。于是,培养与需求之间的擦肩式"错位"实际上在逐渐地拉大。

这一阶段用以指导本科阶段体育教育专业人才培养的课程计划中,培养目标非常明确地指出是培养中学体育教师,小学体育教师培养任务则落在中专和大专的培养机构中。

1989 年的统计表明,小学体育教师大部分没有受过体育专业教育[①]。1990 年赵諓华等在《我国体育师资队伍四十年发展论略》[②]一文中就 1949—1989 年体育师资的情况进行分析指出:在当时的条件下,培养单位没有充分挖掘潜力,存在本科与专科、大学与中专的招生数比例失调现象,工作的总重心没有放在社会最需要的小学和初中体育教师培养的这一层次上。文中还将我国体育师资的情况与苏联、美国、日本做了一个对比,从对比的结果来看,无论是数量上还是质量上,我国体育师资与国外均存在较大的差距。当时国外的中小学体育教师大部分受过高等教育,而我国的体育师资情况令人堪忧,中小学体育教师中受过高等专业教育的人数不足 20%,小学体育师资质量与缺额较中学严重。从 1988 年浙江省中小学体育教师的人数配比上看,当时中学按照 300 名学生配 1 名体育教师的配额计算,还差 1587 名,小学按照 400 名学生配 1 名体育教师来计算,还差 5257 名。统计对此一览见表 2.3。

表 2.3  1988 年浙江省三个学段体育师资情况统计对比一览        (单位:人)

| 类别 | 在校学生 | 现有教师 | 应配数 | 缺额情况 缺 | 缺额情况 余 | 备注 |
| --- | --- | --- | --- | --- | --- | --- |
| 高中 | 357816<br>(其中农职高 85700) | 1244 | 1193 | — | 51 | 按 300 名学生配<br>1 名教师计算 |
| 初中 | 1561545<br>(其中农职初 4137) | 3618 | 5205 | 1587 | — | 按 300 名学生配<br>1 名教师计算 |
| 小学 | 3651529 | 3872 | 9129 | 5257 | — | 按 400 名学生<br>配 1 名教师计算 |

---

[①] 董翠香. 新中国体育教师在职培训 50 年回顾与展望 [J]. 中国体育科技, 1998, 34 (12): 79, 80-82.
[②] 赵諓华, 林可, 姜建华. 我国体育师资队伍四十年发展论略 [J]. 浙江体育科学, 1990 (4): 56-62.

根据朱恺等的一项全国性的调查研究结果①，当时调查的 15 所全国本科层次的体育院校和师范大学，1993—1997 年所培养的 12808 名体育教育专业人才，其中 71% 进入中学及以上单位，其余也都从事了体育其他行业的相关工作或转行，没有人愿意去做小学体育教师。调查还表示当时的中学体育教师已经基本饱和。从研究结果分析认为：一方面，体育教育专业培养中学体育教师的任务已经基本完成；另一方面，本科阶段小学体育教师的培养还没有引起应有的重视。

⑤ "顾上不顾下"小学体育教师培养难落实处

根据人民教育出版社 1991 年 8 月第 1 版的《中国教育统计年鉴》（1990）提供的有关数据可知，全国中学平均 319 名学生有 1 名体育教师，但没有小学体育教师的相关数据，足以见得小学体育师资短缺情况的严峻。根据王迪光的研究结果，据不完全统计，某省 2 万所中小学校，中学体育教师缺少 3600 多名，担任体育教师的人员绝大多数也没有学过体育专业。经体育专业培养的教师中学约占 30%，小学仅占 2%，特别是农村小学几乎没有体育专业教师。作为普通教育事业中的重要力量②，小学体育教师中有 94.8% 的人没有受过体育专业训练。虽然办学条件各有不同，学校的师资培养能力差异较大，但这些现实都没有影响他们在培养"中学体育教师"这同一规格人才的路上拥挤竞争，尽管经过培养的体育系毕业生有相当数量的人没有分配到中学任教，但培养"中学体育教师"的趋势有增无减。"其他体育专门人才"仅仅是学生未来就业的不确定性的总体概括，从培养目标、培养规格、课程设置等环节上并没有给出具体的培养方案。因此，小学体育教师数量上的缺口实际上并没有得到有效的补充。辽宁省的一项研究表明，从 1978 年开始辽宁省先后有两所师专成立了体育系，师范学校体育班开始走下坡路，有的学校体育班停办，这种发展形势下，辽宁省城、乡、村小学体育教师来源越发显示出严重不足的情况，一方面是因为小学教育对教师的整体要求提升了，而小学体育教师教育并没有跟上小学其他教师教育的发展形势；而另一方面，各地并没有根据当时体育教师需求现状的特殊性给予"特殊待遇"，小学体育教师职前教育未能引起应有的重视。当时的统计数据显示，辽宁省 16 个县和 12 个区，受过体育专业训练的小学体育教师仅占 5.2%，民办教师占到了 52.6%，当时辽宁省小学体育教师"量少质差"的事实正是我国同时期小学体育

---

① 朱恺. 我国体育人才市场对体育教师需求的调查 [J]. 西安体育学院学报，1998，15（4）：1-5.
② 王迪光. 学校体育必须改革 [J]. 北京体育学院学报，1983（2）：1-6.

教师的真实写照[1]。

(3) 素质教育时期(1997—2003年)

①基础教育课程改革拉开帷幕

"以人为本,健康第一"的教育宗旨在1997年9月国家教委召开全国中小学素质教育经验交流会被明确,素质教育成为教育活动中最活跃的话语。2001年教育部印发《基础教育课程改革纲要(试行)》后,我国教育史上最浩大的一场课程改革由此拉开序幕。

②三级师范逐渐转为二级师范——中专历史使命的终结

1999年,我国做出了高校扩招的重大决策。同年,国家教育部颁布了《关于师范院校布局结构调整的几点意见》和《面向二十一世纪教育振兴行动计划》,明确提出,进行师范教育布局结构和教育层次结构调整,标志着我国新一轮中等师范布局结构调整的开始,三级师范开始向二级师范过渡。2000年,《中华人民共和国高等教育法》[2]颁布实施前,经原国家教委批准的在中等专业学校设置的高职班和小学教师专科班停止招生。[3] 2002年,教育部《关于"十五"期间教师教育改革与发展的意见》进一步提出:"到2005年,大中城市和经济发达地区,新补充的小学教师具有专科学历者力争达到80%以上。"小学教师学历要求的提高对师范升级转型起到了促进作用。

③教师教育登上历史舞台

2001年,国务院《关于基础教育改革与发展的决定》中首次用"教师教育"的概念取代了长期使用的"师范教育"的概念。决定中指出"完善以现有师范院校为主体,其他院校共同参与、培养、培训相衔接的与开放的教师教育体系"。同时还提出:要对不同发展阶段教师给予适当的再教育,并不断提高体育教师自身受教育程度,从而提升体育教师教育的质量[4]。2003年,教育部在《2003—2007年教育振兴行动计划》中又一次明确提出并具体阐述了构建教师教育的任务,指出"构建以师范大学和其他举办教师教育的高水平大学为先导,专科、本科、研究生三个层次协调发展,职前和在职教育相互沟通,学历教育与非学历教

---

[1]王一涛.谈谈我省体育人才培养的层次结构与改革问题[J].沈阳体育学院学报,1985(1):1-7.
[2]高发照.我国小学教师职前培养的历史、现状与问题研究[D].济南:山东师范大学,2005.
[3]中共中央、国务院.关于深化教育改革,全面推进素质教育的决定[Z].1996.
[4]沈建华,陈融.学校体育学[M].北京:高等教育出版社,2012:244.

育并举，促进教师专业发展和终身学习的现代教师教育体系"。2003年厦门《非师范院校积极参与教师教育的行动宣言》的发表，标志着我国由师范院校定向培养教师的封闭模式已被彻底打破，至此，凡具有教师教育资格的其他类型的大学、国内外教育培训机构、教育中介机构、民办教育机构均可介入教师教育领域，开放的、专业的、一体化的教师教育时代正在向我们走来。

④小学体育教师缺额与培养依旧难以落实

中专培养小学体育教师的模式还没来得及走向成熟，历史的车轮已经无情地将其转入了记忆，培养小学体育教师的任务还没来得及在大专扎稳脚跟，大专已经忙着转型升级，历史瞬息，明确培养小学体育教师的目标已经实处难寻。

根据曲宗湖教授等在《2000年中国学校体育发展战略研究》中的预测可知，到2000年，小学需新补11.1万名体育教师，而初中、高中、高校体育教师数量均基本满足要求。但农村小学还需要几十万名兼职体育教师①。1998年的一项研究指出，长期以来，"中师"体育教学的指导思想不够明确，缺乏统一的认识，而且体育教学目标也不完善②。但是，实际上从1999年开始，我国开始招收本科层次的小学教育专业的学生③，标志着小学教师的培养纳入了高等教育体系。

⑤本科阶段体育教育专业人才培养目标发生了变化

体育教师教育本科专业名称经历从"体育"到"体育教育"的变化，体育教师教育本科的培养目标的表述也经历从"中学体育教师"到"体育专门人才"再到"复合型体育教育人才"的变化。但始终担负培养中小学体育教师的实质却是毋庸置疑的，这一点从1949年至今先后颁布的8套体育专业教学计划中可以得到印证。④

2001年10月教育部印发的《关于做好普通高等学校本科学科专业结构调整工作的若干原则意见》中明确指出：在考虑到就业需求的情况下，高等学校可以在宽口径专业内灵活设置专业方向⑤。本科阶段体育教育专业课程方案中的培养目标设置已经发生了明显的变化，就教师而言，"体育教育专门人才""学校体

---

①曲宗湖. 2000年中国学校体育发展战略研究［J］. 北京体育师范学院学报，1997.
②邓若锋，杨丰宇. 小学体育教师在前进——调查分析［J］. 体育学刊，1998（2）：87-88.
③王叔新，鲍思伟，陈亦人，等. 高师小学教育专业实践教学模式改革探索［M］. 杭州：杭州出版社，2007：2.
④黄爱峰. 体育教育专业的发展与改革［M］. 武汉：华中师范大学出版社，2008：163.
⑤教育部. 关于做好普通高等学校本科学科专业结构调整工作的若干原则意见［Z］. 2001.

育教育"取代了"中学体育教师"的定位,在新的历史时期,本科阶段的体育师资培养,貌似已经包含了培养小学体育教师的目标,但在专业方向的设置上依旧按照培养中学教师的模式,按照运动项目进行专业方向设置。这一阶段,在改革的思路上,原本应该在国家课程方案的基础上,各个院校有针对性设置不同的专业方向,进行有针对性的培养。而实际上,大多数院校都是在模仿,甚至照搬国家课程方案进行体育教师职前教育,宽口径复合型体育教育人才培养模式的历史表明,小学体育教师的培养并未真正落实。由于中专的消失,一时间培养小学体育教师的任务也随之消失。

(4)提高质量时期(2004年至今)

①全面发展和适应社会需要成为衡量人才培养水平的根本标准

为了贯彻《国家中长期教育改革和发展规划纲要(2010—2020年)》,教育部出台了《关于全面提高高等教育质量的若干意见》(教高〔2012〕4号),意见指出:要加强师范、艺术、体育等行业的高校建设,突出学科专业特色和行业特色。把促进人的全面发展和适应社会需要作为衡量人才培养水平的根本标准。落实和扩大高校学科专业设置自主权,按照学科专业设置管理规定,除国家控制试点专业外,本科和高职、高专专业自主设置。实施卓越教师教育培养计划,探索中小学特别是农村中小学骨干教师培养模式。教育部、财政部《关于实施高等学校创新能力提升计划的意见》(教技〔2012〕6号)指出:面向区域发展的重大需求,面向我国社会主义文化建设的迫切需求。从体育教师的角度来看,小学体育教师是这个时期迫切的社会需求。因此,探索小学体育教师培养模式是当前体育教师教育的重要任务。

②新世纪国家高度重视体育工作

中共中央、国务院《关于加强青少年体育增强青少年体质的意见》(中发〔2007〕7号)指出:要高度重视青少年体育工作。对每周、每天学校体育锻炼的时间都给予了具体的要求,文件要求学校必须保证学生每天锻炼一小时。各个中小学要认真执行国家课程标准,确保体育课的质量,同时还规定小学1~2年级每周4课时,3~6年级每周3课时。在没有体育课的当天,学校必须在下午课后组织学生进行一小时集体锻炼并将其列入教学计划。文件还强调,要全面实行大课间体育活动制度,每天上午统一安排25~30分钟的大课间体育活动。根据新课改的要求,从2014年9月开始,小学3~6年级每周4课时。至此,小学阶段的整个阶段，一周 4 次体育课成了国家战略下的行动标志。2008 年 12 月 1 日教育部印发的《中小学健康教育指导纲要》明确提出：体育教师应进一步更新教育观念，改进教学方法、教学行为和教学手段，扩大知识面，完善知识结构，提高专业化。2009 年 3 月《教育部关于进一步做好中小学教师补充工作的通知》（教师〔2009〕2 号）和 2011 年 3 月《教育部办公厅、财政部办公厅关于做好 2011 年农村义务教育阶段学校教师特设岗位计划有关实施工作的通知》中又进一步强调了教师队伍中的学科分布，为进一步落实体育教师编制和加强偏远农村学校体育教师队伍建设提供了措施保障①。2010 年我国颁布了《国家中长期教育改革和发展规划纲要（2010—2020 年）》指出："教育大计，教师为本。有好的教师，才有好的教育。""要努力造就一支师德高尚、业务精湛、结构合理、充满活力的高素质专业化教师队伍"。党的十七大提出"加强教师队伍建设，重点提高农村教师素质"。党的十七届三中全会提出"要保障和改善农村教师工资待遇和工作条件，健全农村教师培养培训制度，提高教师素质。"2012 年 10 月《国务院办公厅转发教育部等部门关于进一步加强学校体育工作若干意见的通知》（国办发〔2012〕53 号）规定：第三方面，落实加强学校体育的重点任务，第 6 条规定，"加强学校体育教师队伍建设。要加快教师结构调整，制订并落实配齐专职体育教师计划，多渠道配备好中小学和职业学校体育教师。"② 高质量专业化的专职小学体育教师是国家发展和教育教学改革的需要。2015 年 6 月国务院办公厅印发了《乡村教师支持计划（2015—2020 年）》的通知，为农村和偏远地区小学体育教师的补充从政策上开辟了绿色通道。有力的方向和政策支持下，培养专业化小学体育教师成了问题的关键。

③各项标准的出台对体育教师教育提出新的要求

《国家学校体育卫生基本条件试行标准》对中小学体育教师的配备标准做了明确的表述，关于任职资格要求，中小学体育教师必须经过体育准入学习或培训，方能获得教师资格证书，且在职教师每学年接受继续教育的时数应不少于 48 学时。配备的比例要求，小学 1~2 年级每 5~6 个班配备 1 名体育教师，3~6 年级每 6~7 个班配备 1 名体育教师。农村 200 名学生以上学生的中小学校至少配

---

①沈建华，陈融. 学校体育学［M］. 北京：高等教育出版社，2012：244.
②《国务院办公厅转发教育部等部门关于进一步加强学校体育工作若干意见的通知》［EB/OL］.［2012-10-22］. http://www.moe.edu.cn/publicfiles/business/htmlfiles/moe/A17_zcwj/201210/143745.

备 1 名专职体育教师。2011—2012 年教育部先后颁布了《小学教师专业标准（试行）》和《教师教育课程标准（试行）》，标准的颁布有利于小学教师教育机构明确培养目标，完善培养方案，科学设置小学教师教育的课程，改革培养方式，降低和消除教师职前培养的盲目性和随意性，提升小学教师的培养标准①。标准要求的小学体育教师哪里来、谁来培养、该怎样落实是现在培养体育教师的单位必须思考的问题。

④"新三级"教师培养体系的内涵打破教育等级观念

研究表明，随着职前教师教育培养模式改革的讨论，带动了教师培养机构的改革。教师教育机构从三级设置向一级设置三个层次过渡。中国传统的三级师范设置（包括中等师范学校、师范专科学校和本科师范院校）已经转向了"新三级"教师教育体系设置（包括幼儿教师培养体系、小学教师培养体系和中学教师培养体系）。这种新型体系的建立，从观念上打破了"小学教师不如中学教师，中学教师不如高中教师"的旧观念，使教师教育从观念上发生了一种质的变化，扭转了不同学段的教师间学历高低的偏见，建立了不同学段的教师教育平等新观念。小学教师的培养也上升到以本科培养为主的一个新阶段。

⑤小学教师教育对小学体育教师教育带来的机遇与挑战

全科教师成为边穷地区教师补充的又一举措，为了设立全部国家要求的课程，全科教师被推上了历史的舞台，开始扮演新型的小学教师角色。2015 年新的学期开始，网络、报纸和媒体大量报道了各个省关于全科教师培养的实施方案，用以补充农村小学师资缺乏和紧缺学科开课的实际情况，使得"你的数学是体育教师教的"笑谈演变成了事实。但是正如大多数专家在轰轰烈烈的现象背后的担心一样，"专门培养"的问题还没有完成的情况下，全科教师培养的胜算到底有多大？在实际的访谈中我们也发现，体育教师能教好数学的大有人在，并不是我们所担心的"你的数学是体育教师教的"，反而是全科教师是否能教好体育成为我们最为担心的事情。在这种情况下，无论是小学全科教师教育还是小学体育教师教育，明晰和完善小学体育教师教育各个阶段所要达到的知识和能力都是亟需的。小学全科教师是对小学教师提出的更高要求，不是以"全"代"专"，而是各个"专"的高度融合，只有这样小学体育教师专业化才可能得以实现。

---

①教育部教师工作司. 教师教育课程标准（试行）解读［M］. 北京：北京师范大学出版社，2013：1.

⑥小学体育教师的问题愈演愈烈

人才培养目标并非永远处于一成不变的状态，它总是要随着社会的发展和变迁被不断地改写、再改写。体育教育专业的培养目标也是如此，但是，从2003年课程方案出台后，在基础教育改革与发展的快速时期，十几年过去了，很多培养单位的人才培养依旧参照2003年的课程方案。而摆在我们面前的事实是，2013年教育部体育卫生和艺术司司长王登峰在某学校体育工作研讨会上透露，"一些农村学校或边远地区的学校，甚至没有专职体育教师。"[①] 2013年的一项全国统计数据也表明，我国平均每一所农村学校只有0.7个体育老师，很多学校面临没有师资的尴尬境地[②]。同年的一项研究指出，至2010年，小学体育教师缺少20余万，中学体育教师不缺反而多[③]。而实际上的培养情况如何呢？新的三级体制的体育教师又是谁在培养？根据文献与实际调查所了解的情况来看，本科阶段还在继续保持培养中学体育教师的传统做法。有的培养目标上虽然显示"中小学"，但是在实际的培养过程中，一套培养方案对不同学段体育教师进行培养，并没有针对性和区别对待，实际上还是在沿用培养中学体育教师的模式，而培养小学体育教师仅仅是培养目标中的一个字眼而已。

## 三、小学体育教师教育培养方案研究

2013年教育部下发了《关于开展普通高等学校本科教学工作审核评估的通知》，核心是对学校人才培养目标与培养效果的实现状况进行评价，旨在推进人才培养多样化，强调尊重学校办学自主权，体现学校在人才培养质量中的主体地位[④]。能否根据实际需要制定合理的培养目标是关系我国体育教育专业生存与发展的重大问题[⑤]。

---

[①]新华网. 数据显示义务教育阶段体育老师缺口高达30万［EB/OL］.［2013-08-14］. http://edu.qq.com/a/20130814/003039.htm.

[②]卢苇. 教育部释放积极信号 学校体育工作有望出现拐点［EB/OL］.［2014-03-21］. http://www.sports.edu.cn.

[③]潘建芬，毛振明. 全国中小学体育教师数量结构发展概况分析［J］. 体育科技文献通报，2013，21（7）：122-127.

[④]宋会君. 改革开放三十年体育教师教育变迁的专业化审视［J］. 中国学校体育，2009（6）：17-20.

[⑤]彭贻海，王莉，严精华，等. 论体育教育专业培养目标、课程设置及社会需求的相互关系［J］. 武汉体育学院学报，2003，37（6）：89-92.

## （一） 小学体育教师职前教育培养目标研究

通过对文献的梳理，我们明确小学体育教师的培养目前已经上升到以本科培养为起点的新阶段，培养的专业是体育教育专业。利用中国学术期刊全文数据库，时间不限，搜索主题"体育教育专业培养目标"出现245条相关文献，而搜索"体育教育专业课程"却出现10010条期刊，3179条博硕论文相关文献，从研究的数量对比中可以看出，体育教师在"如何培养人"方面的关注度远远高于"培养什么人"的关注度。通过搜集关于我国现行2003版《体育教育本科专业课程方案》（以下称03方案）中有关培养目标的相关研究发现，研究者中持质疑意见者居多，问题主要聚焦在对03方案体育教育专业人才培养目标的后负效应论述。

1. 改革开放以来我国体育教育专业人才培养目标情况

高等学校教学计划是按照高等学校培养目标制定的指导教与学活动的规范性文件，它体现了社会对某一种专门人才培养规格的基本要求，是学校组织和管理教学工作的主要依据。其发展的历程呈现了我国高等体育教育改革的一个缩影[1][2]。

在我国，体育教育专业大多开设在师范院校、体育院校以及部分综合性大学及民族学院的体育院系，培养目标定位于体育教师[3]。但随着时代的发展，体育教育专业培养目标的定位也在不断地发生变化。改革开放以来，我国共下发了5套普通高等学校体育教育专业教学计划（现称为课程方案）（表2.4），其培养目标也经历了从培养"中学体育教师"到"体育教育专门人才"再到"复合型体育教育人才"的过程转变。应该说培养目标表述上的转变，体现了我国社会、经济、文化发展的要求，以及适应基础教育改革与发展对体育教育人才的需求，具有明显的时代性[4]。但是改革的探索存在问题是在所难免的，发现这些问题找到

---

[1] 教育部人事司. 高等教育学 [M]. 北京：高等教育出版社，1999：240-241.
[2] 李凤梅. 2003年《全国普通高等学校体育教育本科专业课程方案》认知分歧探微及启示 [J]. 沈阳体育学院学报，2013，23 (5)：104-107.
[3] 龚正伟，李丽英. 中国体育教师教育的历史、挑战与未来 [J]. 北京体育大学学报，2009，32 (3)：77-81.
[4] 崔国红. 对体育教育专业学生培养中若干问题的反思——基于青少年体质健康下降现实 [J]. 首都体育学院学报，2011，23 (3)：238-240.

突破后再进行改革是发展永恒的命题。

**表 2.4 改革开放以来我国 5 套体育教育本科专业课程方案（计划）中的培养目标**

| 年份 | 培养目标 | 专业定位 |
| --- | --- | --- |
| 1980 年 | 全面学习的基础上有所专长，具有从事中等学校体育教学训练、竞赛、裁判和计划管理场地设备等工作能力 | 培养中学体育教师 |
| 1986 年 | 培养德、智、体全面发展的中等学校体育教师 | 培养中学体育教师 |
| 1991 年 | 培养德、智、体全面发展的从事体育教育和科研工作的中等学校体育教师 | 培养具有科研能力的中学体育教师 |
| 1997 年 | 培养适应我国社会主义现代化建设的实际需要，德、智、体全面发展，具有良好的科学素养，掌握体育教育的基本理论、基本知识和基本技能，并受到体育科学研究基本训练的体育教育专门人才 | 培养具有科研能力的体育教师专门人才，但就业去向可拓宽到学校体育管理、运动训练和培养社会主义体育指导员等工作 |
| 2003 年 | 培养能胜任学校体育教育、教学、训练和竞赛工作，并能从事学校体育科学研究、学校体育管理及社会指导等工作的复合型人才 | 培养复合型人才，能胜任多项体育领域的相关工作，学校体育教育工作排在首位 |

2. 体育教育专业培养目标产生后的负效应

自 1952 年设置体育专业以来，培养中等学校体育师资一直是其本位目标。半个世纪的坚持，我们却在改革的路上与体育教师专业发展的道路渐行渐远。从 1980 年教学计划培养目标开始，培养"中学体育教师"的定位一直持续到 1997 年课程方案中"体育教育专门人才"的出现，形成了从"中学体育教师"向"体育教师"的转变，而 03 方案中培养目标的设定打破了"体育教育专门人才"的定位，体育教育专业人才培养趋向更加广阔的职业领域，"复合型人才"的多种职业定位成为时代的新产物，这一富有历史意义的改革使体育教育专业人才培养目标的何去何从引发了前所未有的大争辩。十多年过去了，其方案执行的负效应逐渐显露，迫使我们不得不对其改革发出更加急切的呼唤。

（1）专业价值弱化趋向

随着社会的发展和职业专业化的需求，人们之间的相互关系已经不是广泛性分布的角色维系，而是专一性角色的对弈。体育教育专业培养目标的定位从"体育教师行业"转移至整个"体育行业领域",其专业意蕴被弱化[①]。王飞等研究认为[②],现行的本科体育教育专业培养目标存在"繁化"的现象,"复合型体育教育人才"的角色定位与其培养目标体现的"体育科学研究""学校体育管理""社会体育指导员"等角色自身存在矛盾;体育教育专业培养目标与其他四个体育本科专业的培养目标存在交叉之处,导致有很多负面影响。有批评者认为[③]:03方案的实施降低了体育教师作为职业的不可替代性,致使"体育教育专业'沉没'现象趋势明显"。离开自己的"主业"去谋他人"主业"领域的工作,必然导致低薪就职和自身发展受排挤的困境。有研究已经证实这一论断,通过我国29个省(市、区)的教师调查发现:在小学阶段学科的教师中,体育教育专业毕业生仅占4.1%;中学阶段,从业第一的并不是体育教育专业毕业生而是"其他社会科学各专业"的毕业生;高中阶段,只有2.1%的体育教育专业毕业生从事教学。从教师职业发展角度看,"体教专业的改革与发展是不可能在一种只追求理论知识与运动技术的纯熟,不要教师教育专业素养与能力培养的漂浮状态中进行的"。从"专业"这一内涵可以看出,体育教育专业的存在是因为社会分工中有体育教师这一相对独立的行业存在,体育教育专业的核心价值也在于它能为体育教师行业培养出专门的人才。因此,作为指导体育教育专业进行人才培养的《课程方案》在整体构思时,应当始终把体育教师行业的发展需求作为方案构建工作的出发点。这既是《课程方案》"专业性"的内在要求,也是《课程方案》的生命力所在[④]。

分析认为,培养目标的多元化指向,本意是想为学生将来走向社会就业拓宽渠道,却无形中弱化了其专业发展取向,同时也让其他更多体育相关专业学生加入到体育教育行业的竞争中来。因此,正确界定体育教育专业培养目标中的核心目标是极为重要的。体育教育专业如果离开了体育教师培养这个本质目标,自身将失去光圈,如果体育教育专业培养目标不体现出体育教师培养的方向,其他专业就更不能去体现了。体育教育专业不直接体现本质方向的原因,

---

① 唐炎. 现行体育教育本科专业课程方案存在的问题与改进建议 [J]. 体育学刊, 2014, 21 (2): 61-64.
② 王飞, 耿廷芹, 陈勇芳. 对我国本科体育教育专业培养目标的思考 [J]. 成都体育学院学报, 2009, 25 (12): 83-85.
③ 李强, 毛振明. 对03版《全国普通高等学校体育教育专业课程方案》四维视角的反思 [J]. 武汉体育学院学报, 2011, 45 (10): 92-96.
④ 唐炎. 现行体育教育本科专业课程方案存在的问题与改进建议 [J]. 体育学刊, 2014, 21 (2): 61-64.

是专业自信不足，专业自信来自专业化建设的成熟度和对未来发展的信心。因此，研究认为，应继续加强体育教育专业建设和未来发展规划工作，提高其专业自信。

（2）与基础教育改革脱节

03方案与2001年国家首次出台的中小学《体育与健康课程标准》缺乏直接关联，毕业生不经过培训无法上岗。有研究者通过对比发现高师体育人才培养目标与基础教育体育教学目标仍存在一定的局限性，主要体现在以下几个方面：高等师范院校培养中小学体育师资"母机"的作用不突出；两者之间能够对话的部分较少，相互脱离的缝隙逐渐加大，培养目标与中学体育对教师的需求有错位之嫌；基础教育体育教学目标具有一定的超前性、创新性、适应性，而专业人才培养目标似乎是只能胜任，主导地位不能确立，势必造成"龙头"跟着"龙尾"走的困惑境地①。2001年开始，基础教育改革已经进入"深水区"，而体育院校专业设置和培养目标的定位与调整的步伐始终滞后于国家形势的发展，始终缺少前瞻性思考的规律②。

分析认为，当前培养目标存在注重社会现实需求而对长远需求考虑较少，注重社会利益而忽视国家、个人层面发展的事实。以社会需求为导向的体育教育专业培养目标改革，需要长远计划、多元考量。目前国家高质量的基础教育体育教育教师的目标仍未实现，未来在教师教育专业化和一体化发展趋势下，入职和职后教育的开发和研究将是新目标发展的又一个领地和新的挑战。

随着原有三级师范教育体系的改革，本科阶段体育教育专业现在面临的就业方向包括幼儿园、小学和中学，甚至职业学院，而每个层次的目标和要求都有很大的差异，如何在培养目标中体现这种差异，这就需要建立培养目标体系。各院校根据国家层面的培养目标、自身办学目标和条件，自觉发挥自主性和特色性，建立适合的专业目标。

（3）培养人才质量下滑

古语"样样通，样样松"，而03方案存在明显的"样样通"思想。为了扩

---

①肖威，江玲，吕新颖，等. 高师体育教育专业人才培养与基础教育需求关系研究 [J]. 北京体育大学学报，2006，29（12）：1681-1685.

②郝庆威，李杰凯，郭亦农，等. 试论"应用型人才培养"理念下体育院校专业设置和培养目标定位与调整策略 [J]. 沈阳体育学院学报，2010，29（5）：101-103，138.

大学生的就业面，培养目标表现出无限的包容性，主次不分，似乎想均衡发展，把学生培养成为"样样都行"的"全能型"人才[①][②]，但结果往往事与愿违，在一定程度上影响了 03 方案执行的权威性，影响了人才培养的质量。目前，体育教育专业也表现出"样样松"的低效人才培养特征。体育教育专业毕业生质量受到来自用人单位、家长、学生等多方面的质疑[③]，陆续有不同层面的用人学校反馈：体育教育专业毕业生的专业思想、敬业精神、多能一专、专业技术、技能素质等大不如前，尤其是"一专"不突出，"多能"也不能的业务现状，使他们既不能满足首次就业的社会要求，也无法对应社会高速发展后经常遇到的择校求职的竞争[④]。

分析认为，高质量的人才需求是社会各个阶段都无法抗拒的人才需求法则，教师教育从数量到质量的发展转变更加使得人才需求"精英化"的回归。大众教育阶段与精英教育阶段人才培养的本质区别在于，精英教育阶段是选拔精英培养精英，而大众教育阶段是从大众教育中选拔精英，对精英的要求不但没有降低反而越来越高，不能实现对口就业、存在淘汰是正常的事情。因此，大众教育阶段设计"专门人才"或"高级专门人才"的培养目标显然不可能实现，而"复合型人才"和多种职业取向的模糊培养目标恰恰是为了取悦和迎合更多的人进入本专业进行培养的华丽面纱，是社会需求功利化的具体体现。

（4）课程设置功能下降

培养目标是指课程开发的教育价值，为课程内容选择、课程组织、课程实施和课程评价提供依据。课程设置是为培养目标服务的，因此，课程设置也反映着专业的定位。03 方案中设置了体育教学训练、社会体育、体育保健康复和民族传统体育 4 个专业方向选修课，要求学生在每个方向中都选修 2~3 门课程，却没有从教师教育专业化的层面系统地设计体育教师教育课程，没有给学生提供足够

---

①崔国红. 对体育教育专业学生培养中若干问题的反思——基于青少年体质健康下降现实 [J]. 首都体育学院学报，2011，23（3）：238-240.
②胥英明. 对《全国普通高校体育教育本科专业课程方案》的质疑 [J]. 体育学刊，2004，11（5）：10-12.
③李强，毛振明. 对 03 版《全国普通高等学校体育教育专业课程方案》四维视角的反思 [J]. 武汉体育学院学报，2011，45（10）：92-96.
④龚正伟，李丽英. 中国体育教师教育的历史、挑战与未来 [J]. 北京体育大学学报，2009，32（3）：77-81.

的获取教师实践性知识的条件①,其他的研究也认为②,由于培养目标的宽泛和模糊导致课程设计呈现出主干课程弹性有余而刚性不足、课程设置中缺乏人文性等特点③,其结果是,主干课程虽然在学科逻辑上顺畅,但实践功用的效果却很差,即"主干"课程在类型结构上更注重从"学科"对接作为一级学科的"体育学",而较少从知识与能力方面关注体育教师的"教育教学"知识与能力。在功能上淡化了应当服务于"专业发展"的根本属性④。培养目标是课程设置的依据,从逻辑上讲,要想实现一套完美的、能真正培养出体育教师的课程方案,培养目标是关键,培养目标的正确性是前提,它具有稳定的特性。因此,在众多的本专业的课程研究中首先论证培养目标的问题也正是基于此原因。

3. 实例分析

列举10所体育教育专业培养目标,其中体育院校3所,师范院校3所,综合院校4所(表2.5)。从随机抽取的10所本科体育教育专业的培养目标来看,50%的培养目标只给出培养体育师资的宽泛培养目标;在其他50%的具体培养目标中,有40%的培养目标具有"跨学段"性质,以"中小学"为表达方式,但是透过培养方案我们就会明白,其培养模式依旧是在培养中学体育教师。对于有针对性地培养小学体育教师并没有引起足够的重视和关注,甚至有些人依旧认为,小学体育教师不需要专门的培养,在体育教育现有的培养模式中,宽泛的培养目标将所有学段的体育教师的培养任务都囊括于其中,其中包括小学体育教师。本科阶段体育教育专业从开始招生起,就是培养"中学体育教师",培养目标十分具体和明确。随着发展的需要,各学段的体育教师的需求都表现出来,而此时专业的中学体育教师已经基本达到饱和,这个事实也从侧面说明了一个问题:中学体育教师的培养工作做得好,大量培养中学体育教师的培养目标需要转型至"需求学段"的培养目标。而小学作为义务教育或基础教育的重要阶段,明确小学体育教师培养目标是回答小学体育教师由谁来培养的首要前提。因为只

---

①杨万林,王利明,杨万森.论体育教育专业的培养目标、课程设置与体育教师教育专业化[J].教育与职业,2007,559(27):63-64.
②方千华,黄汉升.改革开放以来我国普通高校体育教育本科专业课程设置的沿革[J].西安体育学院学报,2006,27(1):102-107.
③胥英明.对《全国普通高校体育教育本科专业课程方案》的质疑[J].体育学刊,2004,11(5):10-12.
④唐炎.现行体育教育本科专业课程方案存在的问题与改进建议[J].体育学刊,2014,21(2):61-64.

有明确培养目标才能更清楚要做什么、怎么做。很显然，模糊的培养目标不利于教育行为的开展，更不利于引导学生的个体行为或对其将要达到的目标的具体评价。因此，培养目标设定得越清晰越好。

表 2.5  不同类型院校培养目标定位

| 序号 | 学校 | 培养目标定位 |
|---|---|---|
| 1 | 北京师范大学 | 培养具备系统掌握体育教育的基本理论、基本知识和基本技能，掌握学校体育教育工作规律，具有较强的实践能力，在全面发展的基础上有所专长，能在中等学校从事体育教学、课外体育活动、课余体育训练和竞赛工作，并能从事学校体育科学研究、学校体育管理、社会体育指导等工作的高级专门人才 |
| 2 | 首都体育学院 | 培养德、智、体、美全面发展，具备系统、扎实的体育教育基本理论、基本知识和基本技能，具有较强的创新精神和实践能力，热爱教育事业，形成良好师德规范的多能一专的中小学体育师资 |
| 3 | 上海体育学院 | 培养德、智、体、美全面发展，系统掌握体育教育基本理论、基本知识、基本技能和学校体育教育工作规律，具有较强的体育教学实践能力，有项目专长，能在学校从事体育教学、课外体育训练和竞赛工作，并能从事学校体育科学研究、学校体育管理、社会体育指导等工作的应用性较强的高级专门人才 |
| 4 | 西安体育学院 | 培养德、智、体、美全面发展，系统掌握体育教育的基础理论和基本技能，具有创新精神和实践能力，能胜任中小学校体育教育教学、训练和竞赛工作的应用型人才 |
| 5 | 青海师范大学 | 培养具有系统掌握体育教育基本理论、基本知识和基本技能，掌握学校体育工作规律，具有较强的实践能力，在全面发展的基础上有所专长，能胜任体育教学、课外体育活动、课余体育活动、课余体育训练和竞赛工作，并能从事学校体育科学研究、学校体育管理、社会体育指导等工作的高级专门人才 |
| 6 | 沈阳体育学院 | 培养德、智、体、美全面发展，系统掌握体育教育基础理论、基本知识、基本技能和学校体育的一般规律，具有较强的教学能力，能从事学校体育及其他体育相关工作的应用型人才 |
| 7 | 安阳师范学院 | 培养能系统掌握体育基本理论、基本知识、基本技能和学校体育教育工作规律，具有创新精神和较强的实践能力，能在中等学校从事体育教学、课外体育活动、课余体育训练和竞赛工作，并进行学校体育科学研究、学校体育管理、社会体育指导等工作的德、智、体、美全面发展的高级体育专门人才 |
| 8 | 肇庆学院 | 培养德、智、体、美全面发展，专业基础宽厚，具有现代教育理念及良好的职业道德和创新精神，系统地掌握体育教育专业知识与技能，能胜任学校体育与健康课程的教学、训练和体育竞赛工作，并具有科学研究和学校体育管理工作等能力的应用型人才 |

续表

| 序号 | 学校 | 培养目标定位 |
|---|---|---|
| 9 | 宝鸡文理学院 | 培养具备系统地掌握体育教育基本理论、基本知识和基本技能,掌握学校体育教育工作规律,具有较强的实践能力,在全面发展的基础上有所专长,能在中学从事体育教学、课外体育活动、课余体育训练和竞赛工作,并能从事学校体育科学研究、学校体育管理、社会体育指导等工作的复合型人才 |
| 10 | 湖北第二师范学院 | 培养热爱小学教育事业,具有良好的道德素养和文化素养,基础知识扎实宽厚、学有专长、教育技能全面并具有一定从事小学教育教学和研究实际能力的小学教育工作者 |

在体育教育专业对小学体育教师培养目标还不清晰的情况下,小学全科教师培养的理念已经开始在各地纷纷展开,前文也已经提到,这个时代的特征就是多元化共存,也允许多个形式的培养模式共存,但可以肯定的是,国家教育方针、教育目的对每一个培养单位都是一样的。因此,小学体育教师职前教育应该认清形势,脚踏实地进行改进,清晰和明确培养目标是第一步。

4. 培养目标研究小结

体育教育专业研究中,课程的研究量远远大于培养目标的研究量。通过归纳改革开放以来体育教育专业培养目标及03方案培养目标存在的问题,总结了体育教育专业人才培养目标的研究进展,认为过去的研究主要集中在对培养目标与现实需求之间存在问题的分析,在此基础上,对体育教育专业培养目标的研究进行展望,认为体育教育专业培养目标在研究的理论建构、研究视角、研究内容及研究方法上都有很大的提升空间。培养目标定位准确与否直接影响课程构建与研究的意义所在。因此,本研究的重点将突出对培养目标的研究。

(1) 研究的理论建构高瞻远瞩

理论是科学的最高殿堂,是否具有一定数量的专有理论,是否具有体现内在一致性或逻辑性的理论体系,是学科发展成熟与否的重要标志[①]。体育教育专业培养目标研究的广度与深度也同样需要建立在坚实的理论之上。没有好的理论支持,培养目标的研究就如荒漠建屋,没有长远性和可持续性。因为,培养目标是

---

① 张力为,张凯. 体育科学研究方法向何处去?十个趋向与三个问题 [J]. 体育与科学,2013,34 (6):6-16.

在一定的教育思想影响下形成的，反映着一定的教育思想和教育要求，是教育思想的结晶。在进行体育教育专业培养目标研究时究竟应该依据什么理论，值得研究、探讨。

（2）研究方法趋于多元，研究手段走向系列

研究方法和手段的选择决定研究结果的科学性。目前科学的研究方法已经从过去单一的量化研究、质性研究，发展为两种方法兼用的混合型研究，研究手段也从过去的单一性研究走向系列研究。现在，许多学术期刊都鼓励那些沿着有价值的方向进行的系列研究。而针对当前培养目标的研究现状，手段单一，表现为体育教育专业培养目标的研究还没有持续性或系列性研究出现；方法单一，表现在仅运用文献资料法和逻辑分析法，缺少具有说服力的数据资料。因此认为，在体育教育专业培养目标的研究方法、手段上均可以加以改进和突破。

（3）研究内容体现多层次多角度

培养目标体系一般由三个层次组成：国家层次、学校层次和专业层次的本科教育培养目标。基于国家层面的培养目标演绎成为各校专业层次的培养目标，而忽视了学校的层次，这样一来出现了"千校一面""千人一面"的特点，不能凸显出学校之间专业的特点。应开展有关培养目标体系的相关研究，凸显培养单位专业培养的特色性。体育教育专业培养目标到底应该定位在哪里？培养类型的定位、角色的定位、培养目标结构要素的定位在何方？这些都需要进行广泛、深入的调查研究和论证，为达共识，要进行的工作显然还有很多很多。体育教师教育通过何种途径实现这一目标？体育教育专业又该为体育教师的培养做些什么？这些问题都有必要从教师教育的视角去进行思考和论证。纵向上，体育教师的培养从专科、本科、研究生、博士阶段人才培养目标的定位要做到整体设计、层次分明、特色突出；横向上，职前、入职和职后的培养目标也要做到整体设计、相互衔接。研究应涉及各层次培养目标的内容、含义及各目标之间的关系等。

（二）体育教师职前教育课程体系研究

利用中国学术期刊全文数据库，时间不限，搜索主题"体育教育专业课程"出现10010条相关期刊文献，3179篇硕博论文。通过高级检索，增加检索条件：主题"体育教育专业课程"，并且添加关键词，时间"2003—2016年"，期刊来源类别"SCI、EI、CSSCI、核心期刊"，搜索到期刊信息85条，175条博硕论文。

体育教育专业的课程研究均围绕 2013 版人才培养方案展开。关于课程的研究整体走向大体可分为两种：一种是对《课程方案》培养目标进行批判后，通过研究试图建立合理的课程体系；另一种是以《课程方案》中的培养目标为方向，开展关于体育教育专业课程体系的研究。

大多数研究者认为以 2013 版《全国普通高等学校体育教育本科专业课程方案》为蓝本的体育教育专业课程体系存在诸多弊端，并不能适应我国基础教育对体育教师的需求[1][2][3][4][5]。研究显示，当前高校体育教育专业的教学内容和形式与基础教育严重脱节。表现为学习项目技能单一，不能满足毕业生从教的需要；大量的高校教师缺乏对基础教育的了解；课程类型杂乱，表述各异；专业核心课程门数较多、实践环节形式多样，但都不能突出专业特性；教师教育课程缺失或不足等。

1. 课程指导思想

关北光的研究认为：体育教育业课程体系研究严重滞后，导致课程体系建设的指导思想不明确。黄爱峰等研究认为，从"指导方案"到"专业标准"的参照转换是体育教育专业课程改革的可行路径。教师专业标准、教师教育课程标准等各项标准应成为体育教师职前教育的重要参照。

2. 课程体系

（1）课程结构

课程结构是课程各部分的组织与配合，是探讨课程各组成部分如何有机地联系在一起的问题[6]。它研究的是一个比较复杂且理论难度较大的问题。长期以来，在教育科学的文献中，关于课程结构相关的研究较为少见[7]。当前学校课程

---

[1] 马勇，贺昭泽，胡建忠，等. 地方师范院校体育教育专业课程体系审视与整构 [J]. 广州体育学院学报，2015（2）：110-112，116.
[2] 关北光.《教师教育课程标准》背景下高校体育教育专业与基础教育对接的策略 [J]. 体育学刊，2013（3）：75-77.
[3] 丁福德. 对高等师范院校体育教育专业课程体系建设的新思索 [J]. 山东体育学院学报，2010（3）：79-83.
[4] 黄爱峰，王健，郭敏，等. 基于体育教师专业标准的体育教育专业课程改革研究——以华中师范大学专业教改实验为例 [J]. 武汉体育学院学报，2016（9）：63-68.
[5] 韩志芳. 我国普通高等学校体育教育专业本科培养方案研究 [D]. 北京：北京体育大学，2015.
[6] 黄波，刘冬梅. 华南师范大学体育教育专业课程设置分析 [J]. 体育学刊，2010（6）：68-72.
[7] 王伟廉. 高等学校课程编制理论建设的几个问题 [J]. 中国高等教育，2003，5：38-41.

结构的内容设计主要有三种模式：第一种"领域—科目—模块"；第二种"基础—拓展—活动"；第三种"立体整合"①。一般使用较多的为第一种。

关于体育教师培养方面，有研究者提出"$1+X+2$"宏观结构模型②。其中"1"是每一个学生必修的课程系统，是以培养学生体育教育教学为目标的核心课程；"$X$"是以"1"为中心的拓展课程结构；"2"是通识教育课。这种课程结构重点体现的是"以人为本"的教育理念，围绕学生的兴趣与发展而展开课程结构研究，但不足之处是研究仅停留在宏观构建的层面，没有深入进行。还有研究者认为顶点课程体系能够有效巩固体育教育专业人才的知识和技能基础，提高体育教育专业人才的综合能力。所谓的"顶点课程"是指位于课程终端的综合性实践课程，研究建议应该按照"顶点课程"的思路对课程结构进行修改③；甚至有研究者认为，当前体育教育专业课程内容与结构不合理，可以通过改进选修课程模块的方法来进行。

（2）课程内容和比例

从《课程方案》中可以看出，各校体育教育专业现行培养方案的课程体系构成基本都包括通识教育课程、学科基础课程、专业教育课程和实践环节四大要素。有的师范院校专门增设了教师教育课程体系，有的设有综合素质课程体系。从课程类型上看，主要分为公共课程、学科基础课程、专业课程、必修课程、选修课程等。有的学校设置了跨专业课程，有的学校将通识教育课程按模块整合归类④。

体育教育专业实践性课程的开设时数仅占总学时的3%左右⑤⑥。目前，大部分高校体育教育专业的必修课学分占总学分比例的70%~78%⑦。有研究指出，发达国家的必修课比例低于发展中国家。国外的必修课一般比例占据60%~70%，美、日等国家甚至低于60%⑧。我国研究者对课程比例进行改进的观点主要集中

---

① 杨清. 学校课程结构设计：从自发到自觉［J］. 教育科学研究，2016（11）：49-53.
② 向家俊，刘黎明. 体育教育专业"$1+X+2$"课程结构研究［J］. 体育文化导刊，2011（12）：114-117.
③ 王建涛，邵斌. 体育教育专业顶点课程体系的构建［J］. 南京体育学院学报：社会科学版，2015（4）：106-110.
④ 韩志芳. 我国普通高等学校体育教育专业本科培养方案研究［D］. 北京：北京体育大学，2015.
⑤ 教育部. 全国普通高等学校体育教育本科专业课程方案［Z］. 2003.
⑥ 钟晖. 体育顶点课程研究［J］. 体育文化导刊，2013（3）：1.
⑦ 韩志芳. 我国普通高等学校体育教育专业本科培养方案研究［D］. 北京：北京体育大学，2015.
⑧ 黄波，刘冬梅. 华南师范大学体育教育专业课程设置分析［J］. 体育学刊，2010（6）：68-72.

在这几个方面：压缩总学时、增加选修课、减少必修课、增加术科学时数、加大实践环节课时量[①]。

## 四、小结及启示

依据历史发展的回顾所知，数量上，小学体育教师缺乏是由来已久的事实；质量上，小学体育教师的质量依旧得不到保障。从当前的需求情况来看，中学以上体育教师已经基本达到饱和，而小学体育教师缺额依旧十分严重，偏远地区和农村地区的情况尤为严重；从培养的情况来看，一直以来小学体育教师的培养体系都不够完善和成熟，小学体育教师的专业化培养和质量问题成为长期困扰和阻碍教育事业发展的诟病，已发展成"疑难杂症"。按照一般的逻辑推理，特殊问题就需要特殊对待。因此，根据发展的现状和趋势分析认为：当前本科阶段体育教育人才培养必须在发展的思路上进行改变。如果还是依然保持没有针对性培养小学体育教师的现状，小学体育教师的数量与质量问题，尤其是质量问题终归还是得不到有效的保障，这样势必对我国基础教育阶段的体育教育、学生的教育，甚至是民族的发展都将造成难以弥补的损失。因此，在新的阶段，加强本科阶段有针对性的小学体育教师职前教育是解决小学体育教师数量与质量问题的最佳途径。

当前，发达国家小学教师教育大多由综合大学承担。培养全科教师、培养计划的制订并非一朝一夕之工，需要经过大量科学性论证方能实施。在我国，小学教育专业也在向全科教师迈进，但目前还没有纳入体育教师的角色。体育教师一直由体育教育专业培养，科学、全面明确体育教师职前教育的培养方案是我国当前和未来小学教师职前教育的需求。

国家出台的教育专业人才培养方案对全国体育教师职前教育起导向性作用。培养目标是课程方案制订的依据和方向，是培养方案制订的重中之重。现有的研究本末倒置，具有"重课程、轻目标"的特征。现行体育教育专业培养目标问题存在较多的质疑点，导致专业价值弱化趋向、与基础教育改革脱节、培养人才质量下滑、课程设置功能下降的负效应，化解培养目标矛盾的方法路径是个非常复杂的问题，既有深层次的也有浅层次的，既有外显的也有内隐的。研究认为，

---

[①] 刘青健. 对我国普通高等院校体育教育专业《课程方案》的调查与分析 [J]. 山东体育学院学报，2011（12）：81-85.

应该从多角度展开，建议根据教育改革发展趋势，在体育教育专业培养目标的理论构建、目标体系、研究视角、研究方法与手段等方面加强，并且需要进行长期的探索和不断的实践检验。因此，本书的重点将突出对培养目标的研究。

# 第三章
# 研究对象与方法

## 一、研究对象

本书以我国小学体育教师职前教育培养方案为研究对象。

## 二、研究方法

### (一) 文献资料法

文献资料法是指根据一定的研究目的或需要,通过对所收集的文献进行阅读后、经过再收集、筛选后进行的整理、分析及归纳和总结,全面和准确地了解所要研究的问题,从而找到事物的本质属性,并从中发现问题的一种研究方法。

文献资料法是本书重要的研究方法之一。由于每个国家的体育教师教育都是其历史和现实发展的产物。因此,在进行我国小学体育教师职前教育问题的研究时就必须根据具体国情进行全面而深入地分析,至于教育发达国家的经验仅仅只是我们的前车之鉴,只能借鉴,绝不能照搬。研究开展的每一步都要依据具体情况加以分析而进行。本书通过查阅大量关于教师教育的文献、教师专业化理论文献、培养方案相关的文献、体育教育专业的相关文献等,从整体上来把握体育教师教育的发展现状及未来趋势,进而分析小学体育教师职前教育所存在的问题。通过对本科的体育教育专业的发展、人才培养目标、课程设置、培养体系及任职状态等了解,分析小学体育教师职前教育发展的历程,以及不同时代背景小学体育教师培养与社会需求关系,明确小学体育教师教育,尤其是职前教育的现实情况,为本书撰写奠定了坚实的理论基础。

本书主要使用的数据资源包括：中国期刊全文数据库（CNKI）、谷歌搜索引擎、百链云搜索引擎、超星数字图书。中文检索关键词或主题词主要包括：教师、体育教师、小学教师、小学体育教师、小学教师职前教育、体育教育、体育教师教育、人才培养方案、本科教育、培养目标、教师专业化、教师专业发展、课程设置等。英文关键词或主题词主要包括：physical education teachers, physical education, physical teacher education, personnal training, undergraduate education, training objectives, teacher professionalism, teacher professional development。通过检索，建立资料包，总计搜集书籍 12 本，期刊论文 1568 篇，博士论文 27 篇，硕士论文 28 篇。通过大量阅读纸质书籍和电子文献，分析他人的研究成果与经验，为本书的顺利撰写奠定了坚实的基础。

## （二）调查法

### 1. 专家访谈法

专家访谈法是质性研究中的一种常用方法，也是本书第五章所选用的主要方法。访谈的主要目的是为解决研究问题寻找思路和依据。一般分为开放型访谈和半开放型访谈。前者主要是指没有固定的访谈问题，研究者在访谈过程中可根据当时的情况随机应变地围绕所要研究的议题进行交流，形式自由，这类访谈的主要目的是了解访谈者自己认为比较重要的问题以及他们对问题的诠释。半开放型访谈则是指研究者对访谈问题具有一定的控制，在对访谈者进行提问前，访谈提纲经反复斟酌才得以形成。本书采用半开放型访谈的方法。

（1）确定访谈对象样本

①确定访谈样本群

现象学研究中最常用的方法是目的性抽样法（purposive sampling），即根据研究目的，选择具有某种特征、能够提供最大信息量或最有价值信息的个体或小样本人群作为研究对象，从理论上获得对研究人群的代表性[1]。

本书在选择访谈对象时特别注重拥有从事小学教育、从事或接受过体育教育的经历，选择样本标准的方法是"同质型抽样"，指的是选择一组内部成分比较

---

[1] Coyne I T. Sampling in qualitative research. Purposeful and theoretical sampling: merging or clear boundaries? [J]. Journal of Advanced Nursing, 1997, 26 (3): 623-630.

相似（即同质性比较高）的个体，集中对这一类个体中的某些方面进行深入的研究①，因为他们的环境相似度较高，因此，能对相关的问题给予较为深刻的意见。因而，最终本书将目标访谈人群锁定为3个部分——教育专家群、学校专家群（包括小学体育组组长和小学学校体育教研员）及学习者群。

②确定访谈样本量

访谈对象每一部分的样本量通常是5~15个，但也不尽然。因为，样本量大小需要取决于资料饱和的进程，即关注的焦点主要表现在对获得资料的情况上，其关注"质"大于关注"量"，在资料收集的过程中以"收集的资料达到饱和为原则"②。当收集到的资料信息开始重复出现时，即为资料饱和（information saturation）。初步预设：第一部分是基于国家发展层面，探索对小学体育教师培养的需求。通过对5~15位体育教育专家进行深度访谈，得出国家层面需要什么样的小学体育教师；第二部分是基于学校工作层面，探索对小学体育教师培养的需求。通过5~15位学校专家进行深度访谈，得出小学学校体育工作层面需要什么样的小学体育教师；第三个部分是基于个人需求层面，探索对小学体育教师培养的需求。通过对5~15位学习者进行深度访谈，得到他们想要成为什么样的小学体育教师的信息③。

③访谈对象选择条件的预设

访谈对象的条件决定了访谈的效果和访谈质量，因此在访谈之前对访谈者的条件进行了预设，以减少研究在圈定访谈对象范围时的盲目性。预设条件初步定为：第一部分，教育专家群：教育学硕士及以上学历，硕士生导师或博士生导师、教授。第二部分，学校专家群（包括小学体育组组长和小学学校体育教研员）：小学体育组组长，本人所在小学必须有三名以上的体育教师，本人具有本科及以上学历者；体育教研员，具有3年以上本岗位工作的经验，并具有曾经在小学工作的经验，本科以上学历者。第三部分，学习者群：体育教育专业方向的学生或已经毕业在小学任教的近3年内的新教师，体育教育专业在读本科生必须是正在小学实习或已经在小学实习过的学生。

---

① 陈向明. 教师如何作质的研究 [M]. 北京：教育科学出版社，2001：43.
② Bogdan R, Biklen S. Qualitative Research for Education: An Introduction to Theory and Methods [M]. Allyn and Bacon, 2006：50.
③ 李峥. 护理研究中的质性研究（一）[J]. 中国护理管理，2007，17（4）：78-80.

(2) 确定访谈对象

本书选择目的性抽样中滚雪球抽样策略进行访谈对象的确定，总共分为三个阶段进行。第一阶段，商定并确定符合条件的访谈对象（以较为熟悉、能方便联系的目标为访谈对象）；第二阶段，对商定访谈对象进行意见征求，征得同意后进行访谈，并通过他们的推荐获得更多的访谈对象；第三阶段，按照第二阶段的方法进行类推就可获取更大的样本量，当访谈信息出现多次重复，停止访谈工作。在确定访谈对象的抽样过程中，对访谈对象从地域、层次上进行把控，以尽可能全面收集到相关的信息资源。

(3) 确定访谈内容

选题之前，在广州、珠海、河北等地的学术会议上与相关专家进行意见交换，为访谈提纲初稿的形成奠定了基础。初稿制定完成后，与导师商榷认定访谈初稿，分别经由两名具有体育教育经验的专家及两名小学体育教学经验的专家进行审核，审核的内容主要包括：第一，检验问题设计的是否全面，是否能够通过此类问题的沟通达到准确收集资料的效果；第二，问题的提出是否能够达到表达通俗易懂、语意明确、具体；第三，对问题的可操作性进行评价，以具体可操作为准。通过以上环节，对访谈提纲进行反复论证、修改，然后进行预访谈，并根据访谈的具体情况再次对访谈提纲进行微调，最终形成正式的访谈提纲。

访谈分为三个阶段进行：

第一阶段，对"学习者群"进行访谈，主要围绕他们在体育教育专业学习期间的相关问题进行展开，其核心问题见表3.1。

表3.1 "学习者群"个人深度访谈问题一览表

| 序号 | 问题 |
| --- | --- |
| 1 | 你当时就读本专业的目的是什么（本科）？ |
| 2 | 小学体育教师是您的理想职业吗？ |
| 3 | 您上学过程中的感受如何？学习过程中有哪些困惑？最大的收获是什么？ |
| 4 | 您在工作过程中的感受如何？困惑或者欠缺有哪些？ |
| 5 | 您认为小学体育教师与幼儿体育教师和中学体育教师的区别大吗？体现在哪里？ |
| 6 | 请问您理解中的小学体育教师专业化培养是什么样子？ |

第二阶段，对"学校专家群"进行访谈，主要围绕各个学校是否需要体育教师、新的体育教师将要解决什么样的问题、期望是什么等。希望他们与现有的体育教师在哪些地方不同？问题见表3.2和表3.3。

表3.2 "学校专家群"小学体育组组长个人深度访谈问题一览表

| 序号 | 问题 |
| --- | --- |
| 1 | 您所在学校体育教师的来源？他们的具体工作一般包括哪些？情况如何？ |
| 2 | 目前您所在学校的体育师资情况如何？需求情况怎样？ |
| 3 | 您对将来纳入新的成员的期望是什么？（包括通过培养应达到什么样的水平？具备什么样的知识和能力？以及在工作中发挥什么样的作用？） |
| 4 | 您认为小学体育教师需要专业化培养吗？请问您理解中的小学体育教师专业化培养是什么样子？ |
| 5 | 您对未来我国培养小学体育教师有什么好的建议？ |

表3.3 "学校专家群"小学体育教研员个人深度访谈问题一览表

| 序号 | 问题 |
| --- | --- |
| 1 | 当前您所在地区小学体育教师的需求情况如何？ |
| 2 | 您对当前培养的小学体育教师满意吗？<br>满意：体现在哪些方面？<br>不满意：体现在哪些方面？ |
| 3 | 您认为小学体育教师需要专业的培养吗？请问您理解中的小学体育教师专业化培养是什么样子？ |
| 4 | 您认为小学体育教师应该掌握哪些知识？应该具备哪些能力？ |
| 5 | 您对未来我国培养小学体育教师有什么好的建议？ |

第三阶段，对教育专家群进行访谈，访谈主要围绕从国家宏观层面，国家现在需要什么样的小学体育教师、现在如何培养体育教师、在培养的过程中应注重的方面（知识、能力等）今后改革的方向是什么等问题展开，具体的核心问题见表3.4。

表3.4 "教育专家群"个人深度访谈问题一览表

| 序号 | 问题 |
| --- | --- |
| 1 | 您所在院校开设的小学教育专业情况如何？ |

续表

| 序号 | 问题 |
| --- | --- |
| 2 | 您认为我国小学教师培养的趋势是什么？ |
| 3 | 您认为培养小学教师和其他学段（如幼儿园、中学）教师的异同表现在哪里？小学教师的培养应更加注重哪些方面的知识和能力？ |
| 4 | 您认为小学体育教师需要专业化培养吗？<br>（回答"需要"，请问您理解中的小学体育教师专业化培养是什么样子？） |
| 5 | 您认为小学体育教师应该由谁来培养？怎样培养？ |
| 6 | 您认为在《小学教师专业标准（试行）》和《教师教育课程标准（试行）》出台后，培养小学体育教师的人才培养方案应该怎样变化？ |
| 7 | 新的本科目录中小学教育与未来小学体育教师培养是否存在关系？是什么？ |
| 8 | 您对未来我国培养小学体育教师有什么好的建议？ |

（4）访谈资料收集

第一步，访谈前准备阶段。对第一阶段将要访谈的对象通过电话、邮件、微信、短信等手段进行联系，主要目的是向访谈对象介绍本次联系的意图，使他们清楚本书研究的目的、方法。确定他们是否愿意参与本研究，如果同意，请他们阅读《研究知情同意书》，然后商榷访谈的时间、地点及访谈的方式。

第二步，访谈。提问、倾听、回应和记录是访谈过程中的主要活动。根据被访谈者的意见，选择不同形式进行访谈内容的收集。本书研究最基本的保障有：第一，录音笔进行全程录音；第二，进行笔记；第三，留念合影（面对面访谈形式）。在访谈过程中对自己没有把握的被访谈者的观点进行及时澄清、确认，以确保资料的准确性。

第三步，访谈工作结束后，在最短的时间内进行访谈内容的转录工作。对访谈录音进行逐字转录。根据重复倾听访谈录音和阅读转录的访谈记录，一方面达到音和文的完全匹配；更重要的一方面，是研究者自己能深入资料当中，做更加准确的判断和思考，并能从被访对象的角度去思考研究问题，将分析的结果和感受进行记录，对在访谈中出现的模棱两可没来得及澄清的信息，应再次询问被访谈者，确保访谈资料的准确性，以求达到对资料含义客观而深入的理解。

第四步，对资料进行编码归类。本书采用手工编码的方式，主要从两个方面考虑：一方面，访谈样本量不大；另一方面，对资料更多的接触。这一部分工作需要细致和逻辑，是一项看似简单又充满挑战的工作。工作的第一步是依据研究问题将所获得的访谈资料进行分类，然后对每一类资料进行相应的标识和编码，最后将属于同一编码的内容进行归类①。编码具体呈现为：第一部分，教育专家群用"E"代码来表示，按照访谈的先后顺序进行编码，分别是"E1. E2. E3. E4. E5…"；第二部分，学校专家群用"X"代码来表示，按照访谈的先后顺序进行编码，分别是"X1. X2. X3. X4. X5…"；第三部分，学习者群用"S"代码来表示，按照访谈的先后顺序进行编码，分别是"S1. S2. S3. S4. S5…"。

第五步，编码归类工作结束后，对所做的工作从整体、各类、局部几个层次上进行甄别，通过反复地规整资料，从中寻找规律，分析、归纳、总结并给出合理的解释。

（5）访谈质量的控制

访谈质量决定着访谈结论的准确性。因此，本次访谈的所有工作均由本人亲力亲为。在访谈之前，进行大量的访谈准备工作，并根据具体的情况进行不断的调试。

在访谈过程中牢牢把握少说多听的技巧。即一定要有高度的耐心，并保持开放的心态；表达关注，充满尊重；容许沉默，避免质问受访者；访谈中始终坚信"听的目的是了解而不是评价"的理念。由此来获取更多的准确、可信及真实的信息。

（6）访谈伦理的考量

本书研究是经过学院研究生院同意，并经过国内知名专家主持开题。所有研究设计均是在正式得到许可的情况下进行的，研究遵循"知情同意""保密"原则。所有参与本书的访谈者，研究仅仅是对个人的真实经历、想法、事实、现状及观点等信息进行采集为本书所用，并无他意，研究过程也是经过允许或征求意见后才进行的。

2. 特尔菲法

特尔菲法是定性预测研究的重要方法之一，在国内外教育领域的很多研究均被采用。此方法重点是通过组织的专家群来解答研究的某个复杂问题，是一种可控制的、能充分表达集体思想交流的过程。一般分传统的特尔菲法和改良特尔菲法。研究主要包括4个基本步骤，即工作筹划、专家预测、统计分析与结果描

---

①刘秀娜．我国护理学博士研究生教育培养目标的探索性研究［D］．重庆：第三军医大学，2012．

述。在小学体育教师职前教育培养目标的研究中，通过专家群的主观判断，获得小学体育教师职前教育所需明确的小学体育教师的角色定位、角色内涵，以及小学体育教师的基本能力、知识结构和素质的要求。

（1）调查对象

本部分主要采用的研究方法是特尔菲法。特尔菲法大多被运用于那些有较多指标、方案、项目的选择与评价的研究中。本章的研究主要是在前期研究基础上列出可供参考的备选指标、项目，再列出相应的专家选择评价栏，进行定量评分，还留出专家的意见栏以供各位专家对问卷进行进一步的修改及提出宝贵意见。

①专家数量的确定。一般选取 4~16 名专家即可在的具体研究中得到比较满意的结果。但是，如果研究的问题较为重要且涉及的知识面较广时，则需选取 15~30 名专家①，15~25 人是实践证明较有效的人数②。

②专家条件设定。尽量选择那些具有高职称、高知名度，并在专业领域工作 10 年以上的人，且他们的分布具有广泛性。最重要的是选择的专家对调查问题有着深入的研究和较高的学术造诣③。

③专家函询，轮次探讨。一般情况下，经典的特尔菲法都要经过 3 轮以上的调查，经典的特尔菲法操作，第一轮往往是开放式问题，所以整个研究周期较长，有的调查甚至在第四轮函询结束后依然达不到统一的结果，这样会给研究者和专家带来很多的困难，使研究很难坚持到完成。本书关于小学体育教师职前教育培养目标的定位研究，并非采用经典的特尔菲法，而是采用目前研究较常采用的改良特尔菲法，即在前期的研究中已经进行了深度访谈和整理，在这个基础上参照诸多理论、《标准》作为研究的支撑，经过多次的修订和预测后，直接提供给专家结构化的问卷，请专家对问卷中的各项指标进行量分，而对各位专家的不同观点、指标可以通过"建议""补充项"给予提示，为下一轮问卷的修改工作提供参考。如果研究所列的问题在第二轮函询后就已经达到了统一标准，那么就没有太多的必要再进行第三轮的函询。

---

①Sue Hoyt K, Coyne EA, Peard AS, et al. Nurse practitioner Delphi study: Competencies for practice in emergency care [J]. Journal of Emergency Nursing, 2010, 36 (5): 439-449.
②黄汉升，周登嵩. 体育科研方法导论 [M]. 北京：北京体育大学出版社，2008：232.
③同②：232.

（2）研究步骤

①设计第一轮函询问卷

第一轮问卷主要包括"致专家信"和"函询问卷"两个部分的内容。函询问卷总共包括5个部分的内容，分别是第一部分"专家基本情况统计"、第二部分"小学体育教师角色定位及内涵的研究"、第三部分"职前小学体育教师知识体系"、第四部分"职前教育小学体育教师基本能力"、第五部分"调查专家权威程度判断"。

致专家的信主要目的在于征求专家的同意，对专家的工作表示尊重和敬意。第一部分主要通过手机短信的形式，邀请专家成为本书的函询专家，并告知专家本书的基本信息。第二部分是告知专家此项研究的领域、目的、进度，以及问卷的整体状况、本书调查的期望等信息。这一部分主要通过手机与专家进行沟通后，再以电子信函的形式将问卷发给专家。

专家基本情况调查。通过对专家的基本情况调查，掌握所调查专家的基本信息，为研究结果提供有力的证据。

角色定位及内涵的研究。角色定位分为5个条目，内涵共计20个条目。各级条目均采用"五级评分法"（5=很重要　4=比较重要　3=一般重要　2=不太重要　1=不重要）进行重要程度的评价。

职前教育小学体育教师知识体系。核心知识类别共分为4个条目，拟定的核心知识内涵共计24个条目，进行重要程度评判。

职前教育小学体育教师基本能力。基本能力类别包括4个，每个类别按照5个维度进行划分，具体描述共计80个条目，进行重要程度评判。

调查专家权威程度判断。"熟悉程度"和"判断依据"是被调查专家对所函询问题的两个判断因素指标。其中，"熟悉程度"采用Likert标度法分5个等级进行表示，即"很熟悉""比较熟悉""一般熟悉""不太熟悉""不熟悉"。而"判断依据"则分为"实践经验""理论分析""对国内外同行的了解"及"直观感觉"4个维度，各维度又根据对专家判断的影响程度分为"大""中""小"3个层次。

②第一轮问卷的修订及完善

选取从事高等体育教育工作10年以上、具有副高以上职称的专家6人，其中博士后2人，博士4人。邀请他们对函询问卷的初稿进行审核，根据审核的意见和建议对函询问卷中存在问题的条目逐一地进行修改和完善,经过两次修改后形成第一轮专家函询问卷(表 3.5)。

表 3.5 函询问卷的主要内容及条目数量

| 问卷内容 | 条目数 |
| --- | --- |
| A 角色定位 | 5 |
| A1 设计者 | 4 |
| A2 组织与实施者 | 4 |
| A3 激励与评价者 | 4 |
| A4 沟通与合作者 | 4 |
| A5 反思与发展者 | 4 |
| B 核心知识类别 | 4 |
| B1 小学生发展知识 | 6 |
| B2 体育学科知识 | 10 |
| B3 教育教学知识 | 4 |
| B4 通识知识 | 4 |
| C 基本能力类别 | 4 |
| C1 小学体育与健康课程教学方面的能力 | 36 |
| C2 小学体育课外体育活动方面的能力 | 16 |
| C3 小学体育课余训练方面的能力 | 17 |
| C4 小学体育课余竞赛方面的能力 | 21 |

修改原则为:删除那些选择"重要性程度"≥4 分选项的次数<80%,且"满分率"(指 5 分的选择率)<50%的条目;将专家在第一轮函询中增加的条目补充到第二轮函询问卷中;对专家提出有质疑或意见的条目进行修改。

③确定函询专家

为了避免样本量中途丢失,确保函询的有效性,本研究将样本量定在 30 人。

专家选择的主要条件预设。学术态度:严谨认真,并表现出十分愿意为体育教师教育事业的发展贡献出自己的一份力量;行政职务结构:一般情况下,具有行政职务者与培养目标的制定相关性更大,他们往往在制定培养目标中扮演主导或主要的角色,因此,选择一些既具有丰富体育教育知识的学科带头人,又担任或曾经担任体育教育专业或教务工作的行政职务者;知识结构:本研究涉及体育和教育两个领域,因此,研究应尽可能选择那些熟悉两个领域知识、学识渊博并具有一定代表性的权威专家;参与体育教育专业人才的培养:小学体育教师职前教育培养目标的制定需要参与的专家对体育教育专业有深入的见解和体会,因此,应尽可能选择其所在院校有体育教育专业,且一直参与体育教育专业人才培养的专家。

④问卷的发放与回收

预发放。选取从事高等体育教育工作10年以上、具有副高以上职称的专家6人对问卷进行填写,对填写过程中出现的问题予以再次修改。

正式发放。本部分问卷发放的思路是:第一步,电话联系,邀请专家成为本研究的函询专家,征得本人同意。第二步,以电子邮件或直接送达纸质问卷两种方式进行问卷发放,并通过信件形式建议专家尽量在两周以内将问卷返回。第三步,在问卷发放1~2周后,研究者根据问卷的返回情况及时通过电话、短信或邮件形式与函询专家进行沟通,以此来提高问卷的应答率。第四步,第一轮专家函询问卷回收后,经过整理和分析,对问卷内容进行修改。修改完成后再次邀请两位专家对问卷提出建议和意见,从而形成第二轮函询问卷。第五步,将第二轮函询问卷发放至那些在第一轮函询中有效应答的专家手中,其他操作与第一轮函询问卷相同。

3. 问卷调查法

问卷调查法是根据调查目的和任务,事先编制好调查问卷;将问卷分发给调查对象,请其填答,然后回收后进行整理,最后得到所需的研究信息与资料的一种方法①。本书在第六章的设计中主要采用了此方法。

(1) 调查对象

调查对象包括学科专家、小学体育教师和在读学生3类人群。

(2) 问卷的编制

编制问卷一般采用以下步骤进行:明确调查目的、逐级分解,设计题目,初稿征求意见,预试,修改定稿②。

---

① 黄汉升,周登嵩. 科学研究方法导论 [M]. 北京:北京体育大学出版社,2008:194.
② 胡中锋. 教育科学研究方法 [M]. 北京:清华大学出版社,2011:126-131.

①明确调查目的，并对之进行逐级分解

本部分的调查目的在于厘清小学体育教师职前教育的课程设置问题。第一层，课程设置的依据，需要了解调查对象对各种"标准"的认知情况，明确各种标准在课程设置中的贡献程度。第二层，课程体系的组成部分，根据《教师教育课程标准》将课程体系分为通识课程、学科专业课程及教师教育课程3个部分，继而明晰总学分及各部分学分的分布情况。第三层，重点是学科专业课程设置的调查。明确小学体育教师职前教育学科专业课程的最低总学分及最低必修学分，各学习领域及课程设置模块内容。

②精心设计问卷的题目

根据上面的分解，将研究问题转化成问卷问题。问卷设计分为3类，每类问卷的内容都分为两大部分：第一部分是调查者的信息部分，以表格的形式进行设计，调查者只需根据提示填写自己的基本情况即可；第二部分是问卷的主体部分，以按照上述的思路进行逐条问题的呈现，主要以封闭问卷的形式完成，但也提供了开放式理由、补充项和建议栏以供调查者能提供更多的研究信息。

③编制初稿，征求有关专业或熟悉人士的意见

初稿完成后，分别发给学校体育领域的5位专家，他们均受过正规的博士学位教育且具有较高的研究素养，通过他们的意见来修改和完善问卷的初稿。

④进行预试

用问卷的初稿对3位体育学科专家、石家庄市神兴小学的5名小学体育教师、河北师范大学体育教育专业2013级10名学生进行预试，主要了解他们在填写过程中，对问卷语句的表达目的是否理解的情况，对出现的问题再次斟酌修改，形成正式问卷。

⑤修改定稿

在完成专家评价和预调查之后，将问卷分别发给河北师范大学体育学院的8名博士，并通过座谈、讨论的方式进一步修改和完善问卷。经过修订最终确定各类问卷包括4个部分，即基本情况部分，标准认知部分、学分学时部分及学科专业课程结构内容部分。问卷根据各调查人群的特点，选用不同的语言和问题进行问题的设计，最终呈现出学科专家问卷11个条目，小学体育教师问卷15个条目，在读学生问卷21个条目。

(3) 问卷信度和效度检验

①问卷信度

本书采用再测信度的方法。每组的选择对象与预测对象并非同一人群。河北师范大学体育学院2012级学生40名,于2015年10月13日星期二在教学楼C座302室发放问卷并随即收回。两周之后,也就是2015年10月27日在同一时间、同一地点再次将问卷发给这40名学生进行第二次填写并随即收回。两次人员相同。调查结束后对问卷进行数据整理,并对两次调查结果的积差相关系数(稳定性系数)进行了显著性检验,结果显示问卷的再测信度,在读学生问卷 $r$ 为0.877,结果表明问卷稳定性较好。

②问卷的效度

一般研究认为,效度评定的专家人数为3~10人[①②]。因此,本书采用效度评定量表的方法,同时邀请了8位学校体育领域的专家对问卷的效度进行评价,8位专家均是硕士及以上学历的导师,对问卷的设计及课程理论均有较为深厚的基础和见解(表3.6)。

表3.6 各类问卷效度评分均值（$n=8$）

| 问卷种类 | 问卷设计总体评价 $\overline{X}$ | 内容设计评价 $\overline{X}$ | 结构设计评价 $\overline{X}$ |
| --- | --- | --- | --- |
| 学科专家问卷 | 8.75 | 8.375 | 8.625 |
| 小学体育教师问卷 | 8.75 | 8.375 | 8.875 |
| 在读学生问卷 | 8.5 | 8 | 8.625 |

(4) 问卷发放的形式及人群

从2015年10月17日开始,通过各种途径将问卷分批发给3类调查人群。

问卷发放的形式主要分为3种,第一种是直接将问卷发放给学生,采取现场发放现场回收;第二种是通过邮寄的方式将问卷快递至发放地区;第三种是直接将电子版发至联系人,委托他们打印或以电子的形式进行发放及回收。

---

① Davis LL. Instrument review: getting the most from a panel of experts [J]. Applied Nursing Research, 1992, 5 (4): 194-197.

② Polit D F, Beck CT, Owen S V. Is the CVI an acceptable indicator of content validity Appraisal and recommendation [J]. Research in Nursing & Health, 2007, 30: 459-467.

（5）问卷发放的样本量

在抽选调查样本时，多数情况下必须遵循随机性原则。要尽可能地使抽取样本的分布情况近似于研究总体内的分布特征，才可能使样本调查的指标数值对总体有较大的代表性和准确性，即样本可以推断总体；而且可以事先计算、控制抽样误差的大小范围。因而在推论总体时，也可以判断总体的参数分布和精确程度①。根据公式：$N=Z^2[P(1-P)]/E^2$（$N$=样本量，$Z$=统计量，$E$=误差值，$P$为概率值）进行计算，当置信度为95%时，$Z=1.96$、$E=5\%$、$P=0.5$、$N=384$。根据当前体育教育专业的分布情况进行样本量的推算（表3.7）。

表3.7 在读学生、小学体育教师调查样本量分布表

| 序号 | 地域 | 体育教育专业分布 | 样本量计算 | 小学体育教师实际调查分布 | 在读学生实际调查分布 |
| --- | --- | --- | --- | --- | --- |
| 1 | 西北（陕西、甘肃、宁夏、青海、新疆） | 29 | 36 | 50 | 50 |
| 2 | 华北（北京、天津、河北、山西、内蒙古） | 40 | 49 | 60 | 60 |
| 3 | 东北（辽宁、吉林、黑龙江） | 24 | 29 | 30 | 30 |
| 4 | 西南（重庆、四川、贵州、云南、西藏） | 56 | 69 | 80 | 80 |
| 5 | 华中（湖北、湖南、河南） | 56 | 69 | 80 | 80 |
| 6 | 华东（山东、上海、江苏、浙江、安徽、江西、福建） | 81 | 99 | 110 | 110 |
| 7 | 华南（广东、广西、海南） | 27 | 33 | 40 | 40 |
| | 总计 | 313 | 384 | 450 | 450 |

（6）问卷发放与回收

各类问卷的组织发放情况如下：第一类，学科专家的发放情况，在第一轮函询专家的基础上，发放问卷20份，回收14份，通过同学（2002级研究生同学98%为高校教师、2010级高访的同学100%为高校教师）联系专家，每位同学负

---

①黄汉升，周登嵩．体育科研方法导论［M］．北京：北京体育大学出版社，2008：192.

责联系专家 1~2 位。总计联系专家 21 位，回收问卷 21 份。2015 年 11 月 6—8 日在杭州举行的第十届体育科学大会上进行专家问卷发放，总计发放 26 份，回收 23 份。共回收问卷 58 份，有效问卷 51 份，专家分布在全国 16 个省、4 个直辖市和 1 个自治区的 33 所大学（北京体育大学、华东师范大学、华中师范大学、安徽师范大学、天津体育学院、西安体育学院、武汉体育学院、山东大学、吉林体育学院、山西大学、江西师范大学、苏州大学、沈阳师范大学、山西师范大学、曲阜师范大学、宁夏大学、湖北大学、三峡大学、云南大学、河南师范大学、燕山大学、湖南理工学院、天水师范学院、安徽巢湖学院、南阳师范学院、洛阳师范学院、宝鸡文理学院、湖北文理学院、渭南师范学院、四川医科大学、西华师范大学、西安建筑科技大学、东北师范大学）。他们都曾参与过体育教育专业培养方案制订的相关工作，对课程有一定的认识。第二类，小学体育教师问卷的发放，主要是通过研究生和高访的同学、历届专修课所带的部分到小学工作的学生，他们每人负责联系 5~10 位小学体育教师，小学体育教师分布在全国 7 个行政划分区域中（表 3.8），总计发放量 450 份，有效问卷 392 份。第三类，体育教育专业的学生，要求大三或大四的在读学生，主要通过研究生、高访的同学和朋友进行委托发放到有体育教育专业的学校，每所学校发放 20 份，总计发放 450 份，回收 450 份，有效问卷 410 份。

表 3.8　问卷的发放与回收情况统计

| 组别 | 发放 | 回收（回收率） | 剔除 | 有效（有效率） |
| --- | --- | --- | --- | --- |
| 学科专家组 | 70 | 62（88.6%） | 11 | 51（82.3%） |
| 小学体育教师组 | 450 | 431（95.8%） | 39 | 392（91.0%） |
| 在读学生组 | 450 | 450（100%） | 40 | 410（91.1%） |

4. 案例分析法

案例分析法是社会科学常用的方法之一。斯特克将案例研究分成 3 种类型：即内在的案例研究（Intrinsic Case Study）、工具性案例研究（Instrumental Case Study）和多案例研究（Multiple Case Study or Collective Case Study）[①]。Eisenhardt

---

[①] Stake R E. Qualitative case studies, In Norman K. Denzin and Yvonna. S. Lincoln (eds.), The Sage Handbook of Qualitative Research [C]. California: Sage publication, 2005: 444.

极力推崇多案例研究,她认为多案例研究能通过案例的重复来支持研究的结论,从而提高研究的效度①。案例分析不仅仅是理论提炼的基础和来源,更是进行理论传播的有力工具②。教育科学研究的领域,案例分析法就是广泛地搜集案例资料,并尽可能详尽地去了解案例的现状以及它的发展历程,对案例的典型特征进行深入细致、全面的研究分析,确定问题的症结,进而提出修改的建议③。案例分析的真正意义在于"丰富其叙事氛围,引导读者合理追随研究者的心路历程,从而接纳、融合以及深信研究者得出的结论"④。

在本书中,首先收集不同类型学校的体育教育专业培养方案(与小学体育教师培养方向相关的),继而对培养方案中培养目标、培养规格、课程体系展开细致的剖析,最终以本研究构建的小学体育教师人才培养方案作为比较对象,回答"为什么""怎么样"的问题。

### (三)数理统计法

本书采用 Excel 软件进行了基本数据的收集,建立数据库,运用 Spss19.0 软件对所获得的数据进行分析。在对小学体育教师职前教育培养目标、培养规格、课程体系进行研究时主要运用了频数、百分比、平均数、非参数检验、单样本 T 检验等方法,为科学构建小学体育教师职前教育培养方案提供数据支持。

### (四)逻辑分析法

逻辑分析方法简称逻辑法,它是以逻辑规律为指导,根据事实材料进行定义,然后形成概念,作出判断,继而进行推理,构成理论体系的方法。逻辑法是人们认识推理事物的一种思维方法。它包括比较、分析与综合、论证推理等方面,在日常生活和很多正式场合发挥着很大作用。本书在文献分析、数据处理及撰写的整个过程中,综合地运用了比较与类比、归纳与演绎、分析与综合等逻辑论证方法对小学体育教师职前教育人才培养方案中的相关问题进行了分析和论证。

---

①Eisenhardt K M. Building theories from cases study research [J]. The Academy of Management Review, 1989 (4).
②克利福德·格尔兹. 文化的解释 [M]. 纳日碧力戈, 等译. 上海: 上海人民出版社, 1999.
③胡中锋. 教育科学研究方法 [M]. 北京: 清华大学出版社, 2011: 238.
④王刚. 案例研究的价值冲击与维护 [J]. 中国地质大学学报: 社会科学版, 2015, 15 (5): 115-121.

# 第四章
# 我国小学体育教师职前教育人才培养方案研究的理论基础

## 一、小学体育教师职前教育人才培养方案制定的依据

### (一) 国家政策和法规当航标

1995年《中华人民共和国教育法》中教育目的表述为:"教育必须为社会主义现代化建设服务,必须与生产劳动相结合,培养德、智、体等全面发展的社会主义事业的建设者和接班人。"《纲要》中义务教育部分明确提出:"提高义务教育质量。严格执行义务教育国家课程标准、教师资格标准。配齐音乐、体育、美术等学科教师,开足开好规定课程。"在高等教育部分提出:"全面提高高等教育质量。2020年,高等教育结构更加合理,特色更加鲜明,提高人才培养质量。牢固确立人才培养在高校工作中的中心地位,着力培养信念执著、品德优良、知识丰富、本领过硬的高素质专门人才和拔尖创新人才。"

从教育法规、政策中可以看到,我们必须培养全面发展的、并能够服务于社会需要的人。从《纲要》中我们也能明确与本书研究相关的两个重要信息。第一,义务教育阶段国家需要高质量的小学体育教师;第二,高等教育正在提高培养小学体育教师的质量。如果高等教育小学体育教师的培养能和小学体育教育教学工作紧密挂钩,满足需求,那么小学体育教育教学的问题将会逐渐改善,否则将更加艰难。因此,存在这样两个问题:第一,谁在培养小学体育教师?他们能否满足提高义务教育质量的需求?第二,高等院校培养体育师资的层次与结构是否合理?特色是否鲜明?质量是否过硬?在国家的政策引领下,把握当前现状和

问题,是制订小学体育教师培养方案的前提。

(二) 专业标准为依据

2011 年 10 月,教育部正式颁布了《教师教育课程标准(试行)》,这是有史以来颁布的第一部关于教师教育课程的国家标准,它的颁布体现了国家对教师教育课程的基本要求,也是制订教师教育课程方案的重要依据。2012 年 2 月 10 日,《小学教师专业标准(试行)》颁布,成为我国小学教师培养、准入、培训、考核等工作的重要依据。"《小学教师专业标准(试行)》的制定有利于小学教师教育机构明确培养目标,完善培养方案,科学设置小学教师教育的课程,改革培养方式,降低和消除教师职前培养的盲目性和随意性,提升小学教师的培养质量"①。在《小学教师专业标准(试行)》实施建议的第二条中明确指出:"开展小学教师教育的院校要将《专业标准》作为培养小学教师的主要依据。重视小学教师的职业特点,加强小学教育学科和专业建设。完善小学教师培养培训方案,科学设置教师教育课程,改革教育教学方式;重视小学教师职业道德教育,重视社会实践和教育实习;加强从事小学教师教育的师资队伍建设,建立科学的质量评价制度"②。因此,在进行小学体育教师培养方案的研究应该以《小学教师专业标准(试行)》《教师教育课程标准(试行)》为依据。

## 二、小学体育教师职前教育培养方案研究的基础理论

### (一) 人的全面发展理论

1. "人的全面发展"是一种理想、信念和追求

马克思主义关于"人的全面发展"学说是我国社会主义教育目的的理论基础。"人的全面发展"理论,从存在的本质上来讲,实际就是一种理想、追求和信念,它是主客观的统一体。于内而言,它是人性内在的向往和本能的自然追求,于外而言,它也是社会进步与发展的外在要求③。一方面,尽管"人无完人",但是追求完美一直以来都是人存在意义的最高价值所在,正是因为人赋予

---

① 教育部教师工作司. 小学教师专业标准(试行)解读 [M]. 北京:北京师范大学出版社,2013:1-9.
② 同①:139.
③ 扈中平. "人的全面发展"内涵新析 [J]. 教育研究,2005 (5):3-8.

了"全面发展"这个最高价值的所在,人才会将人的生存不断推向一个又一个的理想高度,人才会在追求完美的进程中不断完善和提高自己。另一方面,人是社会的主体,人在不断地要求和推进社会的不断完善和进步,反过来社会的进步与完善同样需要不断完善和提高的人来主宰。反映在教育上,教师推动教育的完善,教育的完善也推动教师的发展。两者相辅相成,相互促进、相互制约,构成了一个互为因果存在的价值整体。

2. "人的全面发展"是相对的

人的发展和社会发展的"面",可以用"无限"的概念来加以描述。第一,"人的全面发展"是针对片面而论的。"人的片面发展"的实质是指人在发展上受强制、遭奴役、被凝固,以及由此而造成人在发展上的分裂、失衡、扭曲和畸形。在片面发展的状态下,人感受的是痛苦、折磨和摧残,是自由和自主的沦丧。而"人的全面发展"的实质则是指人在发展上的和谐、自由、自主、丰富及流动和变化。马克思曾说:"人的全面发展意味着自己真正获得解放"[1]。因为,只有在人的全面发展状态之下,人才能感受到幸福与愉悦,它是人的自我价值和尊严实现和确立的过程[2]。第二,"人的全面发展"是相对的而不是绝对的。《孙子兵法·虚实篇》中讲:"故备前则后寡,备后则前寡,备左则右寡,备右则左寡,无所不备,则无所不寡。"作为人的发展也是一样的,基础的全面发展和突出某一方面发展并不矛盾。而现实生活中,很多人容易将全面发展理解为绝对意义上的全面,认为全面发展的人就是没有缺点、没有短处的人,全面发展的人就一定是德、智、体、美样样好的人,数理化、语数外样样优秀的人,做体育教师就是能教好幼儿园,又能教好小学、中学甚至大学的人,在小学任教就不仅能教体育还会教语数外的人,这是对全面发展的误解。面面俱到、样样优秀的人根本不存在,否则就不会有"术业有专攻"的行业经验论,也不会出现"样样通,样样松"的人才培养实践观总结。因此,本书是在探讨如何培养能教好小学体育的教师,并且是从最低要求的角度进行的研究,与全面发展的小学教师并不形成矛盾。

3. "人的全面发展"与个性发展

人的发展可分为不同的层次,每个层次表现出来的特征是"个性发展"的体

---

[1] 中共中央马克思恩格斯列宁斯大林著作编译局. 马克思恩格斯全集(第3卷)[M]. 北京:人民出版社,1960:286.
[2] 扈中平. "人的全面发展"内涵新析[J]. 教育研究,2005(5):3-8.

现,不同的时期,由于不同的基础就会产生不同的个性发展表现。人要形成"个性发展",首先要有全面发展的基础,而那些基础的理论、基本能力和素质不可或缺,前者是条件,后者是必然,这其中,每个发展的层次都是由这一基本原理所组成。因此也可以反推,需要什么样的"个性发展"就必须奠定什么样基本知识与能力。

**4. 终身学习是"人全面发展"的主要途径**①

21世纪是学习型社会,为了实现和谐社会的伟大理想,要求人们通过个体学习、组织学习的方式来促进自身的全面发展,以促进和谐社会的实现。1966年联合国教科文组织发表了国际21世纪教育委员会的报告《教育——财富蕴藏其中》②,报告中提出了教育的四大支柱,即"学会认知、学会做事、学会共同生活、学会生存。"报告指出,四大支柱应得到同等重视,受教育者个人和社会成员要通过教育在认识和实践方面获得一种全面的、终生持续不断的经历。终身学习更多强调学习者的主动性、主体性,以此来体现学习化社会的特征。人只有不断地通过学习,才能更好地适应社会,最终达到促进自身的发展,促进社会的发展,实现人的全面发展的新高度。因此,高等教育中十分重视四个支柱的形成,为终身学习奠定基础(图4.1)。

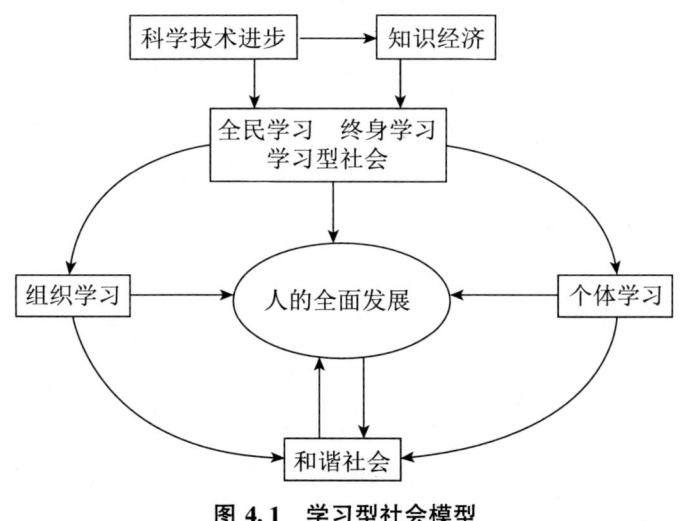

**图 4.1 学习型社会模型**

---

① 顾明远. 终身学习与人的全面发展 [J]. 北京师范大学学报:社会科学版, 2008 (6):5-12.
② 国际21世纪教育委员会. 教育——财富蕴藏其中 [M]. 联合国教科文组织部中文科, 译. 北京:教育科学出版社, 1996:76.

## (二) 高等教育分流理论

### 1. 分流的概念

教育分流，即人才培养的分流，简称分流。它是指学校教育系统根据社会的需要和学生个人的意愿与条件，把完成一定阶段教育的学生有计划、分层次、按比例地分成几个流向，分别接受不同类型的、不同层次的教育，以培养社会发展所需要的各级各类人才的活动[①]。

### 2. 教育格局下教师教育的方向

以初等教育分流、中等教育分流与高等教育分流组成的"三级分流"格局已经被广泛接受和认同。各级教育在整个教育的大系统中分别承担着不同的教育角色。其中，高等教育不仅担负着开发学生潜能、培养学生学术兴趣与能力等多方面的任务，还担负着培养各级各类专门人才、优化人才结构、满足社会经济发展多方面需求的任务。从国家与社会的层面来讲，高等教育主要就是为了适应社会经济发展的需要，培养各级各类人才；而从家庭与个人的层面来讲，则是为了开发个人潜能，促进个人更好地发展。因此，高等教育分流无论对社会发展还是个人发展都具有极为重要的意义。对于教师教育而言，它既是高等教育的重要组成部分，还是各级各类学校培养师资的工作母机。它所培养的人才需满足社会的现实需要，即满足三级分流格局之下的教师教育需求。因此，在教师教育的过程中，不仅要考虑高等教育对人才的培养特点，还要顾及三级分流格局对教师的需求情况，并能根据不同教育层次对教师的需求对人才培养方案做出及时的调整。

### 3. 高等教育任务分流

高等教育任务的分流，是指不同的高等教育机构在培养对象、培养目标和方式上有相应的侧重与分工。根据高等教育任务的分流理论，不同层次培养单位的体育教育专业应该在培养对象、培养目标和方式上体现出侧重与分工。而长期以来，本科阶段体育教育专业在以国家出台的《课程方案》的共同指导下，相似度较高，任务雷同或相似的现象一直存在。例如，2003版课程方案指导下体育教师职前教育状况，一流大学在担负培养中学体育教师的任务，地市级学院的培

---

[①] 董泽芳，陶能祥. 高等教育分流的理论与实践 [M]. 武汉：华中师范大学出版社，2010：17.

养目标也是中学教师的培养任务。综合大学、师范大学和体育学院等不同类型学校在培养体育师资方面的侧重与分工等均没能被很好地体现出来，出现了中学、城市体育教师人才过剩与小学、农村体育教师人才不足的矛盾产生，出现"偏"实践型与"离"研究型体育教师教育的教育现状。明确高等体育教师教育的任务，合理做好分流是解决当前存在矛盾的关键。

一般认为，高等教育分流的形式主要包括外分式与内分式两种。外分式是指依据一定的标准，对高等教育对象进行的一种选择性活动，其目的是将符合标准的高等教育对象选拔出来并分流到各类高等学校中去。内分式是指进入高校的大学生依据自身的需要和条件分别流向不同的学科、专业、课程、班组和课堂，以及不同的年级和教育层次的活动。从高教育分流的形式来讲，明确不同层次学校的培养目标，通过外分式分流、内分式分流的形式可解决农村小学体育教师教育的问题。

### (三) 教师教育理论

#### 1. 教师专业化和教师专业发展

美国教育家琳达·达林-哈蒙德（Linda Darling-Harmmond）说：当前，我们的世界正处于一个飞速变革的时代，教师必须要具备使全体学生都能进行有效学习的能力，这对教师来说是一个巨大的挑战。为了迎接这一挑战，就要求我们教师具备更为广博而又深厚的知识积累，同时还要求我们的教师具备熟练而多样的教学技能，所有对未来教师的要求本质上就是要求实现教师专业化的发展①。专业化（霍伊尔 E. Hoyel）被定义为，指一种职业经过一段时间后成功地满足某一专业性职业标准的过程。教师专业化是指教师职业具有自己独特的职业要求和职业条件，有专门的培养制度和管理制度，既包括学科专业性，也包括教育专业性。教师成为一种专门职业，其发展是一个专业化的过程，是社会发展、职业分化的自然结果和必然要求。毫无疑问，教师是一项具有专业性的职业。为了从事这项专门职业，教师首先必须经过一定期限的系统训练，达到国家规定的资格才能胜任。同时，专业化性质还要求从事教学工作的人必须不断地学习所教学科及其相关的专业知识与技能，精益求精，才能保持自身的专业水平。而教师专业发

---

① 琳达·达林-哈蒙德. 美国教师专业发展学校 [M]. 王晓华，向于峰，钱丽欣，译. 北京：中国轻工业出版社，2006.

展也是教师个体专业不断发展的历程,是教师不断接受新知识、增长专业能力的过程①。对于小学体育教师而言,其专业发展是指在整个职业生涯中,通过专门训练和终身学习,逐步习得小学体育教育的专业知识与运动技能,并在小学体育教学实践中不断提高自身的教学艺术水平,从而成为一名优秀的小学体育教育专业工作者的整个过程②。小学体育教师教育既承载着体育学科的专业性,又要满足教育学科的专业性,还要使所培养的人才在工作岗位能表现出教育的专业性。因此,在小学体育教师职前教育的过程中既要进行专业的教育,还要为未来的小学体育教师由新手向专家的转变、成长打基础。

学术界把教师专业发展理论的价值取向归于:理智取向的教师专业发展 (intellectual perspectives of teacher professional development)、实践—反思取向的教师专业发展 (practical-reflective perspectives of teacher professional development) 和生态取向的教师专业发展 (ecological perspectives of teacher professional development) 3 类。

理智取向的教师专业发展的主要观点在于强调对教学专业的重要性。他们认为,如果教师想要进行有效的教学,就必须掌握教学专业最基本的两类知识。第一,内容知识(知识、技能、价值观等);第二,教育知识,就是帮助学生获得内容的知识和技能。而实践—反思取向的教师专业发展强调个人的、实践的、专业的知识是交织在一起。关心的问题是"教师实际知道些什么"和"如何让教师知道他们知道些什么",教师主要是通过反思来理解自己和自己的实践,并达到实现教师的专业发展。生态取向的教师专业发展则强调一种合作的发展方式,即通过小组的教师相互合作,确定自己的发展方式。也就是说,构建一种合作的教师文化,这种教师文化在内容上包括教师社群之间相互分享态度、价值观、信念、习惯及做事的方式,在形式上则包括成员之前的"关系模式"与"组合形式"。

以上观点表明:教师专业发展不是孤立元素所能实现的,是基于各方面的努力和塑造而形成的结果。根据以上的理论认为:第一,教师首先要掌握必备的知识、技能等基础;第二,需要教师个人的努力;第三,还需要教师队伍的环境氛围塑造。而这三者在教师的整个职业生涯中,是有所侧重的,职前部分更多关注

---

① 徐斌艳. 教师专业发展的多元途径 [M]. 上海:上海教育出版社,2008:1.
② 尹志华,汪晓赞. 农村中小学体育教师专业化的现实困境与路径重构:基于社会学的视角 [J]. 南京体育学院学报:社会科学版,2009,23(4):116-120.

的是知识基础的积累，职后则注重环境氛围的影响，而个人的努力则伴随在教师职业的任何一个时期。

2. 教师专业发展与教师专业标准的关系

任何职业的发展都应该有一个标准，这个标准决定了这个职业是否专业化。关于教师职业标准，这里可以理解为教师专业标准，根据专业化的界定，专业性的职业标准将成为检验或者是衡量某一职业是否专业化的具体标准。于是，有人认为研究专业标准是当务之急的事情，这种认识是正确的。我国已经由教育部牵头致力于这一项工作，《教师教育课程标准（试行）》和各学段《教师专业标准（试行）》已经出台。解读《小学教师专业标准（试行）》的信息后认为：首先，小学体育教师是小学教师之一，因此，必须符合标准的要求。其次，在人才培养的过程如何将标准的要求落实到小学体育教师的培养当中，体现在培养目标的制订和方案设计的过程中使其既符合《小学教师专业标准（试行）》的要求，又与小学体育教师的具体工作任务相结合，呈现出作为一名小学体育教师的具体描述。在《教师专业标准（试行）》之下，各专业的教师专业标准研制也在进行当中。但我们必须清楚地认识到，专业标准与专业发展的必然联系，两者是相辅相成，相互促进和相互制约的，最理想的状态是，两者并驾齐驱，如同专业的两架马车相互呼应，共同用力驱前，更快更好地驱动专业或者这一职业的发展。

3. 专业化培养是教师专业发展的基础

职业的专业化不仅仅是职业标准一方就能决定的，它只是一把尺子，职业的专业化还在于专业的培养，只有专业化培养才可能有专业化的职业产生。否则职业的专业化只是纸上谈兵而不会成为现实。随着社会的发展，本科阶段成为教师培养的基础和起点，如果将教师专业发展比作是一棵大树，那么教师教育就是其"根"，根系越发达越有利于大树的成长，只有发达的根系才有成长为参天大树的可能。但在发达的根系上一定有一个主茎，这个主茎就是"人才"的呈现形式，其实所指就是明确的培养目标，也是未来将要成就的事业。但是，反过来想，在培养的过程中，假若主茎不清，想要做到样样行，那就只能像灌木一样，即便是根系再发达，想要成就栋梁也是不现实的。在人才培养的过程中培养目标不清晰的结果势必会造成大量的人才浪费和盲目的供能。因此，不管是培养与培训一体化还未形成的现阶段，还是在未来的职前教育和职后培训一体化建立阶段，明确培养目标，进行职前的专业化培养都是很重要的。

4. 关于小学教育、体育教育与小学教师教育

小学教育阶段的学生一般年龄分布在 6~12 岁。这一阶段的儿童具有其自身的发展特点和规律，表现为小学教育的 3 个特性。第一，衔接性。主要表现在学习内容、活动方式、身份责任、行为习惯等方面。小学阶段共有 6 年，一般将其分为低段、中段和高段 3 个阶段，也称水平一、水平二和水平三。低段是与幼儿园部分的连接阶段，具有保育性，而高段是与中学的连接阶段，具有学科教育性。第二，综合性。主要表现在小学生的身心发展状况、生活状况、学习状况等方面的综合性，在培养目标、学习内容和培养方式上表现出各有不同的特点。第三，养成性。小学阶段被认为是一个人的基础道德品质和行为习惯养成的关键时期[1]。

王登峰在 2015 年 3 月谈到校园足球定位时强调，校园足球的根本任务是立德树人。我们希望通过校园足球发挥足球综合育人的功能。在整个学校教育里面，体育具有培养学生全面素质的不可替代的作用。体育竞赛，具体来讲足球的比赛、足球的训练可以培养学生的团队精神、集体荣誉感、尊重对手、尊重裁判、坚韧不拔的精神，这些是积极的正能量、积极的品质。所以对于体育或者足球比赛来说，培养全面发展的人才是一个根本要求。此时，适逢教育改革、又遇到体育的大发展，现在不仅是缺少小学体育教师，还缺少那些具有专业技能，比如足球技能的小学体育教师，在贯彻国家发展精神和规划当中，高质量小学体育教师的培养迫在眉睫。

党的十六大报告指出："一切妨碍发展的思想观念都要坚决冲破，一切束缚发展的做法和规定都要坚决改变，一切影响发展的体制弊端都要坚决革除。"教师教育也正是秉承这样的理念进行大刀阔斧的体系调整和改革。教师教育已经由旧的三级体制转向新的三级体制，小学教师教育也在这种体制中乘风而进，培养小学教师的规格在不断升级。当前本科生在小学任教已经很是普遍，研究生在小学任教也不足为奇。但教育部师范教育司原司长管培俊认为，"在技术路径上，要严格遵循教育规律，区分幼儿园、小学、初中和高中教师培养模式的差别"[2]。不管怎样的升级，始终要注重遵循不同学段的教育规律是进行不同学段教师教育

---

[1] 教育部教师工作司. 小学教师专业标准（试行）解读 [M]. 北京：北京师范大学出版社，2013：4-5.
[2] 周南照，赵丽，任友群. 教师教育改革与教师专业发展：国际视野与本土实践 [M]. 上海：华东师范大学出版社，2007：15.

的根本。

　　小学教师是专业性很强的职业。小学教师是以小学生的教育为己任，首先是小学教育工作者，其次才是某一门学科的教师，其学科知识作为教师教育学生的一个重要载体，教师是通过这个载体达到教育小学生的目的①。合格的小学教师是通过教师教育途径实现的。小学教师教育是职前、入职和职后的统称。职前培养是小学教师专业发展的起点和开端。蒙台梭利指出："兴趣被散布到所有的事物当中，因为所有的事物都是相互联系的，在宇宙中都有自己的位置，而心灵正注于此。星星、地球、岩石和所有的生命形态共同组成了一个整体并且相互联系，它们之间的联系如此紧密，甚至于如果我们不了解宏伟的太阳就无法了解一块微小的石头。无论我们触及的是什么，一个原子或者一个细胞，没有对广袤宇宙的知识我们就不能做出正确的解释。"因此，要成为理想的小学体育教师就必须遵循大的教育规律。教师需要具有广博的知识结构，把握教育发展的内在联系和规律才能做好具体的教育工作。小学体育教育就如同冰山露出的一角，在整个小学教育中以显性的方式呈现在教育中，并且我们必须清楚地认识到，那些通过小学体育教学给予学生的强大隐形冰山部分才是支撑小学体育教学顺利展开和达到实效的基础，而这些基础的建立主要在于培养、在于未来小学体育教师个体的自觉与醒悟。因此，想要在小学教育当中通过体育教育教学发挥作用，首先必须在体育教师教育的过程当中被理解、被传播。

## 三、小学体育教师职前教育人才培养方案制定的观点剖析②

　　中国教育改革风雨历程30多年，已取得了丰硕的成果。在党的十八大之后，我国又一次开启了全面深化教育改革的大好局面。在对高等学校体育教育专业的现状进行研究后发现，以"运动项目"为专业方向的人才培养模式一直被沿用，且已成为体育教育专业课程体系构建的重要基础。由于基础教育改革对体育教师学历层次需求的不断提高，本科阶段体育教育专业的使命已经从培养以"运动项目"为专业方向的中学体育教师的单一角色逐渐转向培养各个学段体育教师的多角色。在这种情况下，优化当下体育教育人才培养模式成为核心问题。本书在对

---

①教育部教师工作司．小学教师专业标准（试行）解读［M］．北京：北京师范大学出版社，2013：4-5．
②王硕．"学段划分模式"——体育教师职前教育课程改革新构想［J］．西安体育学院学报，2017，3（2）：237-241．

传统"项目划分模式"的弊端进行剖析的基础上,以基础教育体育与健康课程改革为依托,根据教育部近年来颁布的《教师教育课程标准(试行)》和各学段《教师专业标准(试行)》等文件精神,提出"学段划分模式"新构想并进行系统论证。

## (一)体育教师职前教育课程改革现状

体育教师专业发展的狭隘视野表现为关注点主要集中在职后体育教师专业发展却很少涉及职前体育教师专业发展的事实[①]。改革开放以来,我国历经了5次体育教育专业(本科)课程方案的修订。从1980年的"专修课"到2003年的"方向选修课程",30多年过去了,"专修课"依然稳居体育教育专业人才培养方向的宝座。现在每年至少还有10篇以上以"体育教育专业××项目专修课程"为题的硕士论文被上传到知网,足见其根深蒂固之势。本书将这种以"运动项目为划分依据"的人才培养模式称为"项目划分模式"。虽然不同时期课程方案中其名称曾发生过变化,但这并不重要,重要的是新名称下的旧理念还在严重制约着体育教师教育改革的步伐,使体育教师职前教育课程改革举步维艰,难以发生实质性转变,更难以引领基础教育体育与健康课程改革。《教师专业标准(试行)》《教师教育课程标准(试行)》已经颁布近5年,但其新的理念却还未在体育教育专业人才培养中被体现。

"育人为本、实践取向、终身学习"是《教师教育课程标准(试行)》的核心理念[②]。这一新理念也将用于指导体育教师教育课程改革。面对我国新一轮体育课改中"体育教师观念需要不断更新、对新课标的精神还需进一步理解、体育教师专业化水平亟待提高等内部问题和各地对体育课程的培训和指导差异较大、体育教育专业人才培养与基础教育课程改革联系不紧等外部问题"[③],迫使教师教育研究者必须在国家"标准"下再度审视体育教师教育问题,必须加快"以促进体育教师专业发展为中心而进行课程体系统整,尤其注重能体现其专业性的

---

[①] 尹志华,汪晓赞,季浏. 论体育教师专业发展方式的转变[J]. 北京体育大学学报,2015,38(5):95-100.
[②] 教育部教师工作司. 教师教育课程标准(试行)解读[M]. 北京:北京师范大学出版社,2013:76-84.
[③] 季浏,汪晓赞,汤利军. 我国新一轮基础教育体育课程改革10年回顾[J]. 上海体育学院学报,2011,35(2):77-79.

课程构建,为体育教师的专业发展提供课程支持和支撑"①。实践证明,传统的"项目划分模式"课程体系下所培养出来的体育教师,已经很难满足"育人为本、能力为重、实践取向、终身学习"的体育教师专业化要求,因为这种模式在新理念下呈现出越来越多的错位弊端。

### (二) 传统"项目划分模式"下的几个矛盾现状

#### 1. "项目划分模式"与各学段的教师专业标准理念错位

2012 年教育部出台了幼儿、小学、中学 3 个学段的教师专业标准,成为我国教师培养、准入、培训、考核等工作的重要依据。每个标准都包括 4 个基本理念,分别是"幼儿为本""学生为本""德育为先""能力为重""终身学习"②。"幼儿为本"或"学生为本"理念充分反映了我国教育"以人为本"的教育思想。"标准"强调应遵循学生身心发展特点和教育教学规律,并要求提供适合的教育,与基础教育课程改革的理念不谋而合。而当前体育专业的"项目划分模式"体现更多的是"教化"和"训练",课程设置的理念与教师专业标准理念形成错位。

2003 年普通高校体育教育专业本科课程方案中的培养目标是"培养能胜任学校体育教育、教学、训练和竞赛工作,并能从事学校体育科学研究、学校体育管理及社会指导等工作的复合型人才"。过去也有人曾将"复合型人才"和"一专多能"并列,这种思想存在误导,从逻辑上也是行不通的,因为它是"多个专业"与"一个专业"的区别。"一专多能"是一个专业,多种能力,能力越强说明专业性越强。因此,专业化理念下培养"一专多能"的体育教育人才是可行的。而"一专"应指培养某具体学段的体育教师的专业,而非其他专业。因此,从国家层面的课程方案角度出发,应呈现出与学校体育各学段的需求相对应的体育教师教育课程方案。在此基础上,各培养单位可根据自身的条件状况,参照不同学段的课程方案进行适合本校的课程方案制订。只有这样,才能够体现出如何培养国家需要的、合格的"小学体育教师""中学体育教师""中小学体育教师",甚至具体到培养"农村小学体育教师""农村中学体育教师""农村中小

---

①王健,季浏. 体育教师教育课程改革的专业化取向 [J]. 上海体育学院学报,2008,32 (1):70-73.
②教育部教师工作司. 教师教育专业标准(试行)解读 [M]. 北京:北京师范大学出版社,2013:19-24.

学体育教师"等。

2. "项目划分模式"无法满足各学段对专业体育教师的需求

（1）基础教育各学段的体育教师数量不足

2013年的一项全国统计表明，我国平均每一所农村学校只有0.7个体育老师，很多学校面临没有场地、没有师资的尴尬境地①。从2013年起，新疆维吾尔自治区为了缓解专职体育教师短缺的问题，每年招聘特岗教师时必须招收不低于15%的体育教师②。而在另一项调查中，不包括西藏、新疆、港澳台的29个省级行政区共计11190位被调查的教师中，在小学阶段的体育教师中，体育专业毕业的学生仅占4.1%，中学阶段从业排第一的并不是体育教育专业的毕业生而是"其他社会科学各专业"的毕业生，高中阶段只有2.1%的体育教育专业毕业生从事体育教学③。这些结果表明：中小学缺乏专业体育教师，尤其是偏远地区和农村地区；目前，我国培养中学体育教师的经验较为成熟，而培养小学体育教师的经验还非常的不足：一端是体育教育专业学生的就业难问题，另一端是不同学段对专业体育教师的需求难以被满足的问题，对如何解决这一矛盾现象至今还未引起足够的重视。

（2）各学段的体育教师质量难以达到新课改的需求

体育教育专业应该有针对性地培养各学段的体育教师，不同学段的体育教师教育应该有不同的课程方案作为支撑。而现实状况却是：体育教育专业正在用同一套课程方案在试图培养不同学段的体育教师。因此，在质量上很难满足新课改对体育教师的要求。

实践证明，传统"项目划分模式"培养的体育教育专业学生在大学的"所学"与中小学体育与健康课程的"所教"严重脱节，而且体育教育专业学生对新的课程改革也知之甚少。体育教育专业毕业的学生进入中小学实习起点几乎为零，小学阶段表现尤为突出。用实习生的话讲："面对陌生的教材、陌生的人群

---

①中国体育报. 教育部释放积极信号学校体育工作有望出现拐点[EB/OL]. [2013-03-21]. http://www.sports.edu.cn.

②中华人民共和国教育部, 中国教育报. 新疆招特岗教师体育教师不得少于15%. [EB/OL]. [2013-04-10]. http://www.moe.edu.cn.

③丁钢.《中国中小学教师专业发展状况调查与政策分析报告》[M]. 上海：华东师范大学出版社，2010：42.

（学生）、陌生的环境……"，一方面体育教育专业培养的大学生不能满足中小学的教学要求；而另一方面由传统"项目划分模式"培养的体育专业的大学生也自叹：所学"无用武之地"。

3."项目划分模式"与各学段的教学对象、教材没有准确衔接

学生、教师、教材是体育教学开展的三大要素，体育教育专业学生如果没有接受过这三大要素的教育，可以说没有任何优势而言。国际教师学强调：教育是教师对儿童的影响与指导，从根本上要求教师"理解学生"。因此，体育教师需要了解所要施教的学生需求是什么，然后才能施教。施教是体育教师综合能力的一种实践性体现，是体育教师对教材的充分掌握、加工并与学生需求融合的体现。而要做到有效施教，体育教师不仅要掌握基本理论、技能，大量的实践性经验必不可少。因为只有在实践中才会有更深的感触，才会激发更多的反思，才能积累更多的现实经验。而实际的情况是，"项目划分模式"下，很多学生在没有任何与小学或其他学段的实践前提下却成为了这个学段的体育教师。体育教育专业学生在整个学习阶段，不能做到全面了解未来所要面对的教学对象和教材。实习生虽然态度认真、积极，但却由于不了解教材，"学"与"教"不衔接，所以无法准确把握教材，只能相互借鉴，在"半知半解"的状态下完成实习。这个情形很严峻，那么问题在哪里？如果我们培养的体育教师能在专业学习期间，方向明确，"以人为本"这个问题就比较容易解决。假设一名体育教育专业的学生能接受专门针对小学体育教育的理论及热点问题进行学习和讨论、对小学所用教材进行深入地学习和解读、就小学所出现的体育教学现象予以分析、到小学进行教学实习，那么当其成为一名新入职的小学体育教师时还会出现今天的情况吗？答案是一定不会。如果体育教育专业按照"学段"进行划分，那么需求将直指各学段的学校，整个课程体系、教学内容也将会以未来所教的不同学段的学生特点为主体而展开。

### （三）"学段划分模式"新构想

改变一个人的观念很难，但是要打破其内部结构就要比前者更容易做到，而内部结构的一点改变，却可能导致"蝴蝶效应"。"学段划分模式"就是这个"点"，它是以不同"学段"为划分根据而进行的体育教师教育新模式。比如，体育教育专业可以按照《教师专业标准（试行）》和《教师教育课程标准（试

行）》将体育教师教育划分为幼儿体育教育、小学体育教育、中学体育教育3个方向，学生在通识、选修、必修之外根据自己的能力、兴趣和爱好选择不同学段的专业方向。"学段划分模式"将根据儿童的身心发展特点和教育教学规律为依托、以学段教材为依据、以实践为手段、以基础教育改革对体育教师的需求为指挥棒来设计教学，以解决基础教育各学段的教学实际问题为宗旨展开实践性教学。在实践课程的开设中真正达到"教"与"学"的对接，也为"双校"共建举措在体育教师教育中的实施提供理论依据，学生从一年级开始进行自由式选课，从而达到自我认识和兴趣的发现，二年级或三年级开始按"学段划分模式"实施分流，由于学生在分流的实践中积累了经验和自我感悟，盲目选择性将大幅降低。

### （四）两种不同模式下课程体系特征的比较

课程体系是培养目标得以实现的途径。当前体育教育专业培养目标的不明确是导致课程体系设置不清的直接原因。体育教育专业的本质目标是培养体育教师，而非面向其他职业。坚定这一本质目标，各个学校根据自己的实际，在体育教育专业人才培养目标中凸显和明确培养具体的某类型、某学段的体育教师。只有这样其课程体系才能体现出体育教师教育的价值。"学段划分模式"与"项目划分模式"的课程体系存在着本质上不同（表4.1）。前者以"学段"为划分标准，后者以"项目"为划分标准；在课程理念上，前者体现"以人为本"，而后者"以项目为本"；前者注重"教育实践"，以"如何培养人"为其目标，遵循"人类动作发展规律、教育教学规律"，以"如何完成不同学段的教学"为内容，"分析人、分析教材、分析教学环境"，突出"如何提高未来教学对象"并以"学段教学实际问题的分析、解决"为评价依据；而后者则注重"训练实践"，体现"如何提高技能"，遵循"运动技能形成规律"，并以"如何完成项目的内容"为内容，"分析动作"，凸显"自我能力的提高"，并以"专项理论、技能、实践"为评价依据。

表4.1　两种不同模式下课程体系特征的比较

| 内容 | 项目划分模式 | 学段划分模式 |
| --- | --- | --- |
| 课程理念 | 以项目为本 | 以人为本 |
| 发展目标 | 如何提高项目的理论、技术 | 如何培养人 |

续表

| 内容 | 项目划分模式 | 学段划分模式 |
|---|---|---|
| 划分标准 | 项目 | 学段 |
| 遵循的规律 | 运动技能形成规律 | 人类动作发展规律、教育教学规律 |
| 侧重点 | 训练 | 教育实践 |
| 特点 | 分化 | 整合 |
| 理论基础 | 教育学、心理学、生理学等 | 儿童学、教师学、教材学等 |
| 学习内容 | 项目 | 不同学段教材内容的学习、分析、运用及创新 |
| 教学内容核心 | 如何完成动作 | 如何完成不同学段的教学 |
| 教法运用 | 分析动作 | 分析人、分析教材、分析教学环境等 |
| 能力评价依据 | 专项理论、技能、实践 | 分析、解决不同学段教学中的实际问题 |
| 评价侧重 | 生理负荷 | 多维性（学生、教师、内容、方法等） |
| 课堂突出 | 自我能力的提高 | 如何提高未来教学对象 |
| 从业方向 | 不明确 | 明确 |

## （五）"学段划分模式"的实践价值

1. "学段划分模式"将解决体育教师教育的断层问题

在计划经济时代，原有的针对幼儿、小学、中学的三级体育师范教育形式在市场经济的洪流中已被冲垮。随着时代的发展，不同学段体育教师的学历要求在不断的提高，研究生毕业到中学，本科生毕业去幼儿园都不足以为奇。本科阶段的体育教育专业已经成为各个学段体育教师培养的基础层。而按"项目划分模式"所培养的体育教师，最终的方向是篮球、田径、体操、健美操等项目，依然遵从计划经济时代培养中学体育教师模式。面对新的人才需求现状，本科阶段体育教育专业必须明确不同学段体育教师的培养目标、制订相应的课程方案，弥补这种断层现象。"学段划分模式"将体育教育人才培养直接面向需求，符合社会发展的需要。

2. "学段划分模式"能够推动体育教师教育一体化模式的构建

"教师教育"概念的提出，意味着教师的职前培养、入职教育和职后培训系统化构成。教师教育的过程被视为一个可持续发展的终身教育过程，体现了教师教育的连续性、一体化和可持续发展的特征①。而现行的体育教育专业人才培养一体化还未形成。我国体育教师教育的主要矛盾已经突出地表现为提高质量的要求与提高质量的能力之间的矛盾②。按"项目划分模式"的培养难以满足基础教育改革对体育教师的要求，导致能把研究方向定位于研究不同阶段儿童体育教育的科研人数寥寥无几。一体化模式的不完善是矛盾产生的直接原因。因此，通过"学段划分模式"推动体育教师教育一体化模式的构建，促进各学段体育教师教育成为解决当下问题的有效途径（图 4.2）。

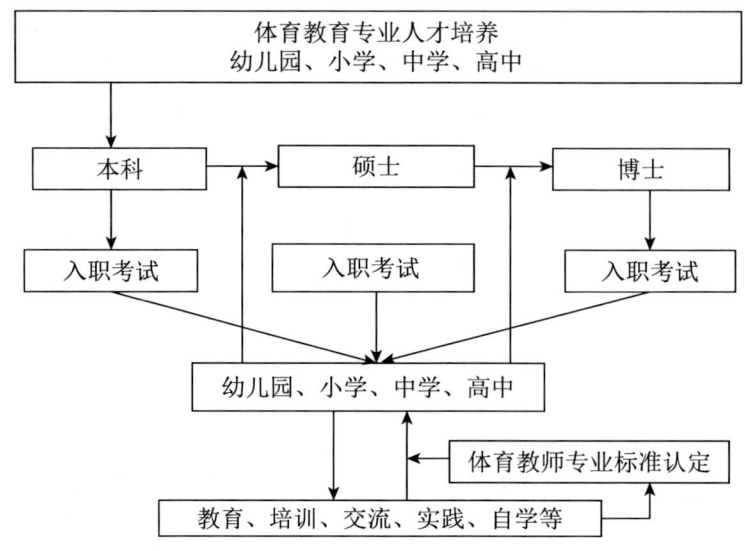

**图 4.2 体育教师教育一体化模型构建**

首先，解决职前、入职、职后培养的对等与衔接问题。作为一种职业，体育教师是一种终身的、连续的职业，这就需要促成体育教师教育有效的一体化设计。这种设计包括两个方面的涵义：一是纵向意义上的一体化，即打破体育教师教育职前培养、入职教育、职后培训的割裂局面，将整个过程有机衔接，使得内部的各个阶段具有相互支撑和相互补充的功能。二是横向意义上的一体化，打破原来中专毕业去小学、大专毕业去中学、本科毕业去高中的传统认知模式，使本

---

①钟启泉，王艳玲. 从"师范教育"走向"教师教育"[J]. 大学·研究与评价，2007（9）：10-14.
②袁振国. 从师范教育向教师教育的转变[J]. 中国高等教育，2004（5）：29-31.

科、研究生毕业后研究小学体育问题成为现实，也促使学校内部体育教学、活动和外部体育活动相结合、体育教学与培养相结合，充分利用体育教育的各种资源，建立学历教育、正规学校学习、各种形式的交流、实践、自学等相结合的体育教师教育体系。

其次，将对体育教师专业人才学位授予打开通道。根据《教育部国家发展改革委财政部关于深化研究生教育改革的意见》，积极推进专业学位研究生课程和实践考核与特定职业人才评价标准有机衔接，推进专业学位研究生培养内容与特定职业人才工作实际有效衔接，推进专业学位授予与获得相应职业资格有效衔接。明确改革的目标，以职业需求为导向，以实践能力培养为重点，建立与经济社会发展相适应、具有中国特色的专业学位研究生培养模式①。根据文件的精神和指示，研究认为：随着基础教育改革的不断深入，基础教育体育课程改革也已经驶入快车道，终身学习的体育教师教育已经取代了师范时代的"一步到位"。不同学段体育教师的规格在不断升高，高学历的各学段体育教师将成为基础教育中学校体育质量提高的重要举措。而在国际上教育比较成功的国家，如芬兰所有的基础教育阶段的教师必须是硕士以上学历，高学历专业人才对口基础教育早已成为事实。我国今后也会朝向这个目标发展，"学段划分模式"将为今后培养不同学段的高学历专业体育教师提供思路。

3. "学段划分模式"有利于促进各学段体育教师专业化发展

顾明远指出："社会职业有一条铁的规律，即只有专业化，具有不可替代性，才会有社会地位，才能受到社会的尊重"②。一个合格的体育教师不仅仅是体现专业的知识和技能，还要有不断反思和改进自身工作的意识和能力。而这种能力是基于扎实的专业知识背景下对体育教育对象的充分了解、对自身工作性质的了解及对所处社会背景和教育理念的了解，这种综合能力是一种实践性和批判性的能力，是需要专业环境下长期教育的积累。这充分说明了体育教师专业化发展的重要性。而针对当前体育教师教育问题的现状，必须理性地分析和批判，为了能更好地推行基础教育体育与健康课改的正确举措，必须高度重视职前培养，职前培养是体育教师教育一体化的开端和起点，只有建立一体化并从职前入手，才能

---

① 中华人民共和国教育部. 教育部国家发展改革委财政部关于深化研究生教育改革的意见 [EB/OL]. [2013-11-13]. http://www.moe.edu.cn.
② 顾明远. 师范教育的传统与变迁 [J]. 高等师范教育研究, 2003, 15 (3): 1-6.

从根本上解决体育教师现存的诸多问题。"学段划分模式"作为体育教师职前教育的重要载体，将极大地影响体育教师培养的理念和方法，是体育教师专业化形成的突破口。

## （六）结语

21世纪是一个多元化标准的时代，各个领域都在试图通过标准来提高质量。面对标准，既不能无视也不能盲从，体育教师教育亦是如此。体育教师教育是一个系统性的大工程，必须在系统观下进行思考和最优化实践。"学段划分模式"新构想就是在系统观下探索发现的"突破口"。虽然提高体育教师教育质量不是简单的课程改革就能解决的问题，但不通过课程改革将永远不可能提高体育教师教育的质量，课程改革将是重要的突破口。因此，只有全面领会这些标准的精神，根据基础教育的需求，结合体育学科的特点，积极尝试"学段划分模式"，加大体育教师教育课程改革的力度，才能全面提高我国体育教师教育的质量。

# 第五章 我国小学体育教师职前教育需求研究

教育发展的前提和根本是以适应社会经济发展的需要为主要目标，这也是教育价值的根本所在。小学体育教师职前教育培养目标是对相关专业教育所要达到的最终目的的一种表述，在培养目标制定前，首先，研究需要充分了解小学体育教师职前教育的相关专业要求并考虑当前或未来一段时间的市场需求，其主体包括国家、社会中的各种利益集团及个人。由于主体间目的、利益和价值追求的迥异，不同的市场需求主体对人才的需求也就各不相同。有的偏重于当前需求，有的偏重于长远需求，有的则是现实与长远的综合化需求。本书是建立在以现实与长远的综合化需求下展开的研究，试图通过对3个需求主体的访谈调查、整理，逐步归纳出小学体育教师职前应掌握的基本知识和基本能力，最终形成与社会需求相适应的培养目标内容。本章将采用质性研究方法，尝试从教育专家群（包括教师教育专家和体育教育专家）、学校专家群（包括小学体育组组长和小学学校体育教研员）及学习者群3个角度，探讨和描述小学体育教师职前教育的培养需求，初步构建小学体育教师职前应具备的基本知识和能力，从而为小学体育教师职前教育培养目标的制定提供理论依据①。

## 一、研究设计的依据

本章的研究为质性研究（qualitative research）设计，主要采用描述性现象学方法（descriptive phenomenology）对3个需求主体的访谈对象进行深度访谈。

"现象学标志着一门科学，一种诸科学学科之间的联系；但现象学同时并且

---

① 刘秀娜. 我国护理学博士研究生教育培养目标的探索性研究 [D]. 重庆：第三军医大学，2012.

首先标志着一种方法和思维态度：特殊的哲学思维态度和特殊的哲学方法"①。因此，现象学（phenomenology）首先是一种方法，即从直接或直观的先验本质中提取知识的途径。有研究者认为，现象学是我国高等教育研究方法论危机的突破口②，小学体育教师职前教育问题是高等教育问题的具体化，因此在方法上也应该进行突破。

描述性现象学的核心是强调直接的探索、分析及对特定问题的叙述，尽可能不受未被检验过的假设所影响，目标为最大限度的直觉呈现③。正是因为现象学研究方法由表及里的研究本质与本研究需求不谋而合，所以选择描述性现象学的方法作为本章的主要研究方法，旨在通过对小学体育教师职前教育的相关问题的描述，逐渐从关于小学体育教师职前教育的各种问题表面深入问题的实质层面，这也是本书在制定小学体育教师职前教育培养目标时所需要的。

目前，我国专业化小学体育教师教育在师范转型期几乎处于断层现象，小学教育中没有体育方向，体育教育又一直在延续培养中学教师的模式上进行体育师资的培养，小学体育教师教育成为没有交集的、但却又占据着非常重要地位的教育阶段。因此，本章首要探究的问题就是：在中小学对体育教师的实际需求是什么？体育教育专业学生真实的专业学习体会与感受是什么？小学体育教师的岗位需求情况？希望小学体育教师发挥什么样的作用？期望他们达到怎样的专业水准？这些问题不存在变量之间的相互关系，不需要数据分析提供相应的支持，这些问题都是真实的情景表述，只有被调查者亲身经历方能道出其中百味，也没有什么范式、模版供参照，研究就是调查者与被调查者就小学体育教师职前教育的相关问题的真实探讨，从描述、探讨中寻找思路，再进行归纳和总结。因此，这种从质性研究的角度预先建立的假设和预测，不仅可以帮助建构对小学体育教师职前教育的基本认识和理解，探索关于小学体育教师职前教育问题的真实特质和意义，而且能为后续的研究提供依据④。因此，本章采用质性的研究设计对小学体育教师职前教育的培养需求进行探索和建构。

---

① 胡塞尔. 现象学的观念 [M]. 倪梁康，译. 上海：上海译文出版社，1986：24.
② 刘志忠. 现象学：我国高等教育研究方法论危机的突破口 [J]. 高教探索，2015（1）：33–38.
③ 范明林，吴军. 质性研究 [M]. 上海：上海人民出版社，2009：10.
④ Ammon K, Piantanida M. Generating results from qualitative data image [J]. Journal of Nursing Scholarship, 1988, 20 (3): 159–161.

## 二、研究的技术路线

小学体育教师职前教育人才培养需求调查的技术路线如图 5.1 所示。

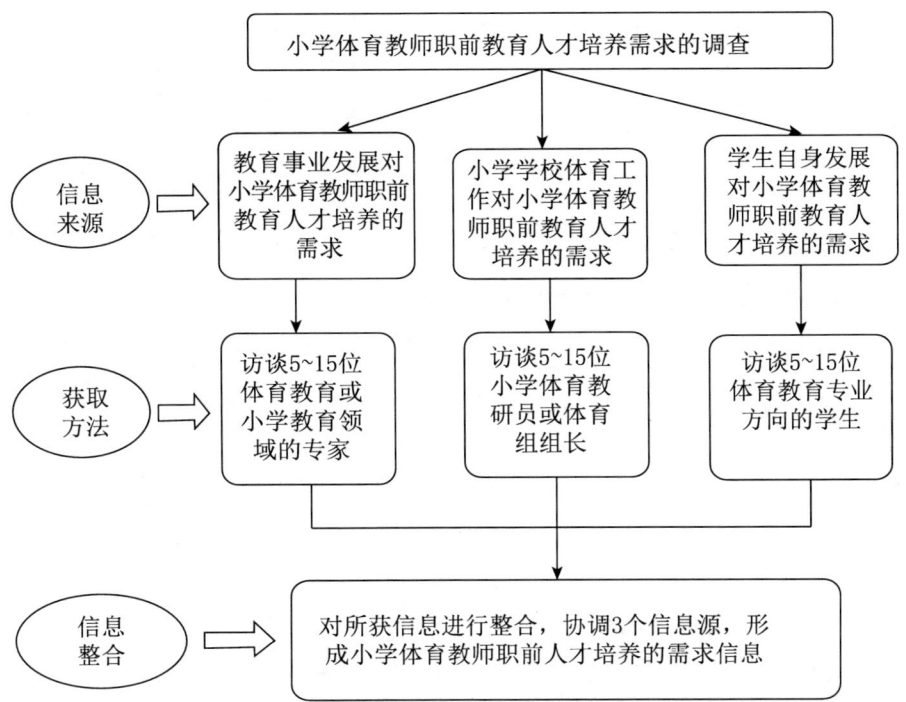

**图 5.1　小学体育教师职前教育人才培养需求调查的技术路线**

## 三、研究的结果

### （一）访谈对象基本情况介绍

1. 学习者群

遵循知情同意的原则，通过面对面、电话或网络视频通话等途径，访谈就读或曾就读国内 7 所著名的大学且为体育学院的 7 名体育教育专业的学生，分别用 S1~S7 代码指代各位受访者（表 5.1）。

表 5.1　学习者基本资料（$n=7$）

| 编号 | 性别 | 年龄 | 专业方向 | 实习单位 | 工作年限 | 工作单位 |
|---|---|---|---|---|---|---|
| S1 | 男 | 24 | 健美操 | 初中 | 1 | 小学 |
| S2 | 男 | 26 | 排球 | 高中 | 1 | 小学 |
| S3 | 男 | 24 | 健美操 | 高中 | 1 | 小学 |
| S4 | 男 | 26 | 篮球 | 初中 | 1 | 小学 |
| S5 | 女 | 26 | 健美操 | 初中 | 1 | 小学 |
| S6 | 男 | 31 | 乒乓球 | 大学 | 3 | 小学 |
| S7 | 女 | 23 | 健美操 | 初中 | 1 | 小学 |

2. 学校专家群（包括小学体育组组长和小学学校体育教研员）

遵循知情同意的原则，通过面对面和电话方式，访谈来自陕西、山东、广州等地的9名学校专家，分别用X1~X9来分别指代各位受访者（表5.2）。

表 5.2　学校专家群基本资料（$n=9$）

| 编号 | 性别 | 年龄 | 工龄 | 学历 | 职务 | 工作单位情况 |
|---|---|---|---|---|---|---|
| X1 | 女 | 42 | 19 | 本科 | 体育组组长 | 小学 |
| X2 | 女 | 38 | 18 | 本科 | 体育组组长 | 小学 |
| X3 | 女 | 42 | 20 | 本科 | 体育组组长 | 小学 |
| X4 | 男 | 51 | 15 | 本科 | 体育教研员 | 省教育科学研究所 |
| X5 | 女 | 41 | 17 | 硕士 | 体育组组长 | 小学 |
| X6 | 男 | 43 | 11 | 本科 | 体育教研员；区中心小学体育教研员、市教育名家培养对象 | 区教育发展中心 |
| X7 | 男 | 32 | 6 | 本科 | 体育组组长 | 小学 |
| X8 | 男 | 52 | 28 | 本科 | 中小学教研员；国培专家 | 区教师进修学校 |
| X9 | 男 | 54 | 34 | 硕士 | 中小学教研员 | 市教育科学研究所 |

3. 教育专家群

遵循知情同意的原则，通过面对面、电话或网络视频通话等途径，访谈来自北京、西安、杭州、广州、福建、扬州地区的9所大学的15位体育教育专家，分别用E1~E15来分别指代各位受访者（表5.3）。

第五章 我国小学体育教师职前教育需求研究

表 5.3　教育专家群基本资料（$n=15$）

| 编号 | 性别 | 年龄 | 工龄 | 职称 | 职务 | 学历 | 担任导师情况 |
| --- | --- | --- | --- | --- | --- | --- | --- |
| E1 | 男 | 43 | 18 | 教授 | 系副主任 | 硕士 | 硕士生导师 |
| E2 | 女 | 42 | 19 | 教授 | 教研室主任 | 硕士 | 硕士生导师 |
| E3 | 男 | 56 | 39 | 教授 | 教研室主任 | 本科 | 硕士生导师 |
| E4 | 男 | 60 | 37 | 教授 | 全国高校体育教学指导委员会委员 | 硕士 | 硕士生导师 |
| E5 | 女 | 48 | 26 | 教授 | 系主任 | 本科 | 硕士生导师 |
| E6 | 男 | 51 | 30 | 教授 | 教务处处长 | 博士 | 博士生导师 |
| E7 | 男 | 59 | 40 | 教授 | 体育教育部主任 | 本科 | 硕士生导师 |
| E8 | 男 | 48 | 28 | 教授 | 院长 | 博士 | 博士生导师 |
| E9 | 男 | 51 | 30 | 教授 | 院长 | 硕士 | 未担任 |
| E10 | 男 | 57 | 33 | 教授 | 院党委书记 | 博士 | 博士生导师 |
| E11 | 男 | 61 | 41 | 教授 | 无 | 本科 | 硕士生导师 |
| E12 | 男 | 58 | 39 | 教授 | 无 | 硕士 | 博士生导师 |
| E13 | 男 | 58 | 39 | 教授 | 院长 | 硕士 | 博士生导师 |
| E14 | 男 | 56 | 39 | 教授 | 院长 | 博士 | 博士生导师 |
| E15 | 女 | 49 | 28 | 教授 | 教研室主任 | 博士 | 博士生导师 |

## （二）学习者群访谈结果归纳

学习者群对小学体育教师培养的建议如下。

1. 核心观点之一：关于培养的首要问题——应明确培养目标避免盲目学习

（1）就读专业的目的

在被调查的学习者当中（$N=4$），都不是因为想当体育老师而就读体育教育专业，更不是因为想当小学体育教师而选择体育教育专业。

S1：上学之前对体育教育专业有一些了解，因为招生简章上都有，再加上从师兄、师姐那里也获得了一些信息。当时（高考），为了不辜负父母（期望）能

（考）上大学，考虑到自己的文化课成绩，再加上自己本身在体育方面成绩还不错，就选择了这个专业。

S2：其实，当时就是为了考一个好点的大学，对以后也没有什么规划，当时比较喜欢体育，不是说学习很差，只是成绩不够高，要想从××省出来成绩太低，正好也比较喜欢体育，而且自己做得也比较好，于是就选了这个专业。也没有太多的想法。当时知道这个专业出来就是体育教师，想着自己今后应该是中学体育教师吧。

S3：说实话上高中那会文化课成绩不是太好，所以学习体育也算是一个捷径吧，也不是从小就希望当体育教师或者小学教师，从来都没有这样想过。

S6：当时（高考）文化课成绩一般，肯定考不上什么好大学，所以就选择了上体育院校。

但也有学习者（$N=2$）很明确的表示，他们考大学时就已经有了理想目标，就是想通过这个专业的学习来实现未来能做一名体育教师的梦想。

S4：选择体育教育这个专业就是想做一名体育教师。

S7：体育教师一直就是我的理想职业。

（2）理想就业与实际从业之间

所就读的专业并没有明确自身专门或偏向于对小学体育教师而进行的培养，学习者（$N=5$）认为小学体育教师职业是他们理想就业方向中的无奈、末位的选择。

S1：其实，一开始没有想过具体要当小学体育教师还是中学教师，如果大家都能当大学教师肯定都希望去当大学教师。××年我在××小学当代课教师的时间里，就对小学体育教师这个职业产生了很大的热情，如果以后还有机会从事小学体育教师这个职业，我还是很愿意再为它付出和奉献自己的青春。

S2：小学体育教师不是我的理想职业（很明确）。我还是想教那些接受能力强，有一些自己的理解和价值观、懂事一点的孩子，但小学孩子年龄太小，我还是不太喜欢做小学体育教师，感觉在本科阶段接受的教育没有用上。对现在职业的满意度不高。本科阶段目标不具体，自己的期望值还是挺高的，但是那时候大家都不会想着自己一定会去小学,而且老师教的时候,也不是希望你去当小学体育教师,至少他是在培养中学体育教师。老师也希望我们去中学、高中或专科学校,去大学当然最好。因为老师不想把目标给你定死在当小学教师上,老师在教的过程中也有他的培养目标。所以这跟你现在的工作肯定是对不上的。

S3:小学体育教师不是我的理想职业,我到这个小学,是因为它是××最好的小学,为了能留在市里才做的这个选择,如果说理想,我还是愿意选择去初中或者高中当老师。我是在高中实习的,可能我去高中教学会比较适合。

S4:当小学体育教师不是我的理想职业。当时(就读本科)我的理想就是当一个初中或高中的体育教师。如果当时(本科毕业)有合适的机会我会选择去初中、高中。

S6:本科毕业了,没有合适的工作。我就想考个研究生,最起码留在这个城市去个三本学校应该没问题,但最后并非想象中的那样,大学老师基本饱和了,刚好有这样一个机会,经过考试就留在了这个城市。但当初也没想到会当小学体育教师。

在调查中也有学习者($N=1$)表示,非常喜欢小学体育教师这个行业,很愿意当小学体育教师。

S7:上学的时候不知道小学生有这么好玩,虽然现在还有很多困难,但我还是比较喜欢这个职业,我教的低段,还是蛮喜欢的,要是上大学时对小学体育教师职业了解的话,我可能就会更多的学一些怎样上课。

2. 核心观点之二:关于小学体育教师的知识与能力——综合为主+特长

(1) 教师教育理论知识匮乏

S1:对理论知识的积累相对比较欠缺。原因可能还是因为学生们对这个职业比较盲目,不知道将来这些知识是有用的,该用到哪,不了解知识的实用性。在本科阶段,对如何当一个小学教师方面的知识没有特别的收获。因为学的东西太广泛了,针对性不强,实际工作中能用到的知识只是少部分。

S2:有关如何做教师方面的理论知识,我觉得有一些这一方面的知识,毕竟是在培养教师,但针对小学生的可能就更少了,有些知识觉得学了没大用,有些学科不知道为什么学，学了会用在哪里？困扰的不是教给他们什么东西，而是控制不住课堂的氛围，包括孩子的情绪。在小学教他们一些专业化的篮球技战术基本上是不可能的，也没有必要。现在我教二年级，有时候你说什么学生都不理解。当小学体育教师，不要求技术像大学的教练员一样，但最起码你要通俗易懂地教会孩子，知道为什么，示范正确，不必非要达到高的等级。知识、素质方面，至少要适应小学教学的需要，教师应有的能力，小学体育教师都应该有，另外，还应该有耐性、控制能力。有时不是孩子故意气你，而是因为他的身心发育的不成熟，你的意思他理解不了。其他老师应该有的素质（小学体育教师）都应该有。不是要你在技能上达到多高的水平，高了也可以，但下限不能太低，最基本的（小学的体育课程内容）应该达到比较完美，都要掌握。

S3：在小学阶段你不需要多么高深的专业知识，我觉得教师教育这块还是比较重要的，因为小学体育教师首先要去了解小学生生长发育的特点，其次要重视自身素质的培养。小学生正在长身体，像一二年级、三四年级和五六年级学生之间的身体发展变化还是很大的。所以我觉得教学这块，可以根据他们的特点教授其适合他们锻炼的体育项目。

S4：我刚从事教师行业，好多困惑都是教育教学的。毕竟是一名新老师，对教学这一块还是没有经验。例如，小学一年级，在课上怎么能让这么小的孩子接受应该掌握的知识、技能，或者说"怎么去讲、用什么方法"才能让他们明白，这一块是我最大的困惑。我觉得越是小学教师，专业水平就应该越高。跟孩子之间的沟通很重要，了解孩子的生理、心理（特点），了解之后教孩子一些东西会比较容易，还有上课的一些教学技巧，比如怎么跟他讲话，教他如何用最快的方法最好的接受，还有就是针对少儿学一些针对性的项目，特别是抓一些民族类项目也跟我们学校专业比较有联系，我们大学这类项目我还是了解太少了，就是没有针对性。每一块的需求是什么应该怎么去做。

S6：在课程方面，没有专门有针对性的管理不同学生方面的课程设置。比如，如何提高技术技能，也涉及教，但没有课堂管理方面的课程设置课程内容、不了解学生的学习情况，这样是教不好的，也是提高不了的……

（2）小学体育教师需要具备多种能力

S4：假如要使我重新再读一遍大学，我要学的东西太多了，因为在小学生眼里体育老师啥都会，一个不会就会被学生小瞧，在他们眼里体育老师特别厉害……只要涉及小学体育这一块的你都要懂，在学生眼里你就是最强的，每个项目不用太精但是你都要会，知识要全面。

第一，科研能力。

S1：要比较了解小学生的身心特点，要有亲和力，语言方面、教学方式方法、科研等方面都很重要，小学体育教师是最接近孩子的，他们做一些科研还是很有说服力的。

第二，自主学习能力。

S4：例如，操类、跳绳这类的内容根本不会。上大学的篮球、田径感觉去了（小学）之后根本用不上，（操类、跳绳等）都是自己慢慢学会后再去教小孩的。

S6：我是参加××省的公开体育教师招聘考试过五关斩六将才当上小学体育教师的，当时只招五名体育教师，第一关理论考试，我是第二名，第二关面试说课（2:1的淘汰率），一说教材，二说学生，最终我被录用。在进行说课时要想象，但最主要的是平时多看资料。

S1：现在都讲究"一专多能"，除了专业（指专门的小学教师教育）把其他基础课程进行完善是最好不过的，有专项还是蛮好的。我去招聘时，他（校长）问我是什么专项，其他项目的情况如何，如果都有特长也比较好就业。

S6：专业技术水平和教学的方式方法能体现出一名小学体育教师的个人魅力，使学生产生崇拜心理。我认为小学体育教师的专业技术能力和注重教学方式方法同等重要。

S7：要有至少两个拿得出手的项目。

第三，还有调查者认为，在上课的过程当中，除了注重课程设计、教案编写的能力以外，还必须要具备很高的热情和极强的耐心。

S7：对小孩子要有100%的耐心，有时你给他们讲过了，问他们"听懂了吗？"他们说"听懂了"，但是一做，还是做不来，还需要再想办法讲给他们。小孩子不说假话，上课上的有趣，他们会非常高兴，哪怕是一个简单的老鹰抓小鸡,也会玩得很高兴,但是,如果上的不好,他们就会说"这一节课好无聊呀"。我觉得做小学体育教师,专业技术不一定要很高,但绝对要特别的有耐心、爱心和责任心,要用100%的热情去对待小学生,在小学上课,课前你必须想好各方面的细节,如果这些做不好,上课可能就会出现问题。技术对小孩子来讲不一定很重要,但你一定要教得好,要能调动学生的热情,做事要亲力亲为,分解、示范、带动他们来完成。

3. 核心观点之三:实践环节——小学体育教师培养的关键环节

(1) 小学体育教师的培养应与小学教学对象与课程内容相连接——有针对性

现在究竟是谁在培养小学体育教师?这一问题可以充分反映小学体育教师的质量保障状况。通过调查发现,小学体育教师的专业化培养在本科阶段的虚化现象,使得培养小学体育教师的工作下压到成为小学教师"后"阶段。

S1:如果(本科阶段的学生)在学习的过程当中能到小学实习半年,那他就知道学这些东西(教师教育相关的理论知识)是多么的有用。不同年龄阶段的学生的差异还是很大的,他们的生理和心理都不一样,兴趣点也不一样,应该针对不同的学生进行有针对性的教学,举一个我在小学代课时的实例,小孩子使用一种名叫"炫舞跳跳球"的器材,以前我都没有见过,自己也想探索一下,给孩子们教教,但脚都套不进去,根本没办法和孩子们一起玩。所以,只有深入了解了,你才能上好课。多实习、实践,并与理论结合起来很有必要。

S2:对《新课标》等文件、对小学生、小学教学内容几乎不了解,对《新课标》仅仅知道一个名字而已,或者说只知道下了这样一个文件。

S3:困惑就是对小学生的管理,小学生注意力不集中爱说、爱闹,所以课堂上对他们严厉一点,孩子太小了,对他们严厉一点反倒比和蔼可亲更好管理,我刚开始上班的第一天,(老教师)都让我严厉一点,但当时有点于心不忍,导致体育课最后变成"找人"课。学生如果感兴趣的话他会很积极的配合你,不感兴趣就会有的做有的不做。

S4:在大学中的感受就是,在咱们体院学的东西是那种比较适合高中孩子的一些项目,比如咱们学校足球、篮球这些东西,感觉都是比较适合初中和高中生,在小学咱们学习的专业不太实用。我觉得实践对小学体育教师挺重要的。应该专门针对小孩的年龄段学习一些他们该学习的教学内容，并知道怎么去教。假如大学那会有针对性学习的话，我上班的时候（初任小学教师）教学生可能会上手的快一点，非常对口，因为在实习（入职的实习期）的半年时间，我其实不是实习而是去学习的，然后我跟着几个老师平时都看他们的课，学着自己带，当时面试时我是按照带高中生那样上了一节体育课，当时校长就说："你没有一点亲和力，对象没搞清楚。"当老师后我很快就明白了，小学老师没有亲和力学生就容易抵触你。上班以后，最大的困惑是，你怎么讲、用什么方法才能使孩子明白。

S6：小学生的（体育）课程内容五花八门，每一节课的重点、难点也不一样，按照新课标和教学计划进行的话，比较麻烦，不仅仅是大框，还需要进行非常细化的了解。所以，要求还是很高的。小学体育教师和其他学段的学生上课差别很大，上小学的课，40分钟可能需要十几分钟进行课堂管理，和中学生不一样，我是在大学实习的，感觉很容易上课，专项做好了就行。在本科学习时，对学生、对新课标（我们）基本不了解，因为没有想到将来会当小学教师。

S6：从刚开始的一窍不通，到现在好一点。但还是对如何针对小孩子教学的具体的操作还是有问题的。现在半学期过去了，在老教师的帮助（我上课，他们会经常在旁边看，然后会教我"关于怎么说话呀，怎样调动小学生的积极性"）和自己的努力下，现在比刚开始好很多，刚开始的时候40分钟的课我都上不下来，不知道该怎样很丰富的把课上完。我们学校（本科就读的地方）实践性的课程很少，学生都是自己在学，完全没有关于如何给学生上课的课程。就是走一圈，看一下就行了，也没有真正地到小学去，或由老师带动着一个一个的上一堂课。虽然也安排了这个课，但是还是老师在讲。

（2）小学体育教师的培养应带着具体问题进行学习——理论结合实践

调查中，学习者（$N=3$）认为单纯的学习理论知识、或单纯强调实践技能训练、或者不结合实际的理论与实践，都是站不住脚的，应该结合小学实际工作的需求进行理论学习和实践技能的训练，只有这样才是有效的职前培养。

S2：我不喜欢那些纯理论方面的知识，比如，那会我们有一门课《××》，当时觉得挺没用的，但是实际上是很有用的。

S4：当了小学体育老师后就后悔在大学里没好好学。因为那时（上大学期间）比较茫然，不知道学了之后用在哪里。

S6：我是在大学实习的，实习完了依旧很迷茫，实习中发现了许多问题，大学里想象不到的问题可能都会碰到，也许指导教师给了一些当时解决问题的建议，但还没有形成自己怎么去解决问题的方法时，就忙着毕业了，实习是实习了，但问题依旧是问题。在本科学习阶段有很多东西不知道为什么学，学了不知道应该怎么用，早一点进入实践环节就可以解决这些问题。如果一进大学就到小学进行实习，你就会发现很多实际问题，也知道该学什么。假设每一学年都有实践机会，你就会碰见好多具体问题，这个时候你再回到学校进行学习，可能就不会再茫然。

## （三）学校专家群访谈结果归纳

1. 核心观点之一：小学体育教师需求量较大

X6：专职体育教师非常紧缺，我们区有80多所小学，大概还有一半学校没有专职体育教师。而且，现在还有一个问题，我这几年招进来质量高一点的体育老师都被转至教其他科目去了，教数学的比较多，连续几年全区考核中，第一名都是体育教师教的。所以，依据现在发展来看，还需要至少100名小学体育教师。

X7：目前一二年级没有开满课时，如果开满课时我们学校最少还需要3名新教师。

X8：小学体育教师非常紧缺，原因在于现在的教师编制还是沿用20世纪80、90年代的教师编制的参数，新课改以来，就出现了这样的现实问题，体育课增加了，体育教师严重缺乏。小学严重到什么程度，好多偏远、贫穷地区体育教师都是兼职，没有专职体育教师。体育教师非常需要，但是没有编制。

X9：需求肯定有。从编制上来讲，目前城市中心地带小学体育教师从数量上基本已经饱和，但农村、偏远地区还很紧缺，也就是说从总体上来讲表现还是缺编。但教育部规定从2014年9月1日开始，整个义务阶段，在体育课全部增加为4节课的前提下，我所说的现状是标准之前，如果按照新的标准就又会出现问题。按照国家的规定，学校体育卫生标准来讲，小学体育教师缺编还是很严重的。

2. 核心观点之二：小学体育教师的角色任务为"教学、课外活动、课余训练、竞赛"

从访谈中得到的两个明确的信息：第一，小学体育教师的角色定位主要有三个，分别是上好小学体育课，组织课外活动和课余训练、竞赛。第二，认为小学体育教师的工作实践经验非常重要。

（1）小学体育教师的第一任务——教学

X1：大学里面培养小学体育教师，就应该把小学的课本拿去进行研究。不像中学篮球专业、健美操专业，来了小学以后，你要让小学生爱上锻炼，爱上体育。能有一个特长最好，但是最基本的是要满足教学。

X3：到了小学，实际上课堂管理是最重要的。首先，教师要了解小学生、多安排一些适合他们的内容。其次，实践经验非常重要，新进的体育教师往往缺乏实践经验，给一年级上课，往那一站都不知道和小孩子该说什么，不该说什么。但是，你让他给六年级教技术动作他没有问题。

X4：作为小学体育教师的任务，你（小学体育教师）是学校体育教育实施的第一人。课堂是关键，首先把教学做好，这里就涉及年度教学计划、学期教学计划、单元教学计划、课时计划、课后反思等，其次才是课外活动、课余训练、科学研究。教学教法要儿童化，要丰富，（小学阶段的）兴趣和习惯培养更重要，实际上对（小学）老师提出了更高的要求。大学对小学教师培养的定位问题，要注重实践，好多学生一肚子的专业知识发挥不出来，管不住小学生还怎么教学。所以，教学方法的落后导致了不良后果，针对小学生用什么方法才能有效达到教学的目的？所以，不是说一开始孩子就喜欢啥，孩子贪玩是天性，兴趣是靠培养来的……小学阶段就是兴趣、习惯培养的重要阶段。

X5：最主要的工作就是教学，其次就是课余训练、早操、大课间等，再次就是组织各种活动，最后做科研，总之，小学体育教师的工作相对来说比较繁杂。

X7：在学校体育老师的工作包括：任课（平均一周15节课）；安排训练队训练（每周三次）。

X9：小学体育教师的主要任务，体育教学是第一位。教师对所有小学的教学内容必须有深刻的理解。

第一，专家强调小学教师实践很重要。

X4：与其他学段比较，小学体育课的设计完全不一样，要到小学去实践，对小学教师来讲也是一个提高的过程。

X6：由于招进来的体育教师在实践这一块比较缺乏，所以，我们专门组织专家团队来打造，对课堂管理的具体操作和可能出现的问题处理等给予专门的培养，我们的目标是"1~3年打基础，3~5年成专家。"本科这一环节的培养当然重要，正是因为太缺乏，我们才专门针对这一块来进行补缺的。当然，全国不是每一个地方都会像我们一样有这样的团队和条件去培养小学体育教师，所以，培养还是非常有必要的。

X8：另外，培养应该加大实习力度。实践是关键，这一块必须做实，而不是有些培养单位设计了这一环节，"听其有，但不实"，流于形式，学生来了，做技术动作没问题，但要给学生上课，问题就暴露出来了。如果实践环节做实、做好，学生到了岗位，就不会出现不会上课的问题了。

第二，有的专家还认为现在培养的小学体育教师应该给体育课堂带来新气象和新变化。

X4：现在毕业的学生到了单位实际上才开始学习，我前一段时间才听了一节课，教师对教材可以说没有把握，不知道重点是什么、难点是什么，为什么要教这个内容。培养阶段是基础，老教师的知识有的已经跟不上时代的要求了，需要更新，你（刚入职的小学体育教师）来了不但没有带来新的观点、新的理念、新的知识，你还在跟老教师学习，这样，小学体育教育的质量如何搞上去，如何才能满足新课标。新课标上连一个多余的字都没有，我认为很好，关键是教师对新课标如何理解，然后变成实际的课堂教学达到教育的目的。这非常关键，很少有体育教师能达到这样的水平，所以，我为什么要强调"体育教师首先应该是一个体育文化人"。

（2）小学体育教师的第二任务——课外活动、课余训练、竞赛

X3：有特长，能做好小学第二课堂的工作。

X4：比如，现在足球进校园，体育教师必须有专长。

X5：教学能力很重要，但专业能力也很重要。体育教师的专业也要保持。

3. 核心观点之三：小学体育教师应具备综合知识与能力

访谈中，对于未来招聘新的小学体育教师的期望中，专家（$N=13$）表示，小学体育教师要具备综合的知识和能力才能有效地应对小学体育教育、教学的工作。

X1：小学生学的是最基本的，所以对教师这一块要求很全面……

X3：总之，我认为小学体育教师综合能力一定要强。不仅要懂体育技能、体育理论，而且诸如音乐、美术、语文、数学等学科知识，你也要懂，因为不管上课、队列队形还是其他方面都需要用到，你在进行情境教学的过程中，设计的情境应该跟小孩的学习或生活比较接近，他们才会喜欢。另外，我认为培养小学体育教师的课程里面，应该把"三字"也加上，毛笔字、粉笔字和钢笔字，因为小学体育教师在工作的过程中，上课不仅要上室外课还要上室内课，体育教师字写得不好，很没有面子，会被人说"那是教体育的，只会蹦蹦跳跳"。而且平时少不了写材料、写东西，钢笔字也应该能拿得出手。此外在写作、科研论文等方面都应该加强，这些都是跟小学体育工作息息相关的。体育教师的可塑性、适应性很强，所以，综合能力的提高还是要给予专门的培养才行。

X4：随着社会的发展，现在与过去完全不同，过去孩子接受信息的渠道比较单一，现在孩子们通过电视、网络等多方面、多渠道接触的信息很广泛，这样就更加要求教师具有比较全面的知识。在教法手段上要丰富，首先是儿童喜欢……毕业生专业性的东西不一定那么多，要让孩子乐于参与，教师培养定位为小学教师，这个定位很重要，它需要的是综合知识，基础一定要很扎实。而现在培养和用人单位的需求确实存在脱节现象。

X5：另外，要一专多能，除了自己的专项特长以外其他的各项专业技术都要知道。

X8：小学体育教师要注重全面技术、技能的培养、注重理论知识的培养。

X9：从教育的角度来讲，这一方面也是比较弱的。我们要更多地挖掘体育教育文化的东西，如一名小学体育教师，学生对其欢迎度、对学生体质健康促进的影响，与体育教师的技术强弱有没有关系？有关系，但不是完全的正比关系。有的小学体育教师技术并不是很强，但他能更多的从其他方面、从游戏等过程中对孩子进行教育，这些可能对孩子的教育达到了很好的效果。

第一，基本功要扎实。

X5：培养小学体育教师，大学里很多课都要重视起来，要加强基本功的训练。如场地设计、绘制、绘图等，还有教学法也要加强，这一块目前还是比较薄弱。

X6：小学体育教师基本功应该是第一位的。基本功要全面扎实。

第二，小学体育教师应该和其他学科教师一样要求具备较高的文化素养。

X4：文化教育很重要，不具备扎实的文化教育，你首先就不是一个合格的教师。体育教师和其他教师的区别仅仅是所教的学科不一样，其他都应该一样。实际上当体育老师很难，首先你要当一个"体育文化人"。仅仅是专业不同，而现在培养的人，重专业缺知识。体育本身是个薄弱学科，被边缘化，所以很多小学体育教师都不愿意承认自己是"小学体育教师"，存在自信心缺失现象，一方面这与社会大环境有关系，另一方面与体育教师自身不努力也有很大关系……其专业化水平的问题，质量不行。比如，体育教师能真正能提起笔写东西的人不多，如果别的学科教师能拿得出手的东西体育教师也能拿得出手的话，那就不一样了。

第三，具备反思—实践能力和科学研究能力。

X1：现在小孩聪明、不怕人，上课你要抓准特点，想好一点的办法，不然很难上好课，这就需要你根据实际情况进行分析，解决问题。现在也经常做一些小课题，写一些东西。

X3：我认为培养小学体育教师还是需要专业的培养。比如，大一就应该安排看课环节，让他了解小学体育教师的工作，大学里培养的是体育教师不是运动员，整天光注重技术训练，那是不行的。跟小学建立合作关系，大家共同沟通相互提高。实践很重要，在大学与小学之间应该搭建一个平台，多沟通，多培训。

X4：不会做研究？分析学生体质变化的情况也是研究。可是，很多体育教师一问三不知，这样你本身就不是一名合格的体育教师。

X8：学生还应该有在实践中分析问题的能力，加强对技术动作的分析、理解，很多学生原来学的啥就是啥，换一个动作就不会分析，不具备举一反三的能力。在教学中对教材也分不清重点和难点，所以这一块就需要加强。

第四，具备有效的评价小学生的能力。

X4：评价的过程，其实也是兴趣培养的过程，刚开始不一定喜欢，但可能就因为一个评价激发了兴趣。

第五，应该具备组织能力。

X5：其次，与之并重的是组织能力。小学与中学和其他学段的教学差异很大。即使专业能力不是特别强，但是组织能力很强，能把学生很好地组织到一起，首先让学生喜欢你的课，专业技术可以慢慢提高。

第六，具备制订教学计划的能力。

X4：现在培养的人和需求是脱节的，比如在制订计划这一块，这是我在实践中发现的。很多人只会照猫画虎，不理解其中的内涵。在为什么制订计划方面的能力很是缺乏，计划做不好，怎么搞好教学？

X8：对《课标》、对教材、对教学计划的制订都需要进行专门的课程进行培养，应该把如何制订教学计划作为一项技能进行培养。

第七，具备沟通、合作的能力。

X3：开设一门专门的课程，建立新教师的沟通、交流及合作能力。这个能力也需要专门的培养。

同时专家（$N=4$）表示，这些能力的获得需要专业化的培养。专业化的培养是获得这些能力的最佳途径。

X7：我认为小学体育教师非常有必要进行专业化培养，我已经工作十多年了，我发现小学的孩子远比初中、高中的孩子难教，并不是技术和技能上有难度而是在孩子的兴趣、组织和理解能力有难度，小学的孩子也比初中、高中的孩子任性得多，而且这种情况近几年越来越严重。小学体育教师的培养应该符合小学的教学特点，很多时候技能很简单但是老师不会教，不知道从何入手。所以小学体育教师的培养首先应该是培养小学教育的通性教学方法，其次才是体育专业教育。

X8：新入职的教师可能需要3~5年进行教学方面的培养，体育院校针对教学这一块的培养比较落后，新的理论方法灌输也落后，《课标》方面的知识基本是空白，到了新岗位，不能适应新的岗位需要，还要重新学习。

X5：专业化的培养一定是需要的。我以前在××教中学，后来回到××教小学，刚开始很难适应，中学和小学教学差异太大了，我适应了好长时间。

X9：现在师范转型后，由于要适应就业，培养的人才在就业过程就从高到低进行选择。小学教学需要的知识很广泛，毕业生刚来时表现比较陌生。而体育的学习具有特殊性，体育教育和其他的学科教学的差异性还是非常大的，除了孩子的认知以外，还需要本体感觉，需要肌肉的条件反射。我们不能用教大学生或中学生的方法来教小学生，这样小学生不容易学会。因此，小学体育教师还是需要有针对性地培养。

4. 核心观点之四：小学体育教师对职业自我的认知——要爱岗、敬业、有责任心

有专家认为，小学体育教师需要更多的是耐心、爱心、责任心。除了强调提高小学体育教师的课堂教学技巧，使其掌握最新的小学体育课程的内容知识、帮助他们研究针对小学体育课堂有效的课堂组织方式、教学和评价策略等外在作用的技能以外，在培养中还要更加注重其爱岗敬业、自主性和责任感的养成。

X7：我希望新教师通过培养首先要对体育事业有信仰，能够认识到我们从事的是一个崇高的事业。然后，能够对基本体育技能、体育运动中的一些基本原理和普通比赛的编排、组织方法有一定的了解，能够掌握体育教学中常用的教学方法。在工作中能够有责任心、有勇于承担的精神，能够乐于参与体育活动，能够积极地参与教学活动。

第一，自我提升强于管理。

X1：学生喜欢自由活动，你管得严格学生不喜欢，现在3~6年级学生还要

评价教师，所以体育教师还是很有压力的。这就要看体育教师自身了，做教师本身就是一个良心活儿……

X3：现在年轻人的惰性很大，现在都是大班，一个班60多人，器材也少，一个操场很多班在上课，再加上国家对安全的要求，所以现在教师的工作积极性上有所下降。小学生要养成到了操场就运动的习惯，关键是先把他们的兴趣培养起来，这是主要的。把年轻教师的积极性调动起来，多给机会，多交流，多去看看观摩课、训练课，在实践中激发和提高工作热情。

第二，敬业大于专业。

X4：还有就是教师的认识问题，这个也是培养的问题，你选择了教师这个职业，敬业精神是第一位，如果让我招聘小学体育教师，在敬业和专业之间选择，我会把敬业精神放在第一位。耐心、爱心、敬业是小学体育教师的首位，所以从招生这一块来讲就存在问题。毕业后，有的人宁愿在城市送水打工，也不愿意到农村去做"孩子王"。

X6：敬业、责任心是小学体育教师最为重要的品质。这一块需要在大学的培养中加强和重视起来。

X7：我希望进入这个行业的人首要条件是热爱这个职业，身边大多数体育老师都是非专业出身，对于体育这个职业没有什么了解，对这个职业也没有热情；其次应当具有一定专业素质，对某一个体育项目有专长；最后还要有学习能力，能够积极地、自主地去学习专业知识。

第三，责任胜于能力。

X5：对未来新成员的期望，第一是责任心，第二是综合能力。因为我们这个学校，不管是过去对教师的要求还是将来对应聘来的新成员，第一点注重的是人品、责任心。不管专业能力强不强，首先考察你的责任心，如果没有责任心，其他的能力也发挥不出来。领导对体育很重视，学校的很多组织活动都要我们来做，体育教师技能要全面。对每个人的要求不一样，年轻人来了首先是融入这个环境，然后慢慢地提高，最终每个人都要达到一定的高度。

5. 核心观点之四：存在问题及建议

（1）实际进人与用人需求不匹配

X8：现在整个系统、体制还是存在问题。招聘教师是人事部门，培养是高校，用人是基础教育部门，指导教师是教研部门，纵向上是四个部门。高校在培养人的过程中与中小学衔接不够。小学需要技能全面的教师，初中需要既全面又有专长的教师，而高中的教师专长一定要专，现在高校培养学生时，没有针对性，给谁培养不清楚，导致什么都涉及，到哪里都不满意。专业技能高只代表能做教练但不代表能做教师。

X4："想要的人进不来，进来的不是想要的"，这是目前存在的问题。小学体育教师现在很短缺，但是这里面存在很多制约的因素，有培养的问题，也有教师招聘制度的问题，城市里的小学教师缺口不是很大，关键是农村和偏远地区，需求计划和实际进人有时不能吻合，用人单位往往没有进人权利……当地的师范学院，要针对性地培养本科化的小学体育教师，要形成针对农村小学体育教师的培养目标，加大实践的环节，在本地区实习，甚至可以定向培养，有针对性地培养。

X1：小学体育教师的需求并不能真正满足小学实际工作的需求，首先小学教师的入职与学校并不是直接对应的，大多数进人计划是教育局直接把控，然后再根据各学校的需求分配到各个学校，无奈之下，很多学校的具体做法是以"在编教师+兼职教师"模式、"在编教师+任课教师"的模式、"在编教师+任课教师+兼职教师"模式来满足小学体育教育教学工作的需要。

X7：我们学校的体育老师大部分为政府分配的大学毕业生（有编制），个别老师为学校自主招聘的未就业的大学毕业生（任课教师没有编制）。

（2）领导对体育的重视、落实性程度较低

X7：就我们当地而言小学体育老师是比较辛苦的，工作量大、领导要求高、工作不被看重。

X8：现在国家重视了，家长也重视了，主要问题在于区县教育局和学校领导的问题，督导的问题。不是老师不做，还是重视不够，"说起来重要，做起来不重要"依旧存在。现在的问题是想到了，没做，做了可能没有做到实处。

X9：在当前高端应试教育模式下，校长宁可牺牲体育教师的编制也要满足其他影响升学考试学科的教师。体育教师代课量远远超过基本工作量的要求。现在基本存在两类问题：第一，现在农村小学里其他学科教师兼职做体育教师的问题非常严重（在调研了三个区县的小学体育教学情况的结果）；第二，很多本科毕业或研究生毕业的体育教师又在兼职教其他学科。

（3）培养单位在操作层面应该跟进落实

X4：培养单位教师自身素质也要提高，来满足培养的需求，有些教师都不知道应该怎么样培养人。

X8：现在，从国家方面来讲，宏观上的方向都是正确的，现在高校教师也需要提高能力，高校教师理论强，小学老师实践强，缺的是中间环节，需要搭建这样一种平台，高校教师需要沉下来，到小学去了解具体问题，现在不是理论层面的问题，而是操作层面的问题。

X9：我在跟西方发达国家的学者进行沟通的过程中对体育教育的问题也有些认识。我们培养的体育教师对体育教育的理解与西方国家培养的人才来比还是有落差的，我们的孩子不享受运动。当然这与应试教育模式有关，但我们需要从体育文化素养方面进行培养，体育教师理解了才能更好的在教学当中教。交流中，西方有学者认为"中国体育教师是世界上教体育技术最好的教师，但是你们的孩子不享受运动"。我想，这不是简单的课程设置或教材编写的问题，可能是我们对体育的理解方面存在问题。我们是通过教材的形式达到教育目的而不仅仅是教教材，而我们的体育教师现在具备教教材的能力，但更深层次的对体育的理解、认识培养这一块还存在不足，60%~70%与培养有关。

（4）小学体育教师的培养应从提高招生质量做起

X4：小学体育教师首先是一个文化人，文化素养一定要高。体育教师招生过去被归在理科，现在高考改革了，不分科，其实是非常好的事情。

X8：在招生这一块，应该把好招生质量这一关，文化素养是长期形成的，一旦文化素养低，很多问题将在培养、培养后难以解决。

X9：同时与招生制度有关，现在招生分数比较低，还是注重技术，学生主要从未来就业上考虑，首先起点就存在问题。往往是实在文化课学不动了才转学体育教育，没有从更深层次上去学习体育，而仅仅是从未来就业或眼前的利益出发。

## （四）教育专家群访谈结果归纳

### 1. 核心观点之一：调整方案、改变模式、提高培养质量成为必然

（1）根据国家发展的需求进行方案的调整

有专家认为（$N=12$），在一系列的改革举措之下，体育教师的专业化要求将更加的明确，有针对性地培养体育教师成为时下的应然，而培养方案就是人才培养改革的起点。具有代表性的描述如下：

E4：这个研究是一个挺好的方向。昨天中国足协的改革方案出台了，这个方案出台以后，对你的研究也挺有帮助的，一个是它对体育教师的专业化要求更明确，对于中小学这一块，教师应该怎么培养，应该有明显的改变。现在大家的理念和现状就是大锅饭，我这个毕业生好像是谁都能用一样，实际不是这样的，教育差异非常大，培养出来的人被理想地认为是普遍都可以胜任的，但实际上针对性很差，那这种情况就会导致教育质量和水平非常差，在这种情况下，要把体育教师专业化，就必须从方案做起。

E6：我们的培养目标定位是培养中小学体育教师。毕业生大约有5%到小学做体育教师，多数还是去中学做体育教师。中小学体育教师之间一定存在差异。为什么说你这个课题有意义，从我们来讲，目前在培养目标中没有明确培养小学体育教师，也没有专门针对小学体育教师制订的培养方案。只在培养目标中体现出培养中小学体育教师，但实际上培养中没有差异。

（2）现状与改变现状提高质量的必要性

许多专家认为，想要提高小学体育教师的培养质量，就需要打破现有的人才培养模式，结合小学的实际需求情况进行改革。通过访谈可知专家们在观点和意见上已经基本形成了共识，但在实际操作中差异显著，有的在思考、有的在顾

虑、有的在观望、有的在计划、有的已经在尝试。观点如下：

E6：我们现在培养方案当中存在两个问题。第一个问题，重视学科课程不重视教育类课程。专门针对做教师的一些知识，教师规范、教材教法、教学方法、教学设计、学生心理等课程比较欠缺。第二个问题，实践环节不够。

E3：我感觉本科体育教育专业人才培养方面这么多年来变化不是很大，但基础教育改革变化是挺大的，所以，职前体育教师培养要适应中小学的变化，与中小学需求紧密的结合。

E5：对现有的方案如何调整？从这么多年来的实践看，我们都觉得需要变革，但是在变革的过程中怎么样才具有可操作性？

E8：小学体育教师肯定是由大学来培养。由体育教育专业来培养最好。未来我们也计划采用"4+1"模式进行这方面人才的培养，用4年时间做基础的专业培养，再用1年时间到教育学院进行专门的培养。教师这个行业的培养应该是5~6年的时间，现在已经到了提高教师门槛的时候了。

E9：以前我们的培养目标是培养中学教师，但是根据现在发展的实际需求，仅仅定位在中学肯定是不行的。现在我们的培养方案正在做调整，已经下移到包括小学体育教师，下一步还准备把幼儿这块做起来。现在我们还正在考虑和学校教育学院的小学教育专业进行合办，共同培养小学体育教师，因为我们也觉得，体育作为学校工作的重要组成部分，在育人的过程当中是不可以缺少的，他们（小学教育专业）需要学习体育方面的相关知识。同时，我们也要向他们学习。他们在培养小学教师这一块有很多的优势，而我们以前是培养中学体育教师的，专职培养小学体育教师的人员和研究小学教育教学方面都比较欠缺，所以能借鉴和学习的地方还是很多的。现在主要是在考虑如何合作的问题。

2. 核心观点之二：小学体育教师要注重人文素养、综合知识和能力的培养

各位专家在谈到小学体育教师的问题时，均表示人文素养、综合知识、能力等对小学体育教师在今后教育工作中发挥育人作用是十分关键的。它是成为一名小学体育教师的基础。具有代表性的观点如下：

（1）注重培养人文、科学素养，进行"全人"化的教师教育

E8：现在很多教师不是知识的问题，不是专业的问题，而是教育观念的问

题、做人的问题。我们的观点是，体育教师在有特点的基础上应该是"全人化"发展，体育教师不能变成技能教师。体育教师首先是一名教师，他首先要符合教师的基本标准和基本要求。所以我们××大学更加注重人文素养和科学素养的培养。有可能我们的学生出去以后表现出专业技能比别的学校差一点，但我们的学生却发展很好，为什么会是这样？就是因为我们的学生自身的人文素养和科学素养高。体育教师也不是教练员，甚至现在的教练员也不是我们传统意义理解的教练员，没有人文素养和科学素养做基础的体育教师是没有前途的。

（2）综合素养对小学体育教师的未来成长至关重要

E8：如果这么多年来，认为我们××大学体育学院有一点成绩的话，那就是我们注重抓学生的综合素养。我们不是把学生培养成会踢球的，而是要把他培养成能促进学生未来发展的一名教师。这一点通过开设有关人文类的课程，注重学院文化的建设等环节来实现。这么多年来，我们学生受欢迎完全不是因为他们的技能高，而是他们的综合素质高。而且我们越来越感觉到，综合素质是教师行业的核心素质。我们出去的学生当中，有很多现在都是省级、国家级的教学名师。我们去看这些教师的成长历程，发现了一个特点，这些学生当年在校内都不是技术最好的，但他们共同的表现是他们的综合素质高，理论知识、修养也高，进入学校后，能把这些东西发挥出来，而有一些过去专业技术特别好的学生，在进入学校后反倒不行了，最多就是带带队，这个反映出来就是我前面所讲的教师的综合素养。所以这些年在培养体育教师的时候，我们并没有完全按照别人那样，仅注重技术课，始终把综合素质的培养当成培养体育教师的首要任务来抓，来建立一种适合学生成长的文化。另外，我从一些资料中也了解到，国外培养的小学教师是全科教师，这与单科教师有很大的区别，与小学的教学、学生的实际情况联系比较紧密。因为在小学阶段，对教师的知识性的要求并不是很高，但对知识面要求更广。

（3）综合能力是小学体育教师从业之根本

E5：小学体育教师的综合能力很重要，体育项目学习可能学一些就够用了，关键是你怎么来实施，更多的应该注重实践环节。因为平时我们和附中、附小接触比较多，小学体育教师教育还是存在一定的缺失，在师资培养这一块，第一，我认为还应该更多地结合儿童的特点，抓住其心理活动的趋向性来进行引导；第二，我觉得小学体育教师在给孩子施教的过程当中虽然都是以一定的体育项目为基础，但必须根据小学孩子的特点在创设体育课程内容的时候做到丰富多彩，这个丰富多彩既包括课程内容方面，还包括组织方法、教具的丰富多样，要更加的生活化，教师要学会自制教材；第三，关于体育教师教育，不仅仅是培养还要培训，应该根据不同时间段有针对性地进行知识的学习和更新，既要有对传统的继承，还要有前沿的时尚追求。

（4）强调理论知识和自我观点形成的重要性

E4：教育部体卫艺司司长王登峰先生反复强调，体育老师教体育，从小学学起跑，初中学起跑，到了大学还是学起跑，那就说明，你的知识没有分阶段，老师也没有将其作为一种专业的知识去教授，现在"足球进校园"的话题大家议论很多，就是说千万不能因为足协改革把孩子教偏了，弄得他们从小就只知道踢足球，其他的什么都不会，反过来讲，小学体育教师除了基本的体育技能、一技之长外，对体育的理解、对体育教学的观点也很重要。

（5）注重学习能力的培养，打好坚实的基础

E5：本科阶段更多的是赋予了一种会学习的能力。这样存在两个方面的原因，一是自身，二是生态环境。本科教育给的就是一个基础。基础知识扎实，才能活学活用。

（6）注重教育能力和教学能力的培养

E2：现在招考体育教师都是先问技术怎么样，这种传统观念影响很深。在体育教师教育的过程中，体育教师的教育能力、教学能力淡化了。而当前体育教育专业的人才培养中强调了实践，而实践却又强调了技术。在培养中我们更应该注重教育能力和教学能力的培养。

（7）结合小学生的特点进行知识和能力的培养

E8：对于小学体育教师的培养，我认为，第一，应该对学生的师德进行培养，教师只有热爱工作岗位才能更好地工作。第二，现在知识的更新主要还是体现在中学以上的内容，以后应该结合小学需求进行知识的更新。很多时候，我们的毕业生到了小学以后才开始学习、关注小学的相关内容，这样一来容易受传统观念的制约。第三，教学方法，遵循孩子的发展规律，学习适合小学生的方法、手段。

3. 核心观点之三：实践是第一位——要做到实处、落在细节

E9：我们的培养更向学生实际需求倾斜，以前学生到了工作岗位可能需要适应很长时间才行，所以，必须面向实践，实践是第一位的。我们培养的学生必须了解小学的教育、小学的体育，要加强实际能力，我们现在也正在探索我们培养的体育教师如何才能达到一名体育教师的各项指标，现在我们正在进行这样的探索，小学体育教师在体育教学中、课外活动、课后训练中所需要的基本技能到底是什么？我们也在整理和总结，也就是我们培养的过程中，只要掌握了这些技能，就能适应和完成最基本的学校体育工作。我们从一年级就开始这一方面的培养，比如，口令、身体姿态、讲解示范的问题，我们专业技能训练第一步的内容包括：从一节课的开始，老师是以什么样的姿态、什么样的精神面貌、怎么走向所教班级学生的面前去。第二步：怎样宣布课程的任务、用什么样的口令、什么样的声调、什么样的口吻宣布哪些内容等，就这样一步一步进行训练，不光是知道还要会用，比如口令，我们要求会喊这20种口令，但这20种口令如何运用更关键。例如，针对不同年级、班级的60名学生的队伍需要调动到某一指定方向，进行设计，然后进行运用练习。我们从大一开始就针对具体问题进行实际运用的训练。

E2：有些学生甚至研究生连《新课标》是干什么的都不知道，因为不用所以他不知道其重要性，假如从刚进校开始就让他在实践中不断地接触体育教育的真实场景就会不一样。在培养环节上，与实践结合是非常关键的，包括到最后论文的时候都应该和实践衔接起来。现在从培训这一块来看，从面上看是有针对性的，但实施的过程当中针对性并不强。做的还是很泛，不够细致、不够专，这与

职前培养之间也是存在极大关系的，因为它本身就是培养中学体育教师的单位，你让他承担小学体育教师的培训任务，它没有办法进行细化，本来应该从技能上进行深入的细化培训，但还是达不到，达不到涉及解决小学学校体育具体问题的程度。

4. 核心观点之四：培养应该体现出差异性

调查中，专家关于培养差异的观点主要体现在两个方面，一方面应该在培养方案中体现出不同学段的培养，另一方面则是各个院校应根据自己的实际情况，准确定位，形成自我特色。

（1）有针对性的培养

专门针对小学进行的小学体育教师培养方案是有必要性的。

E2：如果能专门把小学体育教师培养在方案当中体现出来的话，还是非常有价值的，包括今后的培训也应该这样，做到有针对性。现在确实也能感受到小学、初中、高中各个学段的学生体育需求不一样。因此，体育教师应该在关注和培养的能力上有方向上的区别。对于小学体育教师的培养，应与新课标、小学生的需求、小学生培养的目标挂钩。其实小学学段学生的体育兴趣、态度情感这方面，可能要关注更多一些，且要大于对技术、技能的关注。我觉得对小学教师的技术、技能不应该强化，而对小学体育教师在培养中的理论方面，就是小学生的身心特征、兴趣需求这些方面的理论上可能要多一些，技术技能上不应该多。最近我给这几届××省、××市体育教师培训的时候发现，中学老师好像在这一块没有太多的反应，实施新课标以后，初中有一个2011版的全国教材可以用，但是小学这一块就没有，所以很多小学老师在培训过程中都跟我说到底要给学生教什么。他们不会选择内容，不知道该教啥？从现在这个实践包括到研究各个层面都是把小学放的比较淡，但是恰恰小学孩子对于体育这方面的培养是最重要的开始，所以说小学体育教师这块存在的问题还是比较大的，我觉得应该把小学教育专业单列出来。

E3：小学体育教师没有针对性地培养，但在就业的时候却被按照以培养中学教师模式培养的人才占领了。实际上应该明确目标，建立各自的培养体系。小学体育就是应该按照小学的生长发展规律、教学教育的规律进行培养，慢慢探索出小学体育教师培养的规律。结合小学教师专业标准，和小学实际需求，研究出来一个专门针对培养小学体育教师的方案来，对今后体育教师教育改革提供一个借鉴的文本。

　　E4：我就认为现在这个培养方案作为培养高中、大学教师来讲是没有任何问题的，但是对于培养中小学体育教师来讲，就缺乏一定的针对性，这个针对性是根据青少年的特点等内容而设的，对于小学体育教师，体育基础课程知识的建立更重要，原来三级师范在培养体育教师时，针对性就很强，而现在实际上是很模糊的，感觉就好像没有地方去了才去小学，这样的话，他的教育理念、教育知识，肯定反差会很大，针对性也会很弱。因此，在这种情况下，我觉得在体育教育模式里面，还是要强调要有一定的针对性培养才行。

　　E8：各学段的体育教师培养的差异很大。第一，他们所需要具备的理论知识应有不同。例如，生理学这门学科，我们所学的是一般生理学，更多的是成人化的内容，解剖学也是一样，都没有针对小学生的生理特点、发育的敏感期而设定，包括其他体育理论知识也是一样的。第二，实践上，学习的课程内容不同，我们现在所学的运动项目、体能训练为主，这些主要都是在初中、高中以后用的，小学阶段显然不是这些内容，所以我们在这一方面的内容开设很少。第三，教学方法的不同。我们所编的《中学体育教师教育教学技能》一书，它主要是针对中学而言，中学生的世界观基本已经形成，他们身体发育已经达到一定程度。而对于小学生的教学技能，显然很多是不一样的，他们更多可能体现在娱乐化、练习手段的针对性方面，差异是很大的。在培养中应该体现出不同，针对性更强，建立针对小学生的知识体系、教学技能、技法。大的模块可能差别不是很大，但具体的内容之间差异很大，比如，我们的学校没有开设幼儿园、小学生生理、解剖方面的内容，在对小学、幼儿园孩子所学的技术、技能成长分析的时候，他们根本把握不了。所以，应该更加注重有针对性的培养。"小学教育"被单列出来，也是从教育学的角度多年研究和实践总结出来的。虽然总的教育目的是一致的，但是你必须要承认，学生在不同阶段的世界观、心理、生理等方面存在着较大的差异，发展水平是不一样的。我们从人本主义的角度来考虑这个问题的话，小学教育是很有必要的。它有自身的特点，你不能用培养大学体育教师的方案来培养小学体育教师，那是行不通的。所以，我觉得针对性还是非常必要的。

　　E9：在2014年的新方案中，我们现在已经分成了两个方向——中学方向和小学方向。我们目的的情况是这样。前两年我们建立的是一个大平台，社会体育专业和体育教育专业在一起进行课程的学习，后两年逐渐分化，体育教育专业事实上很多东西都是一样的，在第三年进行共性内容的学习，在第四年根据学生的兴趣选择，分成两个方向——小学专业方向和中学专业方向。对小学专业方向，专门有针对性地开展有关小学体育的内容、小学体育教学的方法、小学课堂组织形式，侧重小学阶段的实际需要。试教、实习也完全是按照这样进行分流的。

（2）培养单位应体现出差异性

在调查中，专家也多次强调，培养单位之间也应该体现出差异性，形成各自的特色。

E5：我觉得你这个研究的选择还是非常有意义的。其实，现在各个院校之间不仅仅是体育教育专业，其他的体育专业也同样存在同质化现象。至于今后毕业后你的受众是什么样子，考虑并不很完善。

E8：我觉得一些地市级学院应该探索性培养小学体育教师，大家不要都往"中学"挤，一个是实力悬殊，另一个是要考虑实际的需求。

E9：我们原来也定位在中学体育教师，但实际上是不行的。尤其是我们这一类学校，学生毕业后有差不多60%的学生到了小学，甚至我在筹划幼儿体育教师培养。因此，必须从培养方案上进行调整。课程设置、整个实践环节的设计，包括试教、实习整个都要进行调整。

5. 核心观点之五：小学体育教师培养可能存在的问题

有专家认为，小学体育教师培养中还存在一系列的问题，比如，认识的偏差、实践的滞后、准入的门槛等，这些问题的存在都将影响到小学体育教师培养方案改革的顺利实施。

（1）小学体育教师培养过程中认识的几个误区

有专家认为，在专业的培养过程中由于认识的问题而导致培养实践的偏差，因此，在人才培养的过程中首先要建立正确的观点，然后才会有好的实践效果。主要问题包括两个方面，一个是对"专业"的认识；另一个是对"实践"的理解。观点如下：

第一,对"专业"的认识。

E8:体育专业培养和体育教师培养被混为一谈,这之间是存在差异的。体育专业培养更加广泛。其中更适合做教师的,我们再进行教师教育培养。现在,我们的宽口径设计是有问题的,除了当老师还想干别的,很显然这是不可能的。我想未来我们首先要把这两个概念进行区分。所谓的体育专业培养,就是通过几年的时间,培养他们在体育方面的知识、技能,让他们知道体育运动方面的基本理论、基本方法,再用一段时间对他们进行专门的教师教育。这可能才是宽口径和窄口径的区别。4年既要达到体育专业培养,又要达到教师教育专业的培养,从我们这么多年的实践来看,一起实现这两个培养目标是不可能的。最终学生毕业以后表现出来体育专业不好,教师教育也不行。

第二,对"实践"的理解。

E2:我认为我们的培养方案还是存在问题。在培养体育教师的过程中,培养单位自身存在对"实践"认识的误解,把术科与教学实践混淆。他们不是在教学的过程当中把如何提高学生的教育教学能力、如何使学生能够把专业学习与学校的实际工作结合起来等方面进行细化、深入、加强,而是把加强"实践"环节错误地进行理解,认为加强"术科"课程就是加强实践的具体表现,于是不断地增加术科课程的比重,这是一种严重的错误理解。这样以来,技术再好,他还是不会教学,而且相关的理论支撑上也是缺乏的,并且没有实践的应用环节为其提供足够的经验积累,学生也没有形成自己的东西。

(2) 改革的阻力

第一,现实的阻力——路径依赖。

在访谈中,专家就针对小学的实际需求进行小学体育教师职前教育的观点已经基本达成共识,并对小学教师与小学体育教师之间的关系认识较为深刻,但是对当前培养现状的改革则表现出诸多无奈。

E2:要提高质量必须要做得细一些,但要说改也挺难的。从现在大学的人员配备上它是饱和的。而现有的这些人员在能力和素养方面根本达不到现在小学体育教学的要求,他们对小学的课标、对小学的教育教学都不了解,虽然学历上达到了，但从能力上，相差甚远。

E3：现在我们在做方案的时候，还是参考国家体育总局的《课程方案》，在咱们原有方案的基础上进行调整，但调整的力度不大，国家新出台的一些《标准》的内容在制订人才培养方案的时候并没有重视。

E6：体育教育专业目前来讲和中小学教育结合的还是不够，主要是培养意识还比较淡薄。虽然有的定位形式上是中小学，但实际定位还是中学。实践环节，现在虽然从形式上重视，但事实上没有做到。因为培养方案主要由学校来定，实践环节并没有体现出差异性，学生对小学体育教育的了解很欠缺，一个学校对师范教学应该专门有一个配套管理体系，不管是什么类型的学校，实际上培养教师的标准是一样的。

E8：很多培养单位都有改革的想法，但是没有实践。一个是时间的问题，另一个是我们已经形成了自身的人才培养系统，并且谁也不愿意轻易放弃当前的系统。但是，可以肯定，现在培养体育教师的质量根本无法完成未来小学体育教育的要求。我们经常会听说：体育教师存在这样或那样的问题，因为我们太注重他们的专业能力了。而对教师专业能力这一块，始终没有规范性的、高标准的要求。

第二，影响新教师质量的阻力——准入问题。

E8：教师这个行业在准入环节一定严把质量关。现在是什么人都能考，会背就能考，结果我们的教师现在也都成应试型的了，我觉得各个地方对于小学教师准入这一块，一方面是专业的学习，另一方面是教育的实习务必要纳入到招考条件当中。我们学校也有到小学当体育教师的，而且还不少。最初他们也表现出很不适应，因为我们的培养目标很明确，主要是培养中学体育教师。所以培养的学生表现在知识上，对小学生的生理和心理、小学体育的教学内容和方法等不了解。

### 6. 核心观点之六：提出的建议

（1）准确定位

E6：体育教育专业在专业方向上应该被体现出来。关于怎么去当小学体育教师，应该专门进行培养，学生的年龄越小，教师承担的教育责任越大，对教师的要求也是不一样的。从目前来看，小学体育教师应该还是由本科来培养。目标要明确，要参照《小学教师专业标准（试行）》和《教师教育课程标准（试行）》，专门针对小学教育的课程体系进行设计，增加教育类课程和实践环节。

（2）联合培养

E8：现在国内的教师门槛太低，这也是导致我们教师不够专业的一个本质问题。但是我觉得，一旦有机会，要将专业培养和教师的专业培养分开。比如我是学体育的，应该学习体育运动项目、体育文化、体育知识和体育各方面的理论，因为可能在未来会从事体育教练工作，或者体育相关的其他工作，若要进入教师行列，应该参与专门性的培养。这个教师的培养应该由专门的机构来进行，因为体育学院根本不能完成这个任务。我个人是这样认为的。

（3）提高准入条件

E2：咱们学校从今年开始对体育教育专业毕业生要恢复六项体能测试，我觉得除此之外，还应该增设说课环节的测试。现在小学体育教师在招聘环节上也有问题，比如好多人通过理论考试进入了编制，但是实践能力非常差，到了学校后，给小学生上课上不了，运动会、比赛方面也不好。

E8：现在国内的教师门槛太低，也是导致教师不专业的一个本质问题。应该将专业的培养和教师教育实践环节纳入准入环节当中，由重结果到既注重培养的过程又注重培养的结果。

（4）政策上的支持

E2：要把小学体育这块抓起来，国家政策上应该有一些倾向，加大对小学教师的政策扶持，包括工资、福利，待遇给予更多的支持。比如，专门做小学体育课程设置的硕士研究生，他可能在小学会有更好的发展空间，对小学体育工作来讲也是促进其发展的因素，真的读到博士学位他可能对小学生的身心特点了解研究会更深入，更有能力去调动学生兴趣，但必须要到大学去工作吗？我觉得这点上国家政策方面需要给予一定的倾斜。

E5：毕竟创新有一定风险性，最好应该两方面来共同来做这个工作，一个是国家的政策引导，另一个是地方院校的积极实施。建议大家可以根据这个原则，结合自己的实际情况进行创新。

## 四、启示与思考

长期以来，关于"培养什么样的人"和"如何培养这样的人"的问题一直是多个领域、多个学科共同关注的话题，甚至也成为"每一公民都对之感兴趣"的事情。因为这一课题的结果，上至关系到社会的发展，下至影响到家庭和个人的前途命运，因此，深入探讨和科学分析不仅是科学研究态度的必然所趋，更是对教育良知和责任的表现。本书通过对"培养小学体育教师"和"如何培养小学体育教师"的相关问题进行调查研究和分析后，得到了一些启示并对相关的研究问题做了进一步的思考。

### (一) 小学体育教师职前教育的目的、危机与机遇

教育的本义有二，一个在于有助于个体的社会化，另一个则有助于群体文化的传承和创新。如果个体的问题没有解决好，那么对于后者关于文化的传承和创新是无益而有害的。反观小学体育教师培养的调查结果认为：未来（体育教育专业毕业在小学实习但还未成为小学体育教师）或已经成为小学体育教师人群的现状是，未来的教师对自己进入社会缺乏自信且盲目，现有的小学体育教师则把这个职位当成"不得其所"后的无奈选择，而我们却在谈小学教育改革、在谈如何将小学教育做好，实在是有笑柄之举、笑谈之嫌。

顾明远先生在《中国教育忧思录》一书中谈到1991年他访问美国时，曾与美国的教授探讨过关于教育文集的问题，当他问道："你们为什么动不动就说危机？"美国人回答："危机与机遇同存，有了危机感，就会想办法克服危机，机遇就在这个时候产生。"而现在小学体育教师的培养问题是"机遇大好，危机何在"？当前，我国社会正处基础改革"深水期"，面临着教育发展的"黄金期"，适逢师范转型矛盾"凸显期"，小学体育教师教育的问题也应该成为教师队伍建设和未来小学教育的危机问题，引起关注，只有将这些现实的危机一一呈现、剖析，然后各个击破，才会迎来小学体育教育事业的辉煌。

小学体育教师职前教育培养的目的是指通过有针对性的本科教育活动获得教育结果，也是培养小学体育教师的总目标。它决定着体育教育的培养方向和规格要求，是培养小学体育教师的出发点和归宿，对小学体育教师职前培养内容的确定、教育模式的选择与教育质量的评价具有重要的指导作用，也是小学体育教师教育成功与否的关键所在。所谓的小学体育教师职前培养是小学教师培养的起点。首先是要培养合格的小学教师，其次才是培养合格的小学体育教师，这一观念在培养目的中要被逐渐确立起来，并被逐渐落实。在研究中同各位专家进行多方面的沟通和交流后认为，当前确定的小学体育教师教育目标应具有前瞻性，有利于小学教师教育的长期、可持续性发展，而这个教育目标是建立在国际发展的趋势和国内发展实际相结合的基础上形成的。

要科学界定小学体育教师教育并非是一件容易的事情。第一，需求的实际与培养的虚无是具有历史性的问题，从三级体制师范教育时期小学体育教师教育的问题就已经存在，因此，看似是发展的问题，深究才发现其问题存在由来已久。第二，本科阶段体育教师培养的路径依赖现象并不容易被打破。也有专家指出，想法是对的，但要行动起来可能并不是一件容易的事情，因为牵扯的内容太多了，维持现状是最节约成本的培养模式，而改革是需要动"真枪实弹"，是需要花时间、费精力、要金钱的过程。谁又愿意第一个冲锋陷阵呢？难道因为困难我们就停滞不前或小打小闹？智力诗人加布里拉·米斯特有一段名言"我们所需要的很多东西可以等待，但孩子所需要的东西不能等待。他的骨骼正在成型，他的血液正在生长，他的心灵正在发展。我们不能对他说明天，他的名字就叫今天。"因此，无论改革的阻力和难度有多大，迈开第一步已经不容等待。而研究出一个较为完整的方案和较为全面的分析成果，无疑是对"真枪实弹"行动的有力支持。

## （二）小学体育教师职前培养目标的制定

通过深入的调查访谈、分析后，得出了一些具有共识的鲜明论点。当前关于培养小学体育教师的认识问题较为乐观，而操作层面令人堪忧。被调查者普遍的论点已经表明了对当前培养现状的认识，目前主要矛盾在于如何将认识问题层面转向实践操作层面。

### 1. 要有针对性地培养

对不同学段体育教师的培养制定不同的培养目标已经达到共识。要有针对性地培养小学体育教师，并在培养的过程中遵循这样的逻辑规律，即"培养教师—培养小学教师—培养小学体育教师"。

2. 小学体育教师培养目标在遵守共性的同时强调差异

所谓的共性就是每个培养单位在培养小学体育教师时所共同遵守的标准。而差异则是，不同的培养单位在培养的过程中，应以标准为最低限制，在此基础上根据各自的条件和实际情况进行差异性设计，从而凸显个性，形成特色。小学体育教师在培养目标的制定上，一方面要关注其共性的内容，另一方面要强调其个性的内容，体现学科之间的共性与差异。横向上"是在培养小学教师"，不管将来在小学里教什么，都要符合同一个共同的标准，不能因为学科的差异而降低要求。个性方面"是在培养小学体育教师"，在不降低要求的前提下突出学科的特点。纵向上，与不同学段的体育教师之间，既要符合作为一名体育教师的特征和特点，又要凸显小学体育教师的特征和特点。不管是在何处，我们在遵守着同样的法律、法规，在执行着同一个标准。因此，在对小学体育教师的培养中应该有着一个底线的限制。这个"底线标准"就是其共性的内容，每个培养单位至少要满足这样的条件，低于这个条件，国家应该在评估、检查中，停止其招生和培养计划。对符合条件者，允许其在最低要求的标准上，根据地域的特点、学校师资、设施的具体情况，进行有差异性的培养，凸显个性，形成特色。

3. 小学体育教师培养目标应该体现出综合素质的提高

文化修养，总的来说是对人文文化、科技文化中的部分学科有了解、研究、分析、掌握的技能，可以独立思考、剖析、总结并得出自己世界观和价值观的一种能力。文化修养是人综合素质的具体体现，表现出一个人具有较全面的知识体系，并在学习、工作中善于思辨。在访谈中，很多专家提出了对小学体育教师文化修养的要求，认为小学体育教师应该注重自身文化修养的提高，因为文化修养对一名小学教师来讲很重要，教师在学校中是重要的角色扮演者，同时学校是文化传承的地方，教师担当了这一重任，每个教师在教学的过程中都要面对学生，其学科仅是一种载体，通过这种载体我们需要达到的是教育的目的，这时不管你是体育教师还是其他教师，和学生进行学校生活的每个环节的一点一滴，对学生来讲都是一种教育和影响。而如果体育教师个人的文化修养达不到，一方面影响教育教学工作，另一方面也会让社会、同行对体育教师职业形成不正确的认识。此外，小学生对教师的认知也要求小学体育教师具有较高的综合素质，有调查者显示,在小学生的眼里,教师是什么都知道的人,他们经常会问到很多他们认知领域的问题,这些问题是没有学科界限的,教师应该能满足小学生的好奇心,做到知识比较全面,在小学生心目中树立良好的小学体育教师形象。

4. 小学体育教师培养目标的实现需要出台保障措施

调查中也反映出许多与小学体育教师培养的相关制度问题。而这些政策、制度的滞后在很大程度上成为小学体育教师职前培养的阻力和障碍。有专家提议从招生环节上就应该实行改进,招收一些文化素养相对较高,愿意未来从事小学体育教师职业,并在这个领域有发展潜质的学生。访谈中也能很深切地感受到当前问题的严重性,很多学生因为文化课底子薄,在考上好大学无望的情况下,勉为其难转身投向体育教师的行业,目的也是为了能上大学,至于将来当小学体育教师则成为他们职业选择的下下策。如此一来,我们的体育事业如何才能搞得好。另外,选人、用人、教育、提升不是一条线,存在上下脱节现象,也是影响培养质量的重要环节。

## (三) 小学体育教师职前培养的知识与能力

根据访谈结果得出这样的结论:小学体育教师的知识综合化、能力具体化。在知识结构方面认为,小学教师应该具有较为全面的知识结构,具有较高的人文素养,与《小学教师专业标准》的要求具有一致性。

访谈信息显示,现有的体育教师培养并不能很好的满足小学体育教师的培养要求。义务教育阶段(1~9年级)总共划分了四级水平,分别是水平一(小学1~2年级)、水平二(小学3~4年级)、水平三(小学5~6年级)、水平四(初中7~9年级),其中小学跨越三个水平。在小学阶段,根据课程标准的要求,1~6年级学生学习内容比较多,一方面是因为小学生需要进行全面的锻炼,以促进身体的全面发展;另一方面是因为这个阶段的学生天性好动,多接触一些运动项目有利于他们对体育与健康的全面了解,以培养他们对运动的广泛兴趣[①],为终身体育打好坚实的基础。因此,一方面体育教师的知识结构要符合小学教师的专业标准,另一方面,小学体育教师在体育专业的学习上需要更加倾向全面性、基础性。

---

① 教育部基础教育课程教材专家工作委员会. 义务教育体育与健康课程标准(2011年版)解读[M]. 北京:高等教育出版社,2012:12.

在谈到能力时，调查者往往从实际工作任务的角度去表述能力，这也引发了本书对小学体育教师能力的很多思考，这种思考的结果为研究提供了一个崭新的能力设计思路。能力一般包括一般能力和专业能力，在培养中我们更倾向于专业能力。小学体育教师职前教育的专业能力在小学体育教育教学的实际工作中被真真切切地表现出来，它更多与实际的具体工作任务相挂钩、相衔接。于是，本书在能力划分的过程当中并没有遵循以往研究当中将能力进行细致地分割、分类来进行研究，而是将能力从所要完成的任务角度进行划分，将其分为教学能力方面、训练和竞赛能力方面、课外活动能力方面三个部分，并根据《小学教师专业标准》的领域将每一个方面的能力又按照五个领域的要求进行细致的描述。

（四）小学体育教师职前培养方案的阶段性特征

我们都知道培养方案是有一定实效性的。学校在执行培养方案的过程中至少每隔4年就要进行一次调整或更换。本书的人才培养方案是现阶段涉及小学体育教师培养尝试的方案设计雏形，也是具有时效性的。在一定数量的小学体育教师培养方案出台后，其就不具有应用价值。因此，其适用的对象是现阶段本科有意专门培养小学体育教师者或者涉及小学体育教师培养方向，却没有具体方案者。

未来小学体育教师的培养一定是遵循教育的发展规律和发展趋势而行，是建立在教育学院机制之下，专门的小学教育体系当中进行的教育。但是，过于理想化的方案设计与当前的发展之间缺少联系或者存在越级的现象，将难以实现理想。如果能始终以一种发展的眼光，前瞻的思维为出发点，同时遵循当前的发展现状，在现状的基础上进行有益的改变是逐步实现理想的阶梯。于是，在设计的时候应该有理想的设计和与实际相接的过渡设计。所以，方案更多是着眼于理想与现实之间，既考虑未来发展也结合实际。未来，小学体育教师的培养是在教师教育学院的小学教育专业完成的。

当前，一要转变思想，改变体育教育专业设计的模式，调整课程结构，尽量向小学教师的专业标准接近；二要根据条件设计培养目标，专业院校保持培养中学体育教师的特色。在有条件的学校开始创建体育教育专业与小学教育合作模式，为共同的目标发挥各自所长。

## 五、小结

由于当前关于小学体育教师教育的相关研究较少。因此，采用量性研究方法对本章进行研究显然不符合实际状况，而深入访谈则能帮助我们全面、深入地了解小学体育教师教育的相关问题。因此，本章采用了质性研究中的现象学研究方法，通过对体育教育专业的学生、体育教育领域和教育领域的专家及小学教研员和小学体育组组长的深度访谈，揭示了本科体育教育专业学生就读期间的真实感受、体会与经验，了解到小学体育教师的实际需求情况和对未来培养期望，呈现出诸多关于小学体育教师教育现状与发展的相关思考和鲜明观点，为本书提供了坚实的研究依据。在此基础上，本书更加明确了小学体育教师职前教育培养目标的定位，并初步构建了小学体育教师基本知识和能力的框架，为进一步科学制定小学体育教师职前培养目标奠定了基础。

# 第六章
## 我国小学体育教师职前教育培养目标定位的研究

## 一、理论部分

### (一) 培养目标的概念

培养目标（training objectivities），是指根据一定的教育目的和约束条件，对教育活动的预期结果，即学生的预期发展状态所作的规定。①

### (二) 培养目标、教育目的和教育方针等概念的层次与关系

培养目标、教育目的和教育方针等概念的层次与关系如图 6.1 所示。

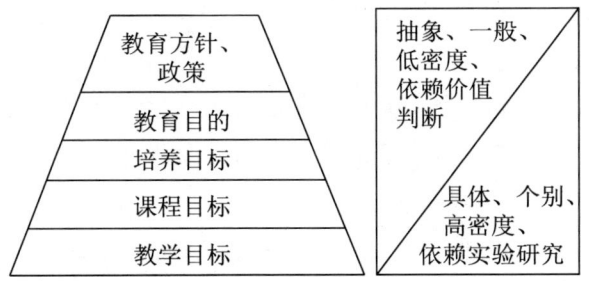

图 6.1 培养目标与相关概念的层次及关系②

---

① 文辅相. 中国高等教育目标论 [M]. 武汉：华中理工大学出版社，1995：16.
② 饶玲. 课程与教学论 [M]. 北京：中国时代经济出版社，2004：105.

培养目标、教育目的和教育方针政策是教育领域内的三个不同层次、不同内涵的概念。教育方针政策是国家或政党在一定的历史阶段所提出的教育工作发展的总方向，是对教育基本政策的总概括①。教育方针政策侧重于整体设计，宏观把控，而教育目的虽然也影响着教育的宏观决策，但更侧重于指向受教育者个人，规定每个受教育者个体的发展目标②。一般来说，我国的各级各类目标都是按照"演绎式"的规律从上至下制定而成。所有的下一级目标制定都是在领会和参照上一级目标精神、内容的基础上制定而成。例如，制定教育目的要根据国家的教育方针政策进行，制定培养目标则要根据教育目的进行。培养目标是教育目的的下位概念，它必须按照当下教育目的的思想指向进行制定。课程目标则要根据培养目标进行制定，以此类推。

### (三) 培养目标的要素

1. 培养目标的三要素

培养目标包括知识、能力和素质三要素。这三者作为本科教育培养目标的要素能更好地、更具体地体现教育目的中关于德育、智育、体育三方面的根本要求和本科教育的性质、特点，也更能体现出时代性和与时俱进的精神③。

2. 知识、能力与素质的关系

知识、能力与素质的关系如图6.2所示。

知识是能力和素质的基础。知识与能力的综合化在个体身上的体现即为素质。对于个体而言，知识具有内隐的特性，相对知识而言，能力具有外显的特点，能力就如冰山露出水面的一角，而实际支撑能力表象的是水面下庞大的冰山体系，即知识。知识需要内化，然后转化成能力，最终在完成教师教育教学的任务中被表现出来，各种能力和表现的综合体现就是素质。

能力是三要素中的核心要素。从教育的角度看，能力是知识追求的目标④。受教育者并非是为了知识才去学知识的，学知识的最终目的其实是为了获取和提

---

① 中国大百科全书出版社编辑部. 中国大百科全书（教育卷）[M]. 北京：中国大百科全书出版社，1985：159.
② 王坤庆. 现代教育哲学 [M]. 武汉：华中师范大学出版社，1996：244.
③ 杨志坚. 中国本科教育培养目标研究 [M]. 北京：高等教育出版社，2005：42.
④ 杨志坚. 中国本科教育培养目标研究 [M]. 北京：高等教育出版社，2005：35.

升能力。知识是基础性要素，相对较为固定具有静态性，而能力灵活多变具有动态性。知识与能力存在相辅相成、相互促进的关系。只有一个人的知识积累达到一定程度的时候才有可能显示出某种能力，反过来，一个人也只有具备了一定能力后才能在相应的知识基础上继续获得更多、更广、更新的知识，从而使能力再次提升，在这个过程中人的综合素质也获得了相应的提高。

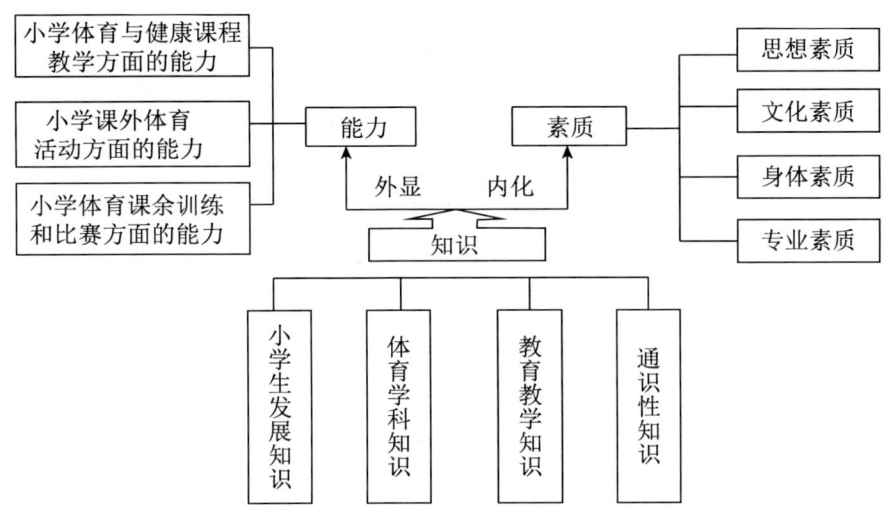

图 6.2　小学体育教师职前教育培养目标的结构图

3. 本书关于知识、能力研究建构的依据

（1）小学体育教师职前教育的知识结构

教师作为专业的人员，在从事教育教学工作中必须具备相应的基本知识。舒尔曼认为，教师要想获得教学成功就必须具备能将自己所掌握的知识转化为学生能理解的表征形式的能力。《小学教师专业标准》将小学教师应具备的专业知识分为四个领域，本书就是建立在《小学教师专业标准》的基础上，对小学体育教师职前教育应该具备的知识结构进行了建构。

（2）小学体育教师职前教育应具备的基本能力

在管理学的范畴比较典型的观点有三种，即"行为主义能力观""一般素质导向能力观""整合能力观"，每一种观点都有自己的优点和不足，通过分析认为，运用"一般素质导向能力观"进行的管理实效性较差，"整合能力观"忽视各类能力之间的差异,缺乏针对性。考虑到小学体育教师的能力是能力的下位概念,从教育价值观的视角看,教师能力是一个不断发展和变化的教育价值范畴,它具有阶段性的特点,一般是"新手—熟练—成熟—卓越"的发展过程①。小学体育职前教育研究本身的理念是"目标明确、具有针对性的培养",是小学体育教师能力形成的初级阶段,是新手前的准备阶段,或者描述为成为新手的培养阶段,而这个阶段恰与行为主义能力观"操作具体化、目标明确化,便于控制管理过程,易于进行结果与评价,很适合针对性和操作性比较强的职业"的特点比较吻合,因此,在能力指标选取的过程中,主要按照行为主义能力观,把能力视为完成一项项孤立的工作任务的行为。在培养过程中要逐一进行具体的操作使学生具备每一项工作所学的能力②。

学校体育目标实现途径的分类各不相同。具有代表性的观点主要有两个。一个是二分法,即将学校体育分为体育课和课余体育活动两个方面。其中课外体育活动是指体育与健康课程之外的一切体育活动,主要包括课外体育锻炼(如早操、课间操、个人体育锻炼和班级体育锻炼等)、课外运动训练、课外运动竞赛以及校外的社区体育活动和家庭体育活动等③④。另一个是四分法,即《学校体育工作条例》中,将学校体育工作的基本内容划分为体育课教学、课外体育活动、课余体育训练和竞赛四个组成部分⑤。本书在走访多位专家,并在调查研究的基础上参照《学校体育工作条例》,最终将小学学校体育工作分为体育与健康课教学、课外体育活动、课余体育训练和体育竞赛三部分。

小学体育工作应紧紧围绕着这三个方面在进行,每个部分在学校体育的工作中有不同的角色和任务,具体完成任务的目标和能力也不尽相同。在新的时期,面对大力的教育教学改革,未来的小学体育教师需要掌握的知识、能力是什么?哪些是在职前教育中需要未来小学体育教师掌握的?然而,这个问题很难利用现有的经验或可比较的证据来回答。因此,只能借鉴实际的访谈和调查来回答这一问题。

---

① 中小学教师专业发展标准及指导课题组. 中小学教师专业发展标准及指导·体育与健康 [M]. 北京:北京师范大学出版社,2012:26-89.
② 朱超华. 教师核心能力论 [M]. 广州:广州高等教育出版社,2007:23-24.
③ 周登嵩. 学校体育学 [M]. 北京:人民体育出版社,2005:63.
④ 刘善言. 学校体育学 [M]. 济南:山东大学出版社,2001:27.
⑤ 毛振明,赵立,潘绍伟. 学校体育学 [M]. 北京:高等教育出版社,2001:30-31.

## 二、调查部分

本部分的主要研究方法是特尔菲法（Delphi technique）。研究的思路为：在前期研究成果的基础上，结合文献资料制定出专家询问卷。探索架构本科阶段小学体育教师职前教育对小学体育教师的角色定位、角色内涵以及他们应具备的基本能力和知识体系，通过进一步的分析、归纳和提炼，初步形成本科阶段小学体育教师职前教育培养目标的依据。

### （一）技术路线

研究技术路线如图 6.3 所示。

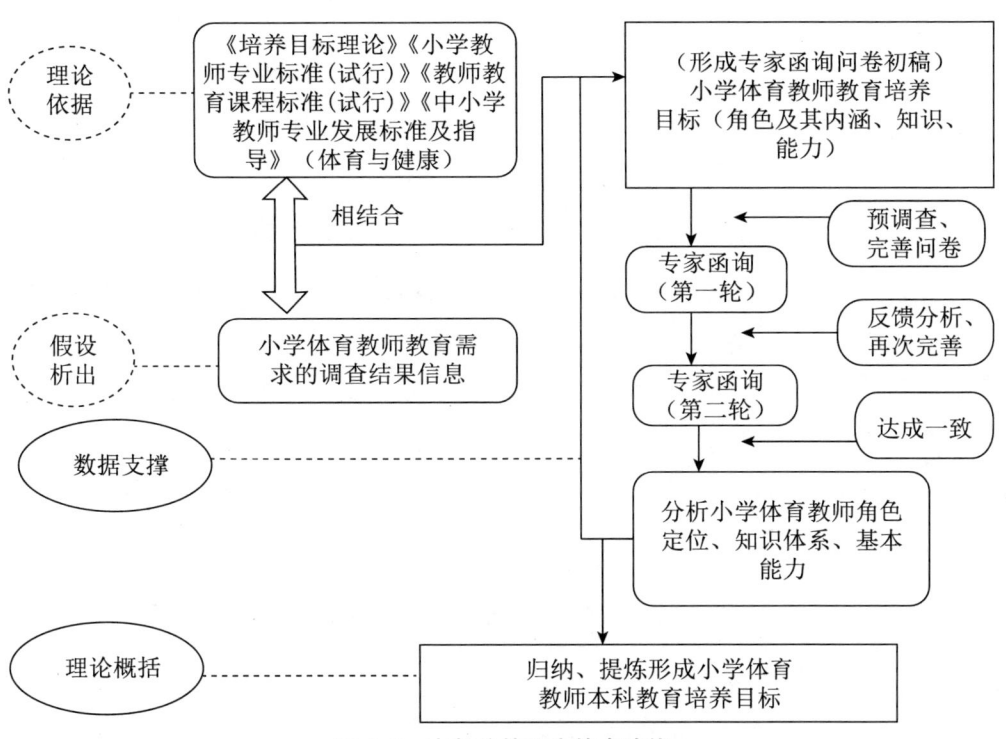

图 6.3　本部分的研究技术路线

### （二）研究结果与分析

在经过预调查和正式的两轮函询后，经过统计学分析，结果表明专家意见基

本达成一致,趋向稳定状态。因此,结束专家函询,现将研究结果报告如下:

1. 专家情况统计结果

(1) 专家分布情况

专家分布情况如表 6.1 所示。

表 6.1 样本量的分布情况

| 序号 | 地域 | 体育教育专业分布 | 调查分布 |
| --- | --- | --- | --- |
| 1 | 西北(陕西、甘肃、宁夏、青海、新疆) | 29 | 3 |
| 2 | 华北(北京、天津、河北、山西、内蒙古) | 40 | 4 |
| 3 | 东北(辽宁、吉林、黑龙江) | 24 | 2 |
| 4 | 西南(重庆、四川、贵州、云南、西藏) | 56 | 5 |
| 5 | 华中(湖北、湖南、河南) | 56 | 5 |
| 6 | 华东(山东、上海、江苏、浙江、安徽、江西、福建) | 81 | 8 |
| 7 | 华南(广东、广西、海南) | 27 | 3 |
|  | 总计 | 313 | 30 |

首先满足广分布原则。依据黄汉升教授的研究成果,在全国体育教育专业分布研究的基础上,根据预设样本量进行计算得出每个区域应该调查的样本量。为了保障样本量在预设 30 人的样本量的基础上,第一轮共邀请专家 35 位,接受邀请的专家 34 位(97%)中有效应答 25 位(74%)。第二轮有效应答 22 位(88%)。第一轮有效应答的专家来源遍及全国 14 个省份,涉及 18 所开办体育教育专业的高校(表 6.2)。

表 6.2 函询专家的地理位置分布情况(人)

| 地域 | 邀请专家数 | 接受邀请的专家数 | 有效应答专家人数 | |
| --- | --- | --- | --- | --- |
|  |  |  | 第一轮 | 第二轮 |
| 西北地区 | 4 | 4 | 4 | 3 |
| 华北地区 | 5 | 5 | 5 | 5 |
| 东北地区 | 2 | 2 | 1 | 1 |
| 西南地区 | 5 | 5 | 1 | 1 |

续表

| 地域 | 邀请专家数 | 接受邀请的专家数 | 有效应答专家人数 | |
|---|---|---|---|---|
| | | | 第一轮 | 第二轮 |
| 华中地区 | 8 | 8 | 8 | 7 |
| 华东地区 | 8 | 7 | 4 | 3 |
| 华南地区 | 3 | 3 | 2 | 2 |
| 总计 | 35 | 34 | 25 | 22 |

函询专家分别来自北京体育大学、华中师范大学、苏州大学、河南师范大学、安徽师范大学、三峡大学、湖南理工学院、陕西师范大学、安徽师范大学、湖北工程学院、西安体育学院、沈阳师范大学、广州第二师范学院、河北师范大学、山西师范大学、广西师范大学、江西师范大学、首都体育学院18所单位（图6.4）。

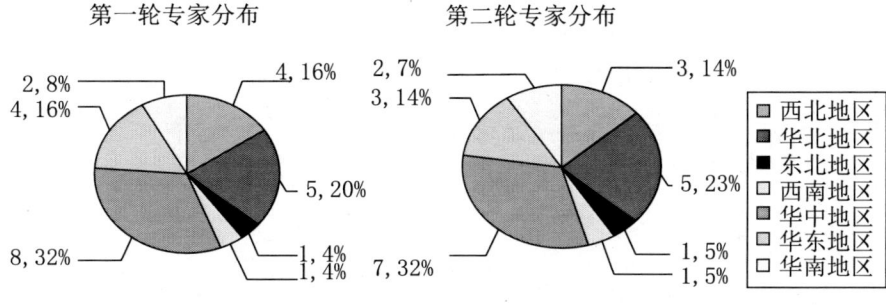

图6.4 第一轮、第二轮专家地域分布图

（2）专家基本情况统计

专家基本情况如表6.3所示。

表6.3 专家基本情况一览表

| 变量 | 分组 | 第一轮（n=25） | | 第二轮（n=22） | |
|---|---|---|---|---|---|
| | | 人数 | 比例（%） | 人数 | 比例（%） |
| 年龄（岁） | 35~39 | 4 | 16 | 3 | 13.7 |
| | 40~49 | 13 | 52 | 11 | 50 |
| | 50~59 | 6 | 24 | 6 | 27.3 |
| | ≥60 | 2 | 8 | 2 | 9 |

续表

| 变量 | 分组 | 第一轮 ($n=25$) | | 第二轮 ($n=22$) | |
| --- | --- | --- | --- | --- | --- |
| | | 人数 | 比例（%） | 人数 | 比例（%） |
| 职称 | 副教授 | 4 | 16 | 3 | 13.7 |
| | 教授 | 21 | 84 | 19 | 86.3 |
| 工作年限 | ≤10 | 1 | 4 | 1 | 4.5 |
| | 10~19 | 6 | 24 | 4 | 18.2 |
| | 20~29 | 10 | 40 | 9 | 40.9 |
| | ≥30 | 8 | 32 | 8 | 36.4 |
| 职务 | #院长 | 12 | 48 | 11 | 50 |
| | *主任 | 4 | 16 | 3 | 13.7 |
| | 其他 | 1 | 4 | 1 | 4.5 |
| | 无职务 | 8 | 32 | 7 | 31.8 |
| 学历 | 本科 | 3 | 12 | 3 | 13.7 |
| | 硕士研究生 | 5 | 20 | 5 | 22.7 |
| | 博士研究生 | 17 | 68 | 14 | 63.6 |
| 担任导师 | 博士 | 10 | 40 | 10 | 45.5 |
| | 硕士 | 13 | 52 | 10 | 45.5 |
| | 无 | 2 | 8 | 2 | 9 |
| 单位性质 | 综合类 | 6 | 24 | 6 | 27.3 |
| | 师范类 | 12 | 48 | 10 | 45.5 |
| | 理工类 | 1 | 4 | 1 | 4.5 |
| | 体育类 | 5 | 20 | 4 | 18.2 |
| | 民族类 | 1 | 4 | 1 | 4.5 |
| 研究方向 | ※学校体育学 | 19 | 76 | 17 | 77.3 |
| | 少儿田径 | 1 | 4 | 1 | 4.5 |
| | 心理学 | 1 | 4 | 1 | 4.5 |
| | 体操 | 1 | 4 | 0 | 0 |

注：#院长包含院长和副院长，*主任包含系主任、教研室主任，※学校体育学包括体育课程与教学论、体育教学理论与实践、体育教学与训练、体育教育、体育教学。

## 2. 专家咨询的可靠性分析

特尔菲法是这一部分研究的主要方法。专家咨询的可靠性指标主要包括：专家的代表性、积极性、权威性及专家意见的协调性。[①] 研究通过对这些指标的分析来判断本项研究结果的可靠性，这一结果将是本研究是否具有学术价值的重要依据。

（1）专家的代表性分析

Delphi法应用的成败关键在于专家的选择[②③④]。本项目在研究设计时就对专家的选择条件做了较为细致的标准预设，研究的开展就是按照此标准进行具有良好代表性的专家选择。本书是涉及教育、关乎体育教师培养的问题，严谨度更是不言而喻。函询专家均来自体育教育专业的各个岗位，其中20年以上工龄的专家占研究专家总人数的70%以上，所有的函询专家中86%以上具有硕士以上学历，博士生导师达到40%以上。充分表明本书专家选择的代表性很高。

（2）专家的积极性系数（Caj）

问卷的回收率、专家的反馈时间、专家的建议等指标可以反映出专家参与本项研究的积极性。社会学研究方法认为[⑤]专家函询结果的问卷回收率达到50%就可以用来分析和报告，回收率达到60%为"好"，达到70%为"非常好"。

在问卷发放的信函中明确要求2周内返回问卷，研究严格按照2周内的收回问卷数为回收问卷的数量，有效问卷产生于2周内回收问卷中。在样本量的基础上增加4份问卷发放数量，以保障研究样本量的有效性，2周内回收的问卷25份，占发放总量的73.5%，充分说明专家对本研究的合作程度比较高（表6.4）。

---

① 蒲昫顗. Delphi-AHP法在医学院校实验教学准备评价体系研究中的应用[D]. 重庆：重庆医科大学，2014，4：32-33.

② Hasson F., Keeney S., McKenna H. Research guidelines for the Delphi survey technique [J]. Journal of Advanced Nursing, 2000, 32 (4)：1008-1015.

③ Skulmoski GL., Hartman FT., Krahn J. The Delphi method for graduate research [J]. Journal of Information Technology, 2007, 6 (1)：1-21.

④ Boendemaker PM, Conradi MH, Schuling J, et al. Core characteristics of the competent general practice trainer, a Delphi study [J]. Advances in health sciences education：theory and practice, 2003, 8 (2)：111-116.

⑤ 季新强, 刘志民. Delphi法及其在医学研究和决策中的应用[J]. 中国药物依赖性杂志, 2006；15 (6)：422-426.

表 6.4　问卷回复时间统计表

| 回复时间 | 第一轮 | | 第二轮 | |
| --- | --- | --- | --- | --- |
| | 份数 | 百分比（%） | 份数 | 百分比（%） |
| 2 周内 | 25 | 73.5 | 22 | 88 |
| 延迟 1~2 周 | 1 | 2.9 | 0 | 0 |
| 延迟 2 周以上 | 3 | 8.8 | 1 | 4 |
| 未回复 | 5 | 14.7 | 2 | 8 |

第一轮问卷发放 34 份，回收 29 份，回收率 85.3%，有效问卷 25 份，有效率 86.2%；第二轮问卷发放 25 份，回收 23 份，回收率 92%，有效问卷 22 份，有效率 95.7%。在两轮的函询当中，专家从各种角度给予了相关的建议，第一轮的 25 份有效问卷中，专家建议 11 人，占有效回复专家的 44%；第二轮的 22 份有效问卷中，专家建议 3 人，占总人数的 13.6%。这些建议不仅对问卷的进一步修改和完善起到了至关重要的作用，同时还充分表明专家对本书的投入程度较高（表 6.5）。

表 6.5　问卷的发放与回收情况统计表

| 发放轮次 | 发放数量（份） | 问卷回收情况 | | | | 专家提出建议情况 | |
| --- | --- | --- | --- | --- | --- | --- | --- |
| | | 回收问卷（份） | 回收率（%） | 有效问卷（份） | 有效率（%） | 专家人数（人） | 百分比（%） |
| 第一轮 | 34 | 29 | 85.3 | 25 | 86.2 | 11 | 44 |
| 第二轮 | 25 | 23 | 92 | 22 | 95.7 | 3 | 13.6 |

（3）专家的权威程度（$C_r$）

有研究表明，专家的权威系数大于或等于 0.70 为可接受的信度，大于 0.80 则表明专家对所选内容的把握性较大。专家的权威程度与预测精度存在函数关系，随着专家权威程度的提高，预测精度也会随之提高[1][2]。本研究的权威系数均在 0.85 以上，充分说明，函询专家权威程度较高，研究结果较为可靠。具体

---

[1] 曾友燕，王志红，吕伟波. 社区家庭护理服务内容的研究 [J]. 护士进修杂志，2007，22（5）：409-410.
[2] Hasson F., Keeney S., McKenna H. Research guidelines for the Delphi survey techniques [J]. Journal of Advanced Nursing, 2000, 32 (4): 1008-1015.

操作如下。

根据问卷调查所获取的专家自评信息,通过专家对各部分内容的熟悉程度及判断依据计算出专家的权威程度。

①专家的熟悉程度($Cs$)(表6.6)

表6.6 专家对调查内容的熟悉程度统计表

| 内容 | 轮次 | 熟悉程度 | | | | | $Cs$ |
|---|---|---|---|---|---|---|---|
| | | 很熟悉 | 比较熟悉 | 一般熟悉 | 不太熟悉 | 不熟悉 | |
| 职前小学体育教师角色定位及角色内涵 | 第一轮 | 11 | 13 | 1 | 0 | 0 | 0.88 |
| | 第二轮 | 11 | 10 | 1 | 0 | 0 | 0.87 |
| 职前小学体育教师核心知识 | 第一轮 | 9 | 14 | 2 | 0 | 0 | 0.85 |
| | 第二轮 | 10 | 11 | 1 | 0 | 0 | 0.88 |
| 职前小学体育教师基本能力 | 第一轮 | 12 | 11 | 2 | 0 | 0 | 0.87 |
| | 第二轮 | 12 | 9 | 1 | 0 | 0 | 0.90 |

注:专家对调查内容的熟悉程度进行赋值,"很熟悉"=1.0;"比较熟悉"=0.8;"一般熟悉"=0.5;"不太熟悉"=0.2;"不熟悉"=0。①

以上研究结果表明,调查的专家群对三方面研究内容的熟悉程度自我评价均值较高,平均值均在0.85以上,充分说明调查专家对研究内容的熟悉程度,这一结果为本研究的顺利进行打下良好的基础,也确保了研究结果的可信度。

②判断依据($Ca$)

$Ca$ 表示判断影响程度系数。专家一般以 $Ca1$ "理论分析"、$Ca2$ "实践经验"、$Ca3$ "对国内外情况的了解"、$Ca4$ "直观感觉"等作为判断依据,分为大——影响因素大、中——影响因素中、小——影响因素小三级进行判断选择,三级赋值情况分别是理论分析(0.3,0.2,0.1)、实践经验(0.5,0.4,0.3)、对国内外情况的了解和直观感觉(均赋0.1)。因此,专家对调查内容判断依据

---

①曾友燕,王志红,吕伟波.社区家庭护理服务内容的研究[J].护士进修杂志,2007,22(5):409-410.

系数为以上四项赋值之和，即 Ca = Ca1+Ca2+Ca3+Ca4 = Ca1+Ca2+0.2。① 判断系数 Ca≤1，当 Ca=1 时，判断依据对专家的影响程度很大；当 Ca=0.8 时，对专家判断的影响程度中等；当 Ca=0.6 时，影响程度较小。本项研究的结果显示，Ca 值在 0.84~0.86，表明判断依据对专家的影响程度中等（表6.7）。

表 6.7 专家判断依据统计表

| 内容 | 轮次 | Ca1 各分值选择的人数 | | | Ca2 各分值选择的人数 | | | Ca |
|---|---|---|---|---|---|---|---|---|
| | | 0.3 | 0.2 | 0.1 | 0.5 | 0.4 | 0.3 | |
| 职前小学体育教师角色定位及角色内涵 | 第一轮 | 5 | 12 | 8 | 16 | 8 | 1 | 0.85 |
| | 第二轮 | 4 | 11 | 7 | 15 | 6 | 1 | 0.85 |
| 职前小学体育教师核心知识 | 第一轮 | 4 | 12 | 9 | 16 | 9 | 0 | 0.84 |
| | 第二轮 | 4 | 9 | 9 | 15 | 7 | 0 | 0.85 |
| 职前小学体育教师基本能力 | 第一轮 | 6 | 10 | 9 | 17 | 7 | 1 | 0.85 |
| | 第二轮 | 5 | 10 | 7 | 16 | 6 | 0 | 0.86 |

专家的权威程度：根据专家自评的判断依据 Ca 和熟悉程度 Cs 计算专家权威系数 Cr=（Ca+Cs）/2，结果如表6.8所示。

表 6.8 专家权威系数计算结果

| 内容 | 轮次 | Cr |
|---|---|---|
| 职前小学体育教师角色定位及角色内涵 | 第一轮 | 0.87 |
| | 第二轮 | 0.86 |
| 职前小学体育教师核心知识 | 第一轮 | 0.85 |
| | 第二轮 | 0.87 |
| 职前小学体育教师基本能力 | 第一轮 | 0.86 |
| | 第二轮 | 0.88 |

---

① 陈青山，王声湧，董晓梅，等. 在 Excel 中完成 Delphi 法评价指标的计算 [J]. 数理医药学杂志，2004，17（1）：73-76.

专家的权威程度与研究预测结果之间存在着函数关系,呈正相关。专家权威程度越高,研究预测的准确度也就会越高[1]。一般研究认为,Cr=0.70 为可接受信度[2][3],本研究 Cr 均在 0.85 以上,充分说明,本研究的函询专家权威程度较高,研究结果较为可靠。

（4）专家意见的协调程度

①变异系数

公式：
$$CV = \frac{ST}{MN}$$

其中,$CV$ 表示变异系数；$ST$ 表示标准差；$MN$ 表示均值。

变异系数（Coefficient of Variation）,是标准差与其平均数的比值,用于比较两组数据离散程度大小,数值的大小能反映出专家对于相同问题的意见差异程度,数据越大说明他们的意见分歧越大,相反,如果数据值相对较小时,则说明专家对于这一问题意见的相同度较高。本研究通过计算每项指标的标准差和变异系数来反映,第一轮函询各指标的变异系数均小于 0.372,其中有一个指标的变异系数值为 0.000,即专家意见完全一致；第二轮函询各指标的变异系数均小于 0.151,其中有两项指标的变异系数值为 0.000,即专家意见呈高度一致。

②和谐系数（表 6.9）

表 6.9　两轮问卷和谐系数对照表

| | 第一轮 | 第二轮 |
| --- | --- | --- |
| 样本量（$N$） | 25 | 22 |
| 变异系数（$CV$） | 0.000~0.372 | 0.000~0.151 |
| 和谐系数（$W$） | 0.385 | 0.678 |
| $\chi^2$ | 770.996 | 1418.612 |
| $P$ | 0.000** | 0.000** |

注：** 表示 $P<0.01$,具有显著性差异。

---

[1] 曾友燕,王志红,吕伟波. 社区家庭护理服务内容的研究 [J]. 护士进修杂志,2007,22（5）：409-410.
[2] Hasson F., Keeney S., McKenna H. Research guidelines for the Delphi survey techniques [J]. Journal of Advanced Nursing, 2000, 32（4）：1008-1015.
[3] 张恒,沈宁. 我国护理学硕士研究生核心知识体系研究 [J]. 中华护理杂志,2007,42（4）：347-349.

专家意见的协调程度能充分说明参与该项研究的各位专家对各个指标的打分情况是否存在较大分歧[1]。运用非参数检验，所得数据表明：第一轮和谐系数为 0.385，第二轮和谐系数为 0.678，说明专家的意见在两轮函询过程中和谐程度逐渐增高，意见已基本趋于一致。$x^2$ 显著性检验结果显示，两轮函询结果，$P$ 值均小于 0.001，差异非常显著，具有统计学意义。

3. 第一轮问卷的结果

第一轮函询后，根据条目修改原则，依据专家选择的结果和建议对问卷进行了修改，修改的结果如下：删除了 18 个专家选择重要程度——4 分的选择率<80%，且满分率（5 分选择率）<50%的条目；合并了二级指标中的 2 个条目为 1 个，三级指标中的 58 个条目为 28 个；修改、调整了 19 个条目；增加了 2 个条目。

4. 第二轮问卷的结果与分析

第二轮专家函询问卷是在第一轮专家函询结果的基础上修订后形成的，分别邀请第一轮有效应答的函询专家继续参与第二轮函询，统计结果分析表明，专家意见基本一致，趋势稳定，因此终止了函询。依据第一轮问卷的修改原则，对第二轮问卷的函询结果进行处理与分析。具体结果与分析如下。

（1）小学体育教师职前教育的角色定位及角色内涵

小学体育教师的角色定位和角色内涵，是指本科阶段职前教育后学生被期望扮演的角色以及角色应该发挥的作用。通过查阅和分析文献，结合前期的结果，初步对小学体育教师职前教育的角色定位设计为：学校体育工作的设计者、学校体育工作的组织与实施者、学校体育工作的激励与评价者、学校体育工作的沟通与合作者、学校体育工作的反思与发展者。经过两轮专家函询，最终将小学体育教师的角色定位修订为：小学体育工作的设计者、小学体育工作的组织与实施者、小学体育工作的激励与评价者、小学体育工作的沟通与合作者、小学体育工作的反思与发展者，每一种角色定位又被赋予了 3 种内涵的解读。

---

[1] Cabral D, Katz JN, Weinblatt ME, et al. Development and assessment of indicators of rheumatoid arthritis severity: results of a Delphi panel [J]. Arthritis Care Research, 2005, 3 (1): 61-66.

表 6.10　小学体育教师职前教育的角色定位

| 序号 | 角色定位（权重） | ≥4分的人数 | 百分比（%） | 满分人数 | 百分比（%） |
| --- | --- | --- | --- | --- | --- |
| 1 | 小学体育工作的设计者 0.198 | 22 | 100 | 16 | 72.7 |
| 2 | 小学体育工作的组织与实施者 0.208 | 22 | 100 | 21 | 95.4 |
| 3 | 小学体育工作的沟通与合作者 0.195 | 21 | 95.4 | 17 | 77.2 |
| 4 | 小学体育工作的激励与评价者 0.198 | 22 | 100 | 14 | 63.6 |
| 5 | 小学体育工作的反思与发展者 0.200 | 21 | 95.4 | 18 | 81.8 |

研究结果显示，小学体育教师职前教育在正式走向工作岗位时必须具备 5 种角色（表 6.10）。而在 5 种角色定位中，"小学体育工作的设计者""小学体育工作的组织与实施者""小学体育工作的激励与评价者"三项认同率很高，等于 4 分的选择率均为 100%，其中第二项"小学体育工作的组织与实施者"的认同率又高于其他两项，百分人数占专家总人数的 95.4%，被认为是小学体育教师职前教育的角色定位最为重要的一项，其次是"小学体育工作的设计者""小学体育工作的激励与评价者""小学体育工作的反思与发展者""小学体育工作的沟通与合作者"。

研究结果显示，"小学体育工作的设计者""小学体育工作的组织与实施者""小学体育工作的沟通与合作者""小学体育工作的激励与评价者""小学体育工作的反思与发展者"5 种角色定位中，专家对小学体育教师的 5 种角色选择率达到 95% 以上，其中"小学体育工作的设计者""小学体育工作的组织与实施者""小学体育工作的激励与评价者"3 种角色的选择率达到 100%，5 种角色定位的满分率在 60% 以上。因此认为，小学体育教师是一个多角色的工作，这 5 种角色都是小学体育教师必须承担的角色。满分率达到 80% 以上的有两个角色，分别是"小学体育工作的组织与实施者"95.4%、"小学体育工作的反思与发展者"81.8%，其权重分别是 0.208、0.200，这说明这两个角色是小学体育教师承担的角色的首要角色。各个角色之间的权重差异较小，表明小学体育教师的多角色特征。

在对小学体育教师角色内涵的进一步研究中，按照 5 种角色定位分别将小学体育教师的角色功能分为教学、课外活动以及课余训练与竞赛三个任务维度进行界定，也得到了专家的一致认同，其研究结果显示：整体而言，5 种角色的内涵选项中，4 分以上的选择率都在 95% 以上，满分率的选择中，小学体育与健康课程教学、课外体育活动的功能内涵得到了更多的选择，而课余训练和比赛则选择率明显较低。其中"小学体育工作的组织与实施者"的角色内涵中,教学和课外活动的满分选择率达到95%以上,而课余训练和比赛任务的满分率为77.2%。"小学体育工作的反思与发展者"的角色内涵中,教学和课外活动的满分率为86.3%,而课余训练和比赛的满分率为63.6%。"小学体育工作的设计者"教学的满分率为90.9%,课外活动的满法率为81.8%,而课余训练和比赛的满分率为54.5%。"小学体育工作的沟通与合作者"教学的满分率为90.9%,课外活动的满分率为72.7%,课余训练和比赛的满分率为54.5%。"小学体育工作的激励与评价者"教学和课外活动的满分率为81.8%,课余训练和比赛的满分率为54.5%(表6.11)。

综上所述,小学体育教师的培养目标应定位于培养承担多重角色的实践性专门人才。

表6.11 小学体育教师职前教育的角色内涵

| 角色 | 角色的内涵 | ≥4分的人数 | 百分比(%) | 满分人数 | 百分比(%) |
| --- | --- | --- | --- | --- | --- |
| A1 小学体育工作的设计者 0.198 | A1.1 小学体育与健康课程教学的设计者 0.345 | 22 | 100 | 20 | 90.9 |
| | A1.2 小学课外体育活动的设计者 0.339 | 22 | 100 | 18 | 81.8 |
| | A1.3 小学体育课余训练和比赛的设计者 0.316 | 21 | 95.4 | 12 | 54.5 |
| A2 小学体育工作的组织与实施者 0.208 | A2.1 小学体育与健康课程教学的组织与实施者 0.338 | 22 | 100 | 21 | 95.4 |
| | A2.2 小学课外体育活动的组织与实施者 0.340 | 22 | 100 | 21 | 95.4 |
| | A2.3 小学体育课余训练和比赛的组织与实施者 0.330 | 21 | 95.4 | 17 | 77.2 |
| A3 小学体育工作的沟通与合作者 0.195 | A3.1 小学生在体育与健康课程教学中的沟通与合作者 0.344 | 22 | 100 | 20 | 90.9 |
| | A3.2 小学生在课外体育活动中的沟通与合作者 0.335 | 22 | 100 | 16 | 72.7 |
| | A3.3 小学生在小学体育课余训练和比赛中的沟通与合作者 0.321 | 22 | 100 | 12 | 54.5 |

续表

| 角色 | 角色的内涵 | ≥4分的人数 | 百分比(%) | 满分人数 | 百分比(%) |
|---|---|---|---|---|---|
| A4 小学体育工作的激励与评价者 0.198 | A4.1 小学体育与健康课程教学的激励与评价者 0.341 | 22 | 100 | 18 | 81.8 |
| | A4.2 小学课外体育活动的激励与评价者 0.337 | 21 | 95.4 | 18 | 81.8 |
| | A4.3 小学体育课余训练和比赛的激励与评价者 0.317 | 21 | 95.4 | 12 | 54.5 |
| A5 小学体育工作的反思与发展者 0.200 | A5.1 小学体育与健康课程教学的反思与发展者 0.340 | 22 | 100 | 19 | 86.3 |
| | A5.2 小学课外体育活动的反思与发展者 0.337 | 21 | 95.4 | 19 | 86.3 |
| | A5.3 小学体育课余训练和比赛的反思与发展者 0.321 | 21 | 95.4 | 14 | 63.6 |

（2）小学体育教师的知识结构

小学体育教师的知识结构，是指本科阶段职前教育后学生应该掌握的知识体系。根据教师课程标准，将小学教师职前教育的知识结构分为4类，并对每一类进行了界定。

研究结果显示，专家普遍认为小学体育教师职前教育的重点应该掌握小学生发展知识、体育学科知识、教育教学知识，这3项的选择率和满分率选择率均为100%。其次，通识知识也比较重要，它的选择率为100%，满分率为36.3%（表6.12）。

表6.12 小学体育教师职前教育的知识结构统计

| 序号 | 知识结构 | ≥4分的人数 | 百分比(%) | 满分人数 | 百分比(%) |
|---|---|---|---|---|---|
| 1 | 小学生发展知识 0.258 | 22 | 100 | 22 | 100 |
| 2 | 体育学科知识 0.258 | 22 | 100 | 22 | 100 |
| 3 | 教育教学知识 0.258 | 22 | 100 | 22 | 100 |
| 4 | 通识知识 0.225 | 22 | 100 | 8 | 36.3 |

根据小学生发展知识、体育学科知识、教育教学知识、通识知识4个类别对小学体育教师职前教育需要必备的知识结构内涵进行拟定，研究结果显示，拟定

的 21 条知识结构内涵得到了各位专家的一致认可，其中等于 4 分的选择率均高于 90%，16 个条目的内容满分率大于 60%，这 16 条知识被认为是小学体育教师职前教育必须具备的知识，按照满分率和选择率他们依次分别是：基本掌握小学体育教育教学的基本理论与方法；基本掌握小学体育课外活动的理论与方法；基本掌握运动人体科学类基础知识；初步了解体育专业各项运动技术与理论；基本掌握不同年龄小学生的认知规律和教育心理学的基本原理与方法；初步了解不同年龄及有特殊需要的小学生身心发展特点和规律，初步掌握保护和促进小学生身心健康发展的策略与方法；初步了解不同年龄小学生体育学习、活动的特点，初步了解小学生体育良好行为习惯养成的知识；基本掌握体育人文类基础知识；基本掌握小学生品行养成的特点和规律；初步了解关于小学生生存、发展和保护的有关法律法规及政策规定；初步了解小学体育安全防护的知识，初步掌握针对小学生体育活动中可能出现的各种侵占与伤害行为的预防与应对方法；基本掌握小学体育课余训练和比赛的理论与方法；具有适应体育教育内容、教学手段和方法现代化的信息技术知识；初步了解幼小和小初衔接阶段小学生的心理特点，初步掌握小学生心理顺利过渡的方法；初步了解对小学生进行青春期和性健康教育的知识和方法；有 1~2 个专长运动项目。要力争掌握的知识有 5 条：初步了解体育学科与社会实践、少先队活动和其他学科的联系；基本掌握体育与健康课程标准等教学指导性文件的精神、内容及小学体育教学知识；具有相应的自然科学和人文科学知识；了解中国体育教育基本情况；具有相应的体育艺术欣赏与体育表现知识（表 6.13）。

表 6.13　小学体育教师职前教育知识结构内涵统计

| 类别 | 拟定的知识结构内涵 | ≥4 分的人数 | 百分比（%） | 满分人数 | 百分比（%） |
| --- | --- | --- | --- | --- | --- |
| B1 小学生发展知识 0.258 | B1.1 初步了解关于小学生生存、发展和保护的有关法律法规及政策规定 0.329 | 22 | 100 | 18 | 81.8 |
| | B1.2 初步了解不同年龄及有特殊需要的小学生身心发展特点和规律，初步掌握保护和促进小学生身心健康发展的策略与方法 0.335 | 22 | 100 | 20 | 90.9 |
| | B1.3 初步了解不同年龄小学生体育学习、活动的特点，初步了解小学生体育良好行为习惯养成的知识 0.335 | 22 | 100 | 20 | 90.9 |

续表

| 类别 | 拟定的知识结构内涵 | ≥4分的人数 | 百分比(%) | 满分人数 | 百分比(%) |
|---|---|---|---|---|---|
| B1 小学生发展知识 0.258 | B1.4 初步了解幼小和小初衔接阶段小学生的心理特点，初步掌握小学生心理顺利过渡的方法 0.331 | 22 | 100 | 15 | 68.1 |
| | B1.5 初步了解对小学生进行青春期和性健康教育的知识和方法 0.331 | 22 | 100 | 15 | 68.1 |
| | B1.6 初步了解小学体育安全防护的知识，初步掌握针对小学生体育活动中可能出现的各种侵占与伤害行为的预防与应对方法 0.337 | 22 | 100 | 18 | 81.8 |
| B2 体育学科知识 0.258 | B2.1 基本掌握运动人体科学类基础知识 0.334 | 22 | 100 | 21 | 95.4 |
| | B2.2 基本掌握体育人文类基础知识 0.331 | 22 | 100 | 20 | 90.9 |
| | B2.3 初步了解体育专业各项运动技术与理论 0.334 | 22 | 100 | 21 | 95.4 |
| | B2.4 有1~2个专长运动项目 0.332 | 22 | 100 | 15 | 68.1 |
| | B2.5 初步了解体育学科与社会实践、少先队活动和其他学科的联系 0.321 | 20 | 90.9 | 11 | 50 |
| B3 小学体育教育教学知识 0.258 | B3.1 基本掌握小学体育教育教学的基本理论与方法 0.354 | 22 | 100 | 22 | 100 |
| | B3.2 基本掌握小学体育课外活动的理论与方法 0.341 | 22 | 100 | 22 | 100 |
| | B3.3 基本掌握小学体育课余训练和比赛的理论与方法 0.329 | 22 | 100 | 18 | 81.8 |
| | B3.4 基本掌握小学生品行养成的特点和规律 0.329 | 22 | 100 | 20 | 90.9 |
| | B3.5 基本掌握不同年龄小学生的认知规律和教育心理学的基本原理与方法 0.345 | 22 | 100 | 21 | 95.4 |
| | B3.6 基本掌握体育与健康课程标准等教学指导性文件的精神、内容以及小学体育教学知识 0.348 | 22 | 100 | 8 | 36.3 |

续表

| 类别 | 拟定的知识结构内涵 | ≥4分的人数 | 百分比(%) | 满分人数 | 百分比(%) |
|---|---|---|---|---|---|
| B4 体育通识知识 0.225 | B4.1 具有相应的自然科学和人文科学知识 0.306 | 22 | 100 | 8 | 36.3 |
| | B4.2 了解中国体育教育基本情况 0.323 | 21 | — | 8 | 36.3 |
| | B4.3 具有相应的体育艺术欣赏与体育表现知识 0.323 | 22 | 100 | 7 | 31.8 |
| | B4.4 具有适应体育教育内容、教学手段和方法现代化的信息技术知识 0.353 | 22 | 100 | 16 | 72.7 |

（3）小学体育教师的基本能力

小学体育教师的基本能力，是指学生经过职前本科阶段小学体育教师专业方向的培养后在承担小学体育教师任务时所必须具备的技能与行为。本研究将小学体育教师的能力按照任务划分为三个类别，每个类别包括 5 个领域：Ⅰ—设计；Ⅱ—组织与实施；Ⅲ—激励与评价；Ⅳ—沟通与合作；Ⅴ—反思与发展。按照领域分别对每个能力类别进行细致的描述。根据职前教育的特点，本科阶段培养后学生应该获得的基本能力的具体描述句式为"基本具备××的能力"。

研究结果表明：小学体育教师应具备三个方面的能力，包括教学方面的能力、课外活动方面的能力和课余训练方面的能力，这三个方面的能力选择率均达到100%，依据满分率的排序：教学方面的能力 100%、课外活动方面的能力 95.4%、课余训练方面的能力 63.6%，充分体现了小学体育教师的工作性质和关注重点（表6.14）。

表 6.14 小学体育教师职前教育基本能力类别及界定统计

| 代码 | 基本能力类别 | 涵义界定 | ≥4分的人数 | 百分比(%) | 满分人数 | 百分比(%) |
|---|---|---|---|---|---|---|
| C1 | 小学体育与健康课程教学方面的能力 0.342 | 指具有把控课堂，传授体育与健康知识，并能对学生进行思想引领 | 22 | 100 | 22 | 100 |
| C2 | 小学课外体育活动方面的能力 0.339 | 指能有效组织并指导学生个体或集体进行课外锻炼、课外活动 | 22 | 100 | 21 | 95.4 |

续表

| 代码 | 基本能力类别 | 涵义界定 | ≥4分的人数 | 百分比(%) | 满分人数 | 百分比(%) |
|---|---|---|---|---|---|---|
| C3 | 小学体育课余训练和比赛方面的能力 0.317 | 指能根据小学生的身心发育特点，对有特长和爱好的小学生进行某一运动项目较为科学的训练、组织相应的体育比赛 | 22 | 100 | 14 | 63.6 |

小学体育教师的三个方面能力按照五个维度进行，总计条目60项，结果显示，各个能力的选择率均在90%以上。

①教学方面的能力

在教学方面的能力方面，根据专家选项满分率的比例，依次如下。制订小学体育与健康课程教育教学计划与安排（学段、学年、学期）；能够依据教学目标设计教学进程；能根据不同的学情、资源条件选用合适的教材（教学内容）、确定学习的重点和难点、选用合理的组织形式和教学方法，并在教学方案中呈现；选用有效的练习方法、手段，这4个条目的满分率是95.4%。基于体育与健康课程标准、学习内容、初步的学情分析而确定教学目标并进行正确表述；有效地发出口令，调动队形；课堂调控能力，保证大部分时间用于教学重点环节，完成预定的教学任务，这3个条目的满分率是90.9%。根据教学需要进行场地器材的合理规划；体育课堂中的顺利导入，激发学生的体育学习兴趣、引导小学生形成良好的体育学习习惯；目的明确地进行正确、规范的动作示范，这3个条目的满分率是86.3%。应对小学体育与健康课程教学中的突发事件，这个条目的满分率是81.8%。运用适合不同水平小学生的教学语言指导学生学练，与领导、同事合作、交流、分享体育与健康课程的教学经验和资源，主动收集、分析小学体育与健康教育教学相关信息的意识和独立思考、解决教学中存在的问题，从而不断地改进体育与健康课程教学的各项工作，这3个条目的满分率是77.2%。以上都说明这些能力是小学体育教师必须具备的能力。

②课外体育活动方面的能力

根据满分率的选择情况认为，小学体育教师在课外体育活动方面应该具备的能力包括：能与学生就课外体育活动的内容、组织等情况进行沟通、交流，并培养小学生参与课外活动时的安全意识，传授应变、保护的方法和技巧，能根据学校的资源情况制订小学各级、各项课外活动计划，有主动收集、分析小学生课外体育活动相关信息的意识和独立思考、解决其中存在问题的能力，从而不断地改进课外活动的相关工作；具备组织大课间、早操的能力，能运用多种评价方式，在课外体育活动中给予小学生恰当的评价和指导，并能与领导、同事就课外体育活动的相关工作进行沟通、交流，指导小学生对参与课外体育活动进行自我评价与相互评价，并了解当前国际、国内关于小学阶段课外活动方面的新进展，能与家长就小学生参与课外体育活动的情况进行沟通、交流，同时具备在课外体育活动工作中的自我评价能力，具备课外活动工作总结的写作能力，组织体育社团活动的能力，还应争取具备根据学校的资源情况进行课外游戏的设计与开发，设计体育相关主题的班级和少先队活动的能力。

③课余体育训练和比赛方面的能力

必须具备的能力包括：在训练、比赛的相关工作中能与领导、同事进行有效的沟通与合作；在训练、比赛的相关工作中能与学生进行有效的沟通与合作；运用多种评价方式，在训练、比赛中给予小学生恰当的评价和指导。能够针对小学生的特点科学进行某个运动项目的业余训练；组织小学生运动会；运用科学的方法选拔参训、参赛学生；编制小学生运动会秩序册。组织小学生的各种体育比赛。能根据上级部门的竞赛计划制订小学年度体育训练计划、编排竞赛日程计划。制定小学生竞赛规程。通过训练比赛的观察与判断，发现更多具有潜力的小学生。应对训练、比赛中的突发事件。一般性裁判工作。指导小学生对训练、比赛情况进行自我评价与互相评价。训练、竞赛环境布置。在训练、比赛的相关工作中能与家长进行有效的沟通与合作。分析训练、比赛的相关信息，不断进行反思、改进训练、比赛工作。训练、竞赛成绩的记录与统计审查。在训练、比赛工作中的自我评价。争取具备的能力包括：了解国际、国内当前关于儿童训练、比赛方面的新进展；训练、比赛总结的写作。

小学体育教师职前教育的基本能力描述统计如表 6.15 所示。

表 6.15  小学体育教师职前教育必须达到的基本能力描述统计

| 类别 | 维度 | 描述 | ≥4 分的人数 | 百分比（%） | 满分人数 | 百分比（%） |
|---|---|---|---|---|---|---|
| C1 教学方面的能力 0.342 | Ⅰ 设计 | C1.1 制订小学体育与健康课程教育教学计划与安排（学段、学年、学期）0.044 | 22 | 100 | 21 | 95.4 |
| | | C1.2 基于体育与健康课程标准、学习内容、初步的学情分析而确定教学目标并进行正确表述 0.044 | 22 | 100 | 20 | 90.9 |

续表

| 类别 | 维度 | 描述 | ≥4分的人数 | 百分比（%） | 满分人数 | 百分比（%） |
|---|---|---|---|---|---|---|
| Ⅱ 组织与实施 | | C1.3 能够依据教学目标设计教学进程 0.044 | 22 | 100 | 21 | 95.4 |
| | | C1.4 能根据不同的学情、资源条件选用合适的教材（教学内容）、确定学习的重点和难点、选用合理的组织形式和教学方法，并在教学方案中呈现 0.044 | 22 | 100 | 21 | 95.4 |
| | | C1.5 根据教学需要进行场地器材的合理规划 0.044 | 22 | 100 | 19 | 86.3 |
| | | C1.6 有效地发出口令，调动队形 0.044 | 22 | 100 | 20 | 90.9 |
| | | C1.7 体育课堂中的顺利导入，激发学生的体育学习兴趣、引导小学生形成良好的体育学习习惯 0.044 | 22 | 100 | 19 | 86.3 |
| | | C1.8 运用适合不同水平小学生的教学语言指导学生学练 0.043 | 22 | 100 | 17 | 77.2 |
| | | C1.9 选用有效的练习方法、手段 0.044 | 22 | 100 | 21 | 95.4 |
| | | C1.10 目的明确地进行正确、规范的动作示范 0.044 | 22 | 100 | 19 | 86.3 |
| | | C1.11 课堂调控能力，保证大部分时间用于教学重点环节，完成预定的教学任务 0.044 | 22 | 100 | 20 | 90.9 |
| | | C1.12 合理运用现代教育技术 0.041 | 21 | 95.4 | 13 | 59.0 |
| | | C1.13 应对小学体育与健康课程教学中的突发事件 0.043 | 22 | 100 | 18 | 81.8 |
| Ⅲ 激励与评价 | | C1.14 运用多种评价方式，在体育教育教学中给予小学生恰当的评价和指导 0.044 | 21 | 95.4 | 19 | 86.3 |
| | | C1.15 在体育教学工作中的自我评价 0.042 | 22 | 100 | 15 | 68.1 |
| | | C1.16 指导小学生对参与体育课程的自我评价与互相评价 0.042 | 21 | 95.4 | 15 | 68.1 |
| Ⅳ 沟通与合作 | | C1.17 在体育教学中与小学生进行有效的沟通 0.044 | 21 | 95.4 | 19 | 86.3 |
| | | C1.18 就小学生体育教学的情况与家长进行有效的沟通 0.040 | 21 | 95.4 | 11 | 50.0 |
| | | C1.19 与领导、同事合作、交流、分享体育与健康课程的教学经验和资源 0.043 | 22 | 100 | 17 | 77.2 |

续表

| 类别 | 维度 | 描述 | ≥4分的人数 | 百分比（%） | 满分人数 | 百分比（%） |
|---|---|---|---|---|---|---|
| | Ⅴ 反思与发展 | C1.20 了解国际、国内当前关于小学体育与健康课程教学方面的新进展 0.042 | 22 | 100 | 14 | 63.6 |
| | | C1.21 主动收集、分析小学体育与健康教育教学相关信息的意识和独立思考、解决教学中存在的问题，从而不断地改进体育与健康课程教学的各项工作 0.043 | 22 | 100 | 17 | 77.2 |
| | | C1.22 体育与健康课程教学小结写作 0.041 | 22 | 100 | 13 | 59.0 |
| | | C1.23 撰写体育与健康课程教研报告 0.041 | 22 | 100 | 13 | 59.0 |
| C2 课外体育活动方面的能力 0.339 | Ⅰ 设计 | C2.1 根据学校的资源情况制订小学各级、各项课外活动计划 0.064 | 22 | 100 | 18 | 81.8 |
| | | C2.2 根据学校的资源情况进行课外游戏的设计与开发 0.060 | 21 | 95.4 | 13 | 59.0 |
| | Ⅱ 组织与实施 | C2.3 组织早操 0.063 | 21 | 95.4 | 17 | 77.2 |
| | | C2.4 组织大课间 0.064 | 22 | 95.4 | 18 | 81.8 |
| | | C2.5 组织体育社团活动 0.061 | 21 | 95.4 | 14 | 63.6 |
| | | C2.6 设计体育相关主题的班级和少先队活动 0.057 | 20 | 90.9 | 8 | 36.3 |
| | | C2.7 培养小学生参与课外活动时的安全意识，传授应变、保护的方法和技巧 0.064 | 22 | 100 | 19 | 86.3 |
| | Ⅲ 激励与评价 | C2.8 运用多种评价方式，在课外体育活动中给予小学生恰当的评价和指导 0.063 | 22 | 100 | 17 | 77.2 |
| | | C2.9 在课外体育活动工作中的自我评价 0.061 | 21 | 95.4 | 15 | 68.1 |
| | | C2.10 指导小学生对参与课外体育活动进行自我评价与相互评价 0.061 | 20 | 90.9 | 16 | 72.7 |
| | Ⅳ 沟通与合作 | C2.11 与学生就课外体育活动的内容、组织等情况进行沟通、交流 0.061 | 21 | 95.4 | 20 | 90.9 |
| | | C2.12 与家长就小学生参与课外体育活动的情况进行沟通、交流 0.061 | 20 | 90.9 | 15 | 68.1 |
| | Ⅴ 反思与发展 | C1.13 与领导、同事就课外体育活动的相关工作进行沟通、交流 0.063 | 21 | 95.4 | 17 | 77.2 |
| | | C2.14 了解当前国际、国内关于小学阶段课外活动方面的新进展 0.062 | 21 | 95.4 | 16 | 72.7 |

续表

| 类别 | 维度 | 描述 | ≥4分的人数 | 百分比（%） | 满分人数 | 百分比（%） |
|---|---|---|---|---|---|---|
| C3 课余体育训练和比赛方面的能力 0.317 | Ⅰ 设计 | C2.15 有主动收集、分析小学生课外体育活动相关信息的意识和独立思考、解决其中存在问题的能力，从而不断地改进课外活动的相关工作 0.064 | 22 | 100 | 18 | 81.8 |
| | | C2.16 课外活动工作总结的写作 0.061 | 21 | 95.4 | 14 | 63.6 |
| | | C3.1 能根据上级部门的竞赛计划制订小学年度体育训练计划、编排竞赛日程计划 0.047 | 22 | 100 | 17 | 77.2 |
| | | C3.2 编制小学生运动会秩序册 0.048 | 22 | 100 | 18 | 81.8 |
| | | C3.3 制定小学生竞赛规程 0.047 | 22 | 100 | 17 | 77.2 |
| | Ⅱ 组织与实施 | C3.4 运用科学的方法选拔参训、参赛学生 0.048 | 22 | 100 | 18 | 81.8 |
| | | C3.5 能够针对小学生的特点科学进行某个运动项目的业余训练 0.048 | 22 | 100 | 19 | 86.3 |
| | | C3.6 通过训练比赛的观察与判断，发现更多具有潜力的小学生 0.047 | 21 | 95.4 | 17 | 77.2 |
| | | C3.7 应对训练、比赛中的突发事件 0.047 | 22 | 100 | 17 | 77.2 |
| | | C3.8 训练、竞赛环境布置 0.047 | 22 | 100 | 15 | 68.1 |
| | | C3.9 一般性裁判工作 0.047 | 22 | 100 | 16 | 72.7 |
| | | C3.10 训练、竞赛成绩的记录与统计审查 0.046 | 22 | 100 | 14 | 63.6 |
| | | C3.11 组织小学生运动会 0.048 | 22 | 100 | 19 | 86.3 |
| | | C3.12 组织小学生的各种体育比赛 0.048 | 22 | 100 | 18 | 81.8 |
| | Ⅲ 沟通与合作 | C3.13 在训练、比赛的相关工作中能与领导、同事进行有效的沟通与合作 0.049 | 22 | 100 | 21 | 95.4 |
| | | C3.14 在训练、比赛的相关工作中能与学生进行有效的沟通与合作 0.049 | 22 | 100 | 20 | 90.9 |
| | | C3.15 在训练、比赛的相关工作中能与家长进行有效的沟通与合作 0.046 | 21 | 95.4 | 15 | 68.1 |
| | Ⅳ 激励与评价 | C3.16 运用多种评价方式，在训练、比赛中给予小学生恰当的评价和指导 0.049 | 22 | 100 | 20 | 90.9 |
| | | C3.17 在训练、比赛工作中的自我评价 0.046 | 21 | 95.4 | 14 | 63.6 |

续表

| 类别 | 维度 | 描述 | ≥4分的人数 | 百分比(%) | 满分人数 | 百分比(%) |
|---|---|---|---|---|---|---|
| V 反思与发展 | | C3.18 指导小学生对训练、比赛情况进行自我评价与互相评价 0046 | 20 | 90.9 | 16 | 72.7 |
| | | C3.19 了解国际、国内当前关于儿童训练、比赛方面的新进展 0.046 | 22 | 100 | 13 | 59.0 |
| | | C3.20 分析训练、比赛的相关信息,不断进行反思、改进训练、比赛工作 0.047 | 22 | 100 | 15 | 68.1 |
| | | C3.21 训练、比赛总结的写作 0.044 | 21 | 95.4 | 10 | 45.4 |

## (三) 小结

本部分采用改良特尔菲法对专家进行了两轮关于小学体育教师职前教育的函询,函询紧紧围绕小学体育教师的角色定位、内涵,小学体育教师职前应该具备的能力,以及小学体育教师职前培养时的知识结构进行,最终结果显示专家的意见一致。

根据专家的意见,新手小学体育教师将要承担"小学体育工作的设计者""小学体育工作的组织与实施者""小学体育工作的激励与评价者""小学体育工作的沟通与合作者""小学体育工作的反思与发展者"这5种角色,是一种多角色的职业类型,应该掌握的知识包括小学生发展知识、体育学科知识、教育教学知识和通识知识,应该基本具备小学体育与健康课方面的能力、小学体育课外活动方面的能力和小学体育课余训练、比赛方面的能力。

在最新的体育学科"教学质量国家标准"中,对培养目标的结构进行表述[①]。小学体育教师职前教育培养目标为:"培养热爱小学教育事业,掌握小学生发展知识、体育学科知识、教师教育知识、通识知识,具备小学体育与健康课程教学、课外体育活动、课余体育训练和比赛方面的能力,能在小学从事体育教育工作的应用型人才。"

根据研究结果归纳小学体育教师职前教育的规格:

---

[①]黄汉升. 我国高等学校体育学学科与专业的改革与发展——3个重要文件的编制说明与解读 [R]. 河北师范大学, 2015: 6.

1. 素质要求

（1）基本素质

热爱祖国，拥护中国共产党的领导，树立和践行社会主义核心价值观，具有高度的社会责任感和敬业精神；遵纪守法，诚实守信，恪守学术道德规范；具有人文情怀、科学素养和审美情趣，具有弘扬中华民族体育文化精神的自觉意识；具有强健的体魄、积极的人生态度和良好的心理品质。

（2）专业素质

掌握教师教育、体育学的基本理论、基本技能和基本方法，具备较强小学体育与健康课、课外体育活动、课余训练、竞赛方面的专业能力；能够运用教师教育和体育学的理论和技能分析和解决小学体育工作中的实际问题；了解国家有关教师工作、体育工作的方针、政策和法规；获得小学教师从业资格。

2. 知识要求

（1）小学生发展知识

了解小学生生存、发展和保护的有关法律法规及政策规定；了解小学生身心发展的特点和规律，掌握一些教育方法；了解幼小衔接和衔接阶段小学生的心理特点，掌握帮助小学生过渡的方法；了解小学生青春期和性健康教育知识；了解小学生安全防护的知识、掌握必要的预防与应对方法。

（2）体育学科知识

基本掌握体育人文类、运动人体科学类的基础知识；初步了解体育专业各项运动技术与理论，有1~2个专长运动项目；初步了解体育学科与社会实践、少先队活动及其他学科的联系。

（3）教育教学知识

掌握小学生有关"学"的基本理论；掌握小学生有关"教"的基本理论；掌握体育学科的课程标准和教学知识。

（4）通识知识

具有综合的知识储备；具有相应的艺术欣赏和表现知识；具有适应教育需要的现代化信息技术知识。

3. 能力要求

（1）小学体育与健康课方面的能力

基本具有小学体育与健康课程设计、组织与实施、激励与评价、沟通与合作、反思与发展5个维度各方面的能力。

（2）小学课外活动方面的能力

基本具有小学课外体育活动设计、组织与实施、激励与评价、沟通与合作、反思与发展5个维度各方面的能力。

（3）小学课余训练比赛方面的能力

基本具有小学课余训练比赛设计、组织与实施、激励与评价、沟通与合作、反思与发展5个维度各方面的能力。

（四）讨论

本部分的研究不是针对某一个学校而制订的培养目标，是根据小学教师教育发展的趋势、小学体育教育发展的需要、小学教师教育的相关国家标准，并通过调查获取了广泛的专家意见后得出的一个具有共性的最低培养目标。无论大学中专业设置如何变化，小学中体育教师的职业需求是一定的，是相对稳定的，本书正是根据需求和发展的需要进行探讨和研究，它是建立在"谁培养小学体育教师都不能低于最低小学体育教师职前培养的要求"的理念下产生的。因此，各个培养单位在涉及进行小学教师的培养、小学体育教师的培养时均可作为参考。

# 第七章 我国小学体育教师职前教育课程体系构建

## 一、理论部分

### (一) 研究的立足点

本部分的研究是对小学体育教师职前教育课程体系构建的一个新尝试。因为任何一种教育活动都离不开"教什么"的问题,而"教什么"的问题在教育领域就表示为"课程"[1]。课程的选择与构建是提高小学体育教师职前教育质量的关键点。国家和教师教育机构关于培养"什么样的小学体育教师"的假设,均要被反映到小学体育教师职前教育的课程与教学中,离开课程去谈质量将是无本之木、无源之水,因此,小学体育教师职前教育改革不仅要在思想上、制度上进行,更要在培养方案、课程与教学上真正落实,才能实现小学体育教师职前教育的改革[2]。试想,培养方案中如果没有突出培养小学体育教师的合理课程体系,就不能很好地体现小学体育教师的培养目标,更不会满足现实对合格小学体育教师的需求问题。因此,应着力以我国教师教育改革的思想为方向,以基础教育体育与健康课程改革对小学体育教师学科专业知识的诉求为基点,根据小学体育教师实践所需具备的岗位能力结构为依据,重新建构小学体育教师职前教育的课程体系,以确保学生毕业后能顺利适应小学体育工作对他们的要求。

这一部分的研究是建立在前面几章研究成果的基础上,是基于《小学教师专业标准(试行)》和《教师教育课程标准(试行)》实施角度所开展的研究。

---

[1] 王本陆. 课程与教学论 [M]. 北京:高等教育出版社,2009:30.
[2] 教育部教师工作司. 教师教育课程标准(试行)解读 [M]. 北京:北京师范大学出版社,2013:6.

《教师教育课程标准（试行）》中明确指出，按照当前高等院校的课程结构，职前教师教育课程主要包括三部分内容，即公共基础课程、学科专业课程和教师教育课程（图7.1），本书第五章的研究结果显示出，小学体育教师学科专业课程与教师教育课程所得的权重相同，这表明专家对学科课程与教师教育课程给予同等重要的认识判断。然而当前《教师教育课程标准（试行）》仅仅是教育类课程的专属，对学科专业课程板块却还没有涉及。因此，本部分的研究侧重点便放在了小学体育教师职前教育学科专业课程的构建上，构建的思路依然遵守"最低标准"原则。

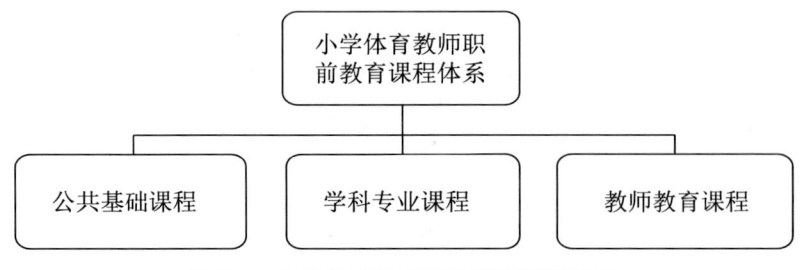

图7.1　小学体育教师职前教育课程体系

### （二）整体思路设计

本部分研究的整体思路设计如图7.2所示。

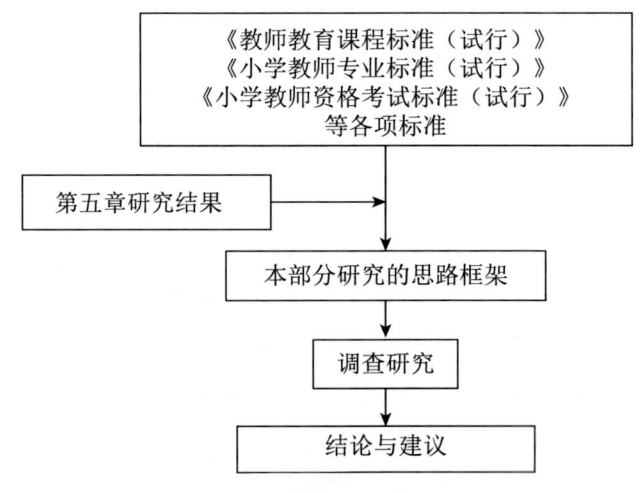

图7.2　整体思路设计图

## (三) 小学体育教师职前教育课程体系构建的基本理念

小学体育教师专业发展是小学体育教师职前教育的核心价值追求，为了确保这一价值追求的实现，《教师教育课程标准（试行）》提出了"育人为本""实践取向""终身学习"作为教师教育课程的基本理念，研究认为，小学体育教师职前教育学科专业课程的构建必须秉承这三个基本理念。

### 1. 育人为本

"育人为本"的价值理念可以从两个层面进行理解。第一层，是大学教育功能中"人才培养"功能的体现，是通过小学体育教师职前教育达到"育"未来小学体育教师的目的。第二层，是大学功能中"服务社会"功能的体现，因为小学体育教师职前教育的最终目的是"育"祖国的未来——小学生，后者才是教师教育的真正价值所在。

体育教育中"育人为本"的基础应该是尊重学生的身心发展和动作发展规律[1]。只有这样才真正将育人落实到促进学生发展上。Greg Payne 等研究者认为，在体育课程和教学领域的研究中，多年来，我国沿用着一条基本的逻辑线索是："教育是做什么？（教育目的）—体育在教育中应起到哪些作用？（体育目标）—体育中学生的身心发展特点是什么？（体质研究和心理研究）—应该用什么样的内容促进学生的身心健康发展（课程设计）—如何促进学生的身心健康发展（体育教学、课外体育活动、课余训练和比赛等）—怎样评价学生的身体发展情况（国家体育锻炼标准、体育课成绩考核标准等）。"这是一条整个体育教育的逻辑线，是体育教育课程实施成败所必须思考和完善的内容链，而整个逻辑链实施的最关键的两个主体或对象就是体育教师和学生，在本研究中就表现为小学体育教师和小学生，而他们的关系又表现在另一条链中："基础教育课改的需求—小学体育教师教育—小学体育教育"。要想实现体育课程链，就必须完善学生—教师的关系链，这条链很清晰，基础教育课程改革是为了小学生的发展，小学生的发展又依托于教师的教育。

"育人为本"是"以人为本"思想在小学体育教育中的具体体现，是教育价值的追求所在。在小学体育教师职前教育过程中，能始终围绕培养目标——小学

---

[1] Greg Payne，耿培新，梁国立. 人类动作发展概论[M]. 北京：人民教育出版社，2008：54.

体育教师来进行人才的培养，在培养中能时刻以小学生的身心特点和教育规律为核心来进行，不脱离未来的教育对象，不脱离小学体育教学的实际需求。试想，如果我们培养出来的小学体育教师，他们不了解小学生，不了解小学生的身心发展特征、动作发展规律、兴趣和爱好等，就不可能给予小学生适当的教育影响，那么真正有效的教育就不会产生。因此，在学科专业课程的构建中"育人为本"是第一。体育教师满身武艺，却不知小学生该学习什么？怎么教？为什么这样教？往往会出现，用给大学生的教授内容来教授小学生，或者在真正成为一名小学体育教师以后才逐渐地在工作实践中摸索出这些，脱离"育人为本"的做法与教师教育职前培养与职后一体化的要求也是不符合的，同时培养单位与小学之间搭建平台的诉求也将成为泡影和空话。

在小学里，小学体育教师通过体育课、课外活动、课余训练、比赛的形式来开展教育活动。那么，小学各个水平的体育教学内容是什么？小学生的课外活动内容有哪些？课余训练和比赛内容有哪些？如何组织与实施？怎样做才能推动和更好地发展小学体育教育工作？这些现实的问题最终都将在小学体育教师的教育能力中被展现出来。而这些显性的载体主要来自学科专业课程的教育。

2. 实践取向

教师教育过程就是教师实践技能的养成过程。小学体育教师职前教育的目的，就是期望毕业的学生能更好地上任小学体育教师的工作岗位。因此，在小学体育教师职前教育中，必须坚持专业培养的实践性质。

小学体育教育工作是实践性很强的专业工作，小学体育教师面对的是 6~12 岁正在生长发育的儿童，他们需要在体育课堂、课外体育活动以及课余训练、比赛等各种不同的环境中与年龄各异、性情、行为等各不相同的小学生进行有效地沟通和交流，以此来达到小学体育教育教学的目标。新的《义务教育体育与健康课程标准》也反映出对体育教师要求一个重要的转变，即从传统的"知识本位"转向"能力本位"，能力本位已经成为体育教师的基本理念和素质结构的核心内涵。因此，新的课程改革需要高能力的小学体育教师来确保课程改革的顺利进行。以"能力为重"的实质是强调小学体育教师的实践性，因为能力需要在实践中培养，在实践中体现。因此，小学体育教师的专业能力不仅仅是小学体育教师专业知识的载体，还将直接关系到未来小学体育教育的质量，也会直接影响职前培养学生的学习能力、实践能力和创新能力的形成与发展，影响小学体育教师专业发展的顺利进行①。第五章的研究结果显示，小学体育教师应该具备的基本能力，包括小学体育与健康课程教学方面的23条基本能力，小学课外体育活动方面的16条基本能力，小学课余训练、比赛方面的21条基本能力。如果小学体育教师在职前培养的过程中没有涉及这些基本能力，或职前培养后没有达到这些基本能力的要求，那么，他们是很难成功开展小学体育工作的。因此，在小学体育教师职前培养的过程中始终秉承实践取向的理念是小学教师质量保障的前提。

3. 终身学习

教师教育"职前学习—入职工作—培训—再工作—再培训—再工作"的一体化模式本身就是终身化学习的具体表现。小学教师职前教育阶段是小学教师职业生涯的开端和起点，对小学体育教师专业发展起到至关重要的作用。众所周知，如果一个人方向搞错了，或方法用错了，那么我们可以断定，不管他再怎么努力也不可能达到预期的目标，甚至结果恰恰相反。终身学习，作为当代社会的一个重要时代特征，已被大多数人接受，如何培养终身学习的意识和习惯，如何做好小学体育教师教育的终身学习，作为小学体育教师教育的开端或起点——职前教育阶段成为重要保障，因为中国有句古话："好的开端是成功的一半"，这个阶段的学习和习惯将在日后的工作中被不断地延伸和强化。

## （四）小学体育教师职前教育学科专业课程设置理论

1. 小学体育教师职前教育学科专业课程设置的思路框架

根据各项国家标准，结合前沿参考文献及第五章的研究成果，在小学体育教师职前教育培养目标之下，将小学体育教师职前教育课程分为公共基础课程、学科专业课程和教师教育课程、学科专业课程三个部分，学科专业课程又分为专业基础理论、专业技术和技能、专业能力培养实践三个学习领域。专业基础理论是学校体育基本理论、人体运动发展规律基本理论以及小学体育与健康课程教学、课外体育活动、课余训练、比赛的理论与方法。专业技术和技能是指体育运动项目技术、技能的学习、小学体育与健康课程教学、课外体育活动、课余训练、比赛所需的内容及开发。专业能力培养实践是指小学体育工作所需要的基本能力的

---

① 教育部教育工作司. 小学教师专业标准（试行）解读 [M]. 北京：北京师范大学出版社，2013：22-23.

养成（图 7.3）。

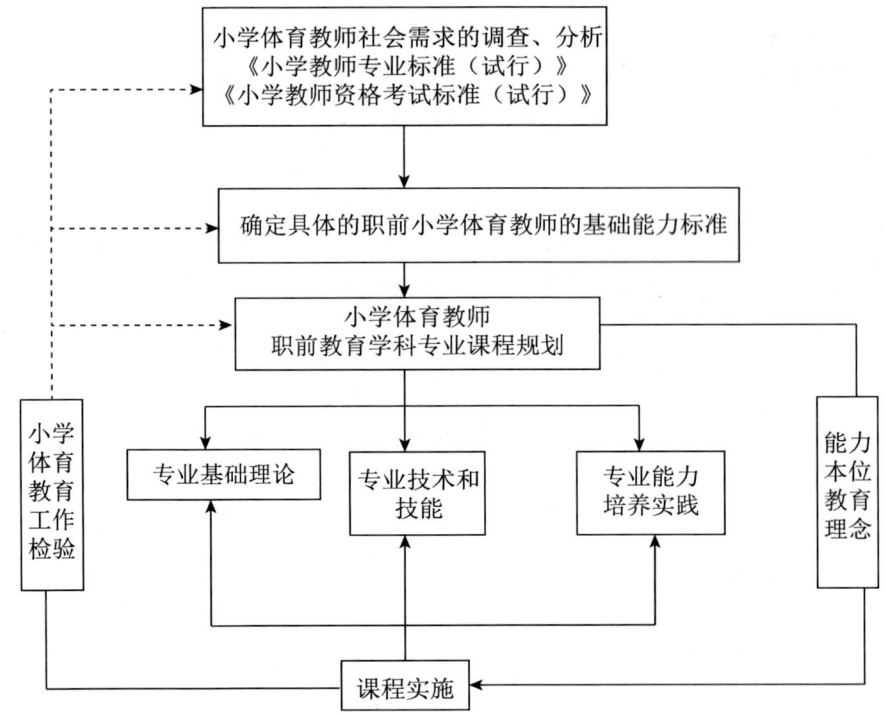

图 7.3 小学体育教师职前教育学科专业课程设置的思路框架

2. 小学体育教师职前教育课程目标

课程目标是一定教育阶段的学校课程力图促进该阶段学生的身心发展所要达到的程度，是特定阶段的学校课程所要达到的结果。①

（1）课程目标的两大特性

第一，时限性。本研究中的课程目标专门特指小学体育教师职前教育阶段的课程目标，而不是职后，更不是其他学段的体育教师教育的课程目标。此外，还表现为，在小学体育教师教育课程标准出台前的现阶段以及未来一定阶段的小学体育教师职前教育的目标。

第二，针对性。课程目标主要是针对某个学科领域，在本部分的研究中指的

---

① 靳玉乐. 课程论 [M]. 北京：人民教育出版社，2012：172.

是学科专业课程,是学生通过学科专业课程的学习达到作为一名小学体育教师最基本的知识与能力。

(2) 课程目标的取向

课程目标的取向主要包括三种基本的形式,即行为目标取向、展开性目标取向和表现性目标取向(图7.4)。

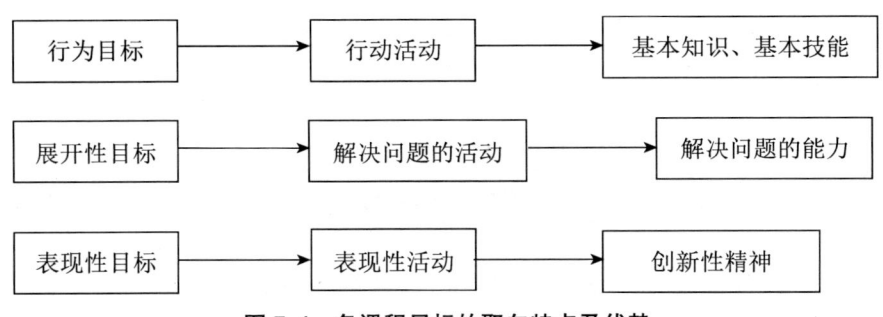

图 7.4 各课程目标的取向特点及优势

各个课程目标取向均具有自身的优势和特点。比如,行为课程目标具有具体、明确、便于操作和评价的特点,便于实施和落实,而在班级授课制下展开性和表现性目标则很难落实,但行为课程目标在培养学生创造能力和解决问题能力方面又表现出自身的弱点。因此,在课程目标取向问题上,不用任何一种课程目标作为唯一的取向,而是坚持三种取向的相互配合来共同实现小学体育教师职前教育课程目标的恰当表述。

(3) 课程目标的来源

课程工作者根据泰勒的观点来制定课程目标已经达成的共识。泰勒的课程目标来源(图7.5)[1] 主要包括三个方面,即学生、社会、学科,在设计课程目标时要综合三者的建议,再利用教育哲学和心理学理论对大量的庞杂目标进行筛选,以便提出一些相互矛盾或者并不重要的目标。

---

[1] Popham, W. J. & Baker, E. L. Establishing Instructional Goals [J]. New Jersey: Prentice Hall, 1970: 81-100.

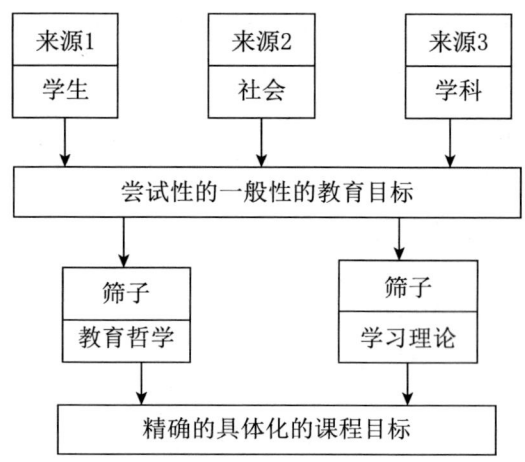

**图 7.5　泰勒课程目标确定的过程**

为了保持一致，本部分的研究是根据《教师教育课程标准（试行）》中对教师教育课程目标框架的设计思路来进行小学体育教师职前教育学科专业课程的目标框架的构建，操作程序上则严格按照泰勒课程目标确定过程进行操作，在第五章的研究中通过对学生、社会、学科三部分调查来源对象进行深度访谈，建立尝试性的一般性能力、知识指标，按照教育哲学、学习理论进行筛查后，经过学科专家的进一步筛选最终得到能力、知识的各项指标。因此，第五章对小学体育职前教育应该具备的基本知识与能力的调查结果将成为本部分课程目标建立的依据。依据研究结果和目标框架构建出小学体育教师职前教育的课程目标（表7.1）。

（4）课程目标的陈述

未来的小学体育教师是课程目标的主体，其目的在于，通过本科阶段小学体育教师的职前教育而要达到具体目标的表述。因此，所有的表述均与小学体育教育工作的领域相对应，即小学体育与健康课程教学方面的知识与能力、小学课外体育活动方面的知识与能力以及小学课余训练、比赛方面的知识与能力。根据第五章研究结果对小学体育教师职前学科专业课程目标的陈述如表7.1所示。

表 7.1　小学体育教师职前教育学科专业课程目标

| 目标领域 | 目标 | 基本要求 |
| --- | --- | --- |
| 1. 小学体育与健康课程教学方面的知识与能力 | 1.1 具有小学体育与健康课程教学设计方面的知识和能力 | 1.1.1 制订小学体育与健康课程教育教学计划与安排（学段、学年、学期）<br>1.1.2 基于体育与健康课程标准、学习内容、初步的学情分析而确定教学目标并进行正确表述<br>1.13 能够依据教学目标设计教学进程<br>1.14 能根据不同的学情、资源条件选用合适的教材（教学内容）、确定学习的重点和难点、选用合理的组织形式和教学方法，并在教学方案中呈现 |
| | 1.2 具有小学体育与健康课程组织与实施方面的知识和能力 | 1.2.1 根据教学需要进行场地器材的合理规划<br>1.2.2 有效地发出口令，调动队形<br>1.2.3 体育课堂中的顺利导入，激发学生的体育学习兴趣、引导小学生形成良好的体育学习习惯<br>1.2.4 运用适合不同水平小学生的教学语言指导学生学练<br>1.2.5 选用有效的练习方法、手段<br>1.2.6 目的明确地进行正确、规范的动作示范<br>1.2.7 课堂调控能力，保证大部分时间用于教学重点环节，完成预定的教学任务<br>1.2.8 合理运用现代教育技术<br>1.2.9 应对小学体育与健康课程教学中的突发事件 |
| | 1.3 具有小学体育与健康课程激励与评价方面的知识和能力 | 1.3.1 运用多种评价方式，在体育教育教学中给予小学生恰当的评价和指导<br>1.3.2 在体育教学工作中的自我评价<br>1.3.3 指导小学生对参与体育课程的自我评价与互相评价 |
| | 1.4 具有小学体育与健康课程沟通与合作方面的知识和能力 | 1.4.1 在体育教学中与小学生进行有效的沟通<br>1.4.2 就小学生体育教学的情况与家长进行有效的沟通<br>1.4.3 与领导、同事合作、交流、分享体育与健康课程的教学经验和资源 |
| | 1.5 具有小学体育与健康课程反思与发展方面的知识和能力 | 1.5.1 了解国际、国内当前关于小学体育与健康课程教学方面的新进展<br>1.5.2 主动收集、分析小学体育与健康教育教学相关信息的意识和独立思考、解决教学中存在的问题，从而不断地改进体育与健康课程教学的各项工作<br>1.5.3 体育与健康课程教学小结写作，撰写体育与健康课程教研报告 |

续表

| 目标领域 | 目标 | 基本要求 |
| --- | --- | --- |
| 2. 小学课外体育活动方面的知识与能力 | 2.1 小学课外体育活动设计方面的知识与能力 | 2.1.1 根据学校的资源情况制订小学各级、各项课外活动计划<br>2.1.2 根据学校的资源情况进行课外游戏的设计与开发 |
| | 2.2 小学课外体育活动组织与实施方面的知识与能力 | 2.2.1 组织早操<br>2.2.2 组织大课间<br>2.2.3 组织体育社团活动<br>2.2.4 设计体育相关主题的班级和少先队活动<br>2.2.5 培养小学生参与课外活动时的安全意识,传授应变、保护的方法和技巧 |
| | 2.3 小学课外体育活动激励与评价方面的知识与能力 | 2.3.1 运用多种评价方式,在课外体育活动中给予小学生恰当的评价和指导<br>2.3.2 在课外体育活动工作中的自我评价<br>2.3.3 指导小学生对参与课外体育活动进行自我评价与相互评价 |
| | 2.4 小学课外体育活动共同与合作方面的知识与能力 | 2.4.1 与学生就课外体育活动的内容、组织等情况进行沟通、交流<br>2.4.2 与家长就小学生参与课外体育活动的情况进行沟通、交流<br>2.4.3 与领导、同事就课外体育活动的相关工作进行沟通、交流 |
| | 2.5 小学课外体育活动反思与发展方面的知识与能力 | 2.5.1 了解当前国际、国内关于小学阶段课外活动方面的新进展。有主动收集、分析小学生课外体育活动相关信息的意识和独立思考、解决其中存在问题的能力,从而不断地改进课外活动的相关工作<br>2.5.2 课外活动工作总结的写作 |
| 3. 小学课余训练、比赛方面的知识与能力 | 3.1 小学课余训练、比赛设计方面的知识与能力 | 3.1.1 能根据上级部门的竞赛计划制订小学年度体育训练计划、编排竞赛日程计划<br>3.1.2 编制小学生运动会秩序册<br>3.1.3 制定小学生竞赛规程 |
| | 3.2 小学课余训练、比赛组织与实施方面的知识与能力 | 3.2.1 运用科学的方法选拔参训、参赛学生<br>3.2.2 能够针对小学生的特点科学进行某个运动项目的业余训练<br>3.2.3 通过训练比赛的观察与判断,发现更多具有潜力的小学生<br>3.2.4 应对训练、比赛中的突发事件<br>3.2.5 训练和竞赛的环境布置<br>3.2.6 一般性裁判工作<br>3.2.7 训练和竞赛成绩的记录与统计审查 |

| 目标领域 | 目标 | 基本要求 |
| --- | --- | --- |
| 3. 小学课余训练、比赛方面的知识与能力 | | 3.2.8 组织小学生运动会<br>3.2.9 组织小学生的各种体育比赛 |
| | 3.3 小学课余训练、比赛激励与评价方面的知识与能力 | 3.3.1 运用多种评价方式，在训练和比赛中给予小学生恰当的评价和指导<br>3.3.2 在训练和比赛工作中的自我评价<br>3.3.3 指导小学生对训练和比赛情况进行自我评价与互相评价 |
| | 3.4 小学课余训练、比赛沟通与合作方面的知识与能力 | 3.4.1 在训练和比赛的相关工作中能与领导、同事进行有效的沟通与合作<br>3.4.2 在训练和比赛的相关工作中能与学生进行有效的沟通与合作<br>3.4.3 在训练和比赛的相关工作中能与家长进行有效的沟通与合作 |
| | 3.5 小学课余训练、比赛反思与发展方面的知识与能力 | 3.5.1 了解国际、国内当前关于儿童训练和比赛方面的新进展<br>3.5.2 分析训练和比赛的相关信息，不断进行反思、改进训练和比赛工作<br>3.5.3 训练和比赛总结的写作 |

## 二、调查部分

### （一）研究目标

通过本部分的研究，了解小学体育教师职前教育相关的各类标准在小学体育教师职前教育实践中的认知情况，从现状和问题入手，构建小学体育教师职前教育课程体系，厘清体系中各部分内容间的比例、学分，以及学科专业课程的内容。

### （二）结果与分析

1. 调查对象的基本情况统计

（1）学科专家的基本情况统计

被调查的专家 51 人，平均年龄为 48 岁，平均工作年限为 25 年，其中 49 位被调查专家的教龄超过 10 年，34 位被调查专家的教龄在 20 年以上，他们在学校体育的各个领域从事了多年的研究工作，对相关问题具有自己独特的见解与分析能力；被调查的专家中教授 40 人，占调查总人数的 78.4%，副教授 11 人，占调查总人数的 21.6%；女性为 13 人，占调查总人数的 25.5%，男性为 38 人，占调查人数的 74.5%；所调查的专家中有 24 人担任院长等不同职务，占被调查人数的 47.1%；被调查专家中有 24 人具有博士学位、16 人具有硕士学位、11 人具有学士学位；7 人担任博士生导师，34 人担任硕士生导师（表 7.2）。

表 7.2 被调查专家的基本情况统计 （$N=51$）

| 内容 | 选项 | 人数 | 百分比（%） |
| --- | --- | --- | --- |
| 性别 | 男 | 38 | 74.5 |
|  | 女 | 13 | 25.5 |
| 教龄 | 5 年以下 | 1 | 2.0 |
|  | 5~10 年 | 1 | 2.0 |
|  | 10~15 年 | 5 | 9.8 |
|  | 15~20 年 | 10 | 19.6 |
|  | 20 年以上 | 34 | 66.7 |
| 职称 | 教授 | 40 | 78.4 |
|  | 副教授 | 11 | 21.6 |
| 担任行政职务 | 是 | 24 | 47.1 |
|  | 否 | 27 | 52.9 |
| 学历 | 博士研究生 | 24 | 47.1 |
|  | 硕士研究生 | 16 | 31.4 |
|  | 本科 | 11 | 21.6 |
| 担任导师情况 | 博士生导师 | 7 | 13.7 |
|  | 硕士生导师 | 34 | 66.7 |
|  | 没有担任 | 10 | 19.6 |

(2) 小学体育教师的基本情况调查

①小学体育教师基本情况的调查与分析

被调查的 392 名小学体育教师，他们的平均年龄 29.7 岁，平均工作年限为 6.6 年，被调查者显示出年轻化的特征。对他们的教龄进行统计后（图 7.6）得出，工龄在 10 年以下的小学体育教师占被调查总人数的 78.8%，20 年以上工龄的仅占调查人数的 6.1%。分析认为，由于近年来国家对体育的重视程度以及国家政策对小学体育教师的倾斜，近年来新进的小学体育教师明显增多。

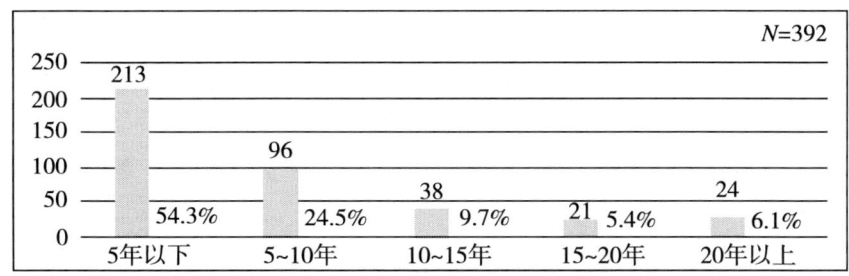

**图 7.6　小学体育教师教龄的统计对比**

被调查的 392 名小学体育教师中，女教师人数 188 人，男教师的人数 204 人，从性别上来看，男性略大于女性，但差异并不显著；他们中有 117 人在小学的工作中担任了不同级别的行政职务，这一部分人群占调查总人数的 29.8%；对最高学历的统计显示，调查人群中的最高学历是硕士，共有 42 人，占调查总人数的 10.7%，83.2% 的调查者的最高学历是本科，专科及以下学历的占总人数的 6.1%。从数据结果分析认为，本科层次的小学体育教师队伍已经初步形成，以本科为起点来进行小学体育教师的培养阶段已经到来，未来硕士学位的小学体育教师人数将会逐渐增加，博士学位的小学体育教师也会出现。对调查者毕业专业的调查结果显示：居前三位的专业分别是体育教育专业 294 人，占调查人数的 75%；运动训练专业 36 人，占调查人数的 9.2%；社会体育专业 43 人，占调查人数的 11%；其他专业包括小学教育专业、民族传统体育专业、中文专业、音乐专业等，占调查总人数的 4.8%。调查结果分析认为，体育教育专业是小学体育教师输入的最主要来源（表 7.3）。

表 7.3　小学体育教师基本情况统计（$N=392$）

| 内容 | 选项 | 人数 | 百分比（%） |
| --- | --- | --- | --- |
| 性别 | 男 | 204 | 52 |
| | 女 | 188 | 48 |
| 教龄 | 5 年以下 | 213 | 54.3 |
| | 5~10 年 | 96 | 24.5 |
| | 10~15 年 | 38 | 9.7 |
| | 15~20 年 | 21 | 5.4 |
| | 20 年以上 | 24 | 6.1 |
| 担任行政职务 | 是 | 117 | 29.8 |
| | 否 | 275 | 70.2 |
| 最高学历 | 博士研究生 | 0 | 0 |
| | 硕士研究生 | 42 | 10.7 |
| | 本科 | 326 | 83.2 |
| | 专科及以下 | 24 | 6.1 |
| 毕业专业 | 体育教育专业 | 294 | 75 |
| | 运动训练专业 | 36 | 9.2 |
| | 社会体育专业 | 43 | 11 |
| | 其他 | 19 | 4.8 |

②小学体育教师对自己职业满意度的调查与分析

在题为"您对小学体育教师这个职业是否满意"的调查结果显示：有 70 位小学体育教师，占调查总人数的 17.1%，他们对自己当前的职业表示"十分满意"；有 186 位小学体育教师，占调查总人数的 45.4%，他们对自己当前的职业表示"比较满意"；有 96 位小学体育教师，占调查总人数的 23.4%，他们对自己当前的职业表示"一般满意"；有 22 位小学体育教师，占调查总人数的 5.4%，他们则表示对自己当前职业"不太满意"。从调查结果来看，近 90%的小学体育教师对自己当前职业持较为肯定的态度。在问及"如果再给您一次选择的机会，您还会再选小学体育教师这个职业吗？"不太愿意和不愿意选择人数 81 人，占调查总人数的 20.6%，较不太满意和不满意人数要多。而对当前职业表示"十分满意"的人数较十分愿意再次选择小学体育教师的人数较多（图 7.7）。

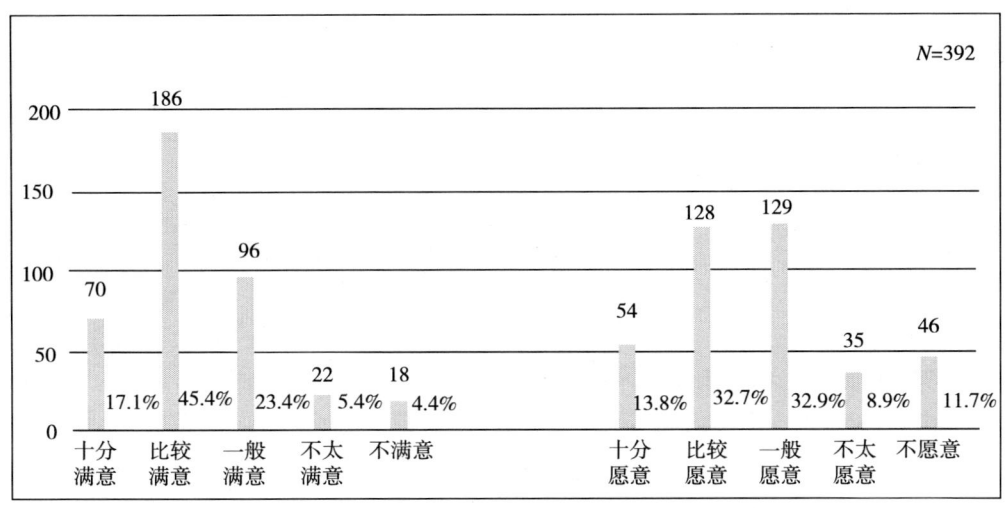

图 7.7 小学体育教师职业满意度调查结果

③选择当小学体育教师的原因调查与分析

表 7.4 "您当初选择这个职业的原因"调查结果统计

| 原因 | 选择人数 | 占总人数% | 排序 |
| --- | --- | --- | --- |
| 热爱小学体育工作 | 161 | 41.1 | 1 |
| 地域的原因 | 72 | 18.4 | 3 |
| 家庭的原因 | 96 | 24.5 | 2 |
| 出于无奈 | 35 | 8.9 | 4 |
| 其他 | 28 | 7.1 | 5 |

在进行"您当初选择这个职业的原因"的调查结果显示：排在第一位的有 161 人，占调查结果的 41.1%，他们表示是因为自己"热爱小学体育工作"，这部分人群不足小学体育教师人群总数的一半。居于第二位的是"家庭的原因"，选择人数 96 人，占调查总人数的 24.5%。第三位的是"地域原因"，选择人数 72 人，占调查总人数的 18.4%。还有 35 人表示自己"出于无奈"选择当小学体育教师，还有 7.1% 的人另据其他理由（表 7.4）。

④对小学体育教师职业自我评价的调查与分析

调查的 392 名小学体育教师，有 62 人，占调查总人数的 15.8%，他们在对自己进行评价时表示自己"十分称职"。有 198 人，占调查总人数的 50.5%，他们表示自己"比较称职"。有 101 人，占调查总人数的 25.8%，他们表示自己"一般称职"。有 31 人，占调查总人数的 7.9%，他们表示自己"不太称职"或"不称职"（图 7.8）。

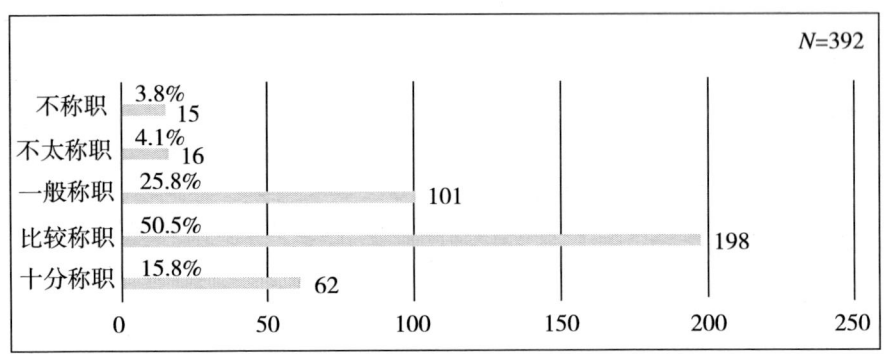

图 7.8　小学体育教师对自己职业状态的评价统计

⑤专业学习对小学体育教师实际工作需要的帮助情况调查

在"您认为在大学阶段的专业学习对您实际工作需要的影响情况"的选项调查结果显示：有 66 人，占调查总人数 16.8% 的小学体育教师表示，大学阶段的专业学习对小学体育工作的影响"十分大"。有 161 人，占调查总人数的 41.1% 的小学体育教师表示大学阶段的专业学习对小学体育工作的影响"比较大"。有 110 人，占调查总人数的 28.1% 的小学体育教师表示大学阶段的专业学习对小学体育教师的工作影响"一般大"。还有 55 人，占调查总人数 14.1% 的小学体育教师表示，影响"不太大"或"不大"（图 7.9）。对调查结果的分析认为，大多数小学体育教师对专业学习与小学体育教师的实际工作影响之间的关系持肯定的态度，从中也充分反映出，体育教师职前教育对小学体育教师工作的影响程度。因此，加强专业课程建设将有利于提高小学体育教师的教育质量。

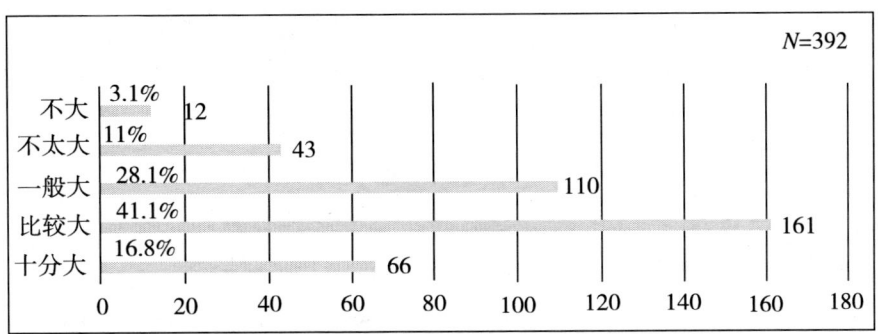

图 7.9  专业学习与小学体育工作相关度的调查

（3）在读学生的基本情况

①在读学生基本情况统计

调查的 410 名体育教育专业学生的平均年龄是 21.6 岁，主要调查的对象分布在 2012 级（大四）和 2013 级（大三），考虑到这一部分学生入校时间相对较长，他们对专业的认识、课程的认识要更加深刻些，但由于调查时段很多学校的大四学生在校外进行实习，因此，调查的人数中 2012 级为 140 人，占调查总人数的 34.1%，2013 级为 270 人，占调查总人数的 65.9%（表 7.5）。

表 7.5  在读学生基本情况统计  （N=410）

| 内容 | 选项 | 人数（人） | 百分比（%） |
| --- | --- | --- | --- |
| 性别 | 男 | 272 | 66.3 |
|  | 女 | 138 | 33.7 |
| 所在年级 | 2012 级 | 140 | 34.1 |
|  | 2013 级 | 270 | 65.9 |

②在读学生对专业认识情况的调查与分析

对在读学生进行"你对自己所学专业是否满意"的调查结果显示，十分满意的有 89 人，占调查总人数的 21.7%，比较满意的有 196 人，占调查总人数的 47.8%，这充分说明大多数学生对体育教育专业还是满意的。但也有 102 人，占调查人数的 24.9%，这些学生对本专业表示"一般满意"，还有 21 人（5.1%）表示不太满意，2 人（0.5%）表示不满意（图 7.10）。调查结果分析认为，调查者中持中立态度者居多，提高专业质量，提升满意度的空间很大。

关于"你所学的专业是在培养哪个学段的体育教师"的调查结果显示，有86人，占调查总人数的21%的人认为，自己所在的体育教育专业是在培养"各学段"的体育教师；有216人，占调查总人数的52.7%的人认为，自己所在的体育教育专业是在培养"中小学"体育教师；有71人，占调查总人数的17.3%的人表示，自己所在的体育教育专业在培养"中学"体育教师；还有26人，占调查总人数的6.3%的人认为，自己所在的体育教育专业在培养"小学"体育教师（图7.11）。由于不同院校之间培养目标存在着差异，因此，针对此问题，专门以两所学校的学生选择情况作为案例进行分析，看学生对这一问题的认识是否清楚或一致。

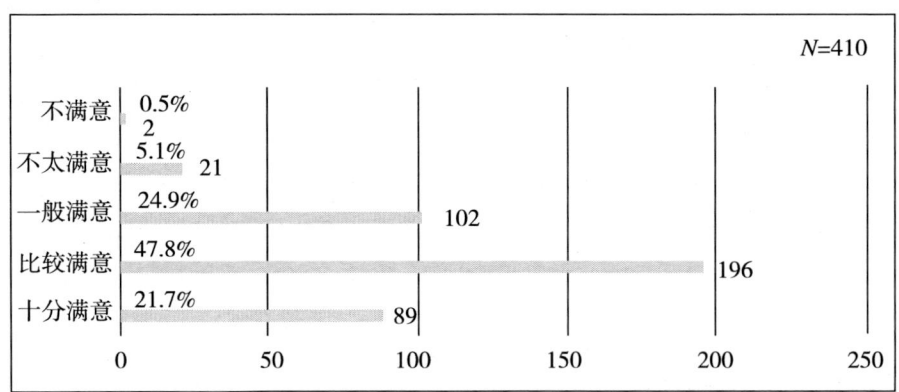

图7.10 体育教育专业对自己专业满意度的调查结果

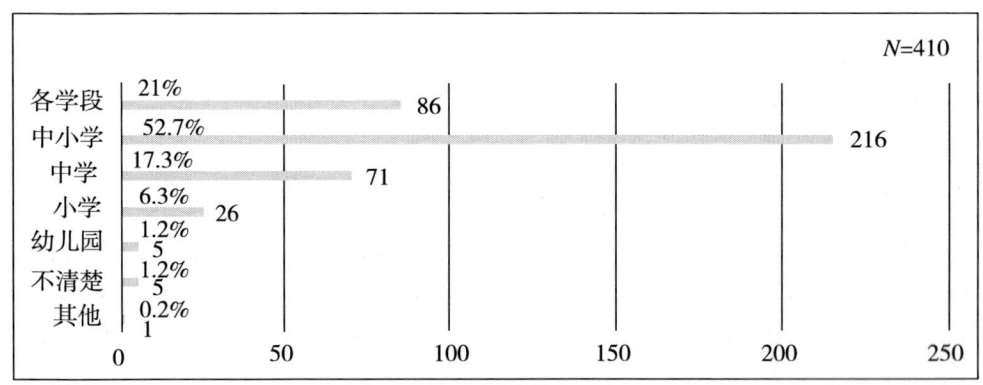

图7.11 对所学专业培养哪个学段体育教师的调查

以××体育学院为例，该学院2013年修订的体育教育专业培养方案中，培养目标定位为培养"中小学"学段的体育教师。调查显示，50%的人选择"中小学"选项，但还有50%的学生并没有选择这一选项，有25%选择"各学段"体育教师，还有25%选择"中学"体育教师（图7.12）。从调查结果进行推断分析，该校至少有近一半的学生对该专业是在培养"哪个学段的体育教师"的定位并不是很清楚。

以另一所师范学院为例，该学院体育教育专业培养方案中培养目标定位"中学"学段的体育教师培养，而调查结果显示，85%的学生认为该校体育教育专业在培养"中小学"学段的体育教师；10%的学生认为是在培养小学体育教师；只有1人，占调查总人数的5%的人认为该校体育教育专业在培养"中学"学段的体育教师（图7.13）。

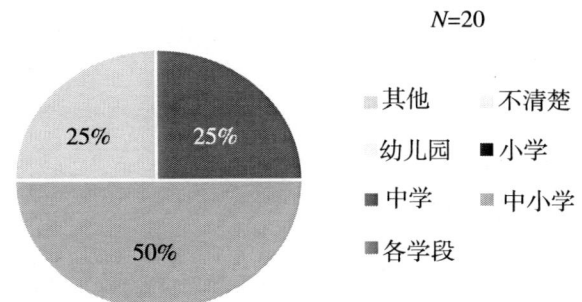

图7.12　××体育学院在读学生对本专业培养体育教师类别的调查结果

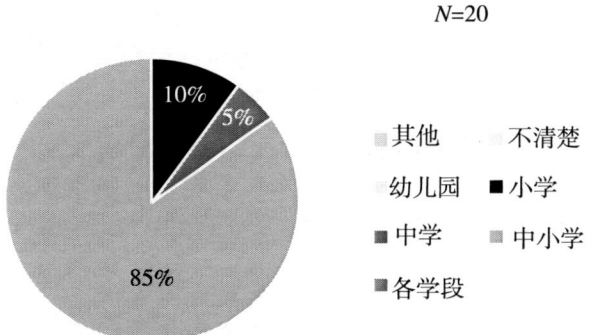

图7.13　××师范学院在读学生对本专业培养体育教师类别的调查结果

通过以上两个案例分析认为，各校体育教育专业制定的培养目标是否准确值得商榷，各个学院培养目标的定位与具体实施的效果值得考量。

③学生自我定位的调查与分析

在题为"你认为经过专业培养后你最能胜任哪个学段的体育教师"的调查后,其结果显示,有 81 人,占调查总人数 19.8%的学生表示经过培养后自己能胜任各个学段的体育教师;有 188 人,占调查总人数 45.9%的学生认为自己能胜任中小学体育教师的岗位;有 114 人,占调查总人数 27.8%的学生表示自己能胜任中学体育教师岗位;还有 20 人,占调查总人数 4.9%的学生认为自己能胜任小学体育教师岗位(图 7.14)。通过调查结果显示认为,大多学生对自己未来的工作岗位充满自信和期望。

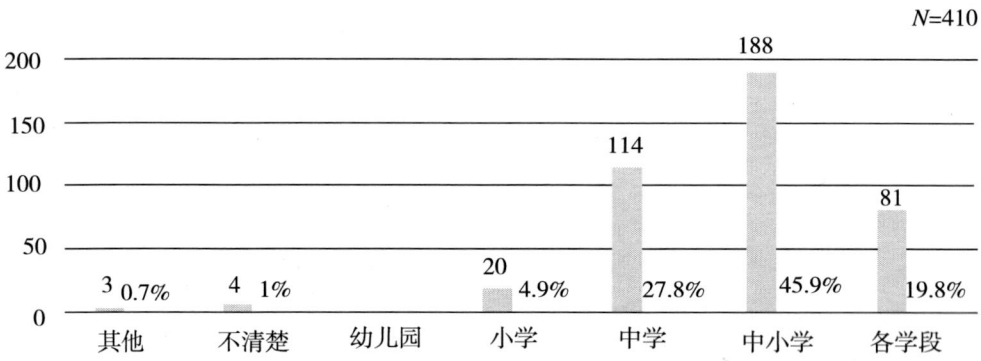

图 7.14 在读学生对专业培养后能否胜任某学段的体育教师的调查结果

④对"毕业后您是否愿意做一名小学体育教师"的调查与分析

毕业后十分愿意做一名小学体育教师的有 52 人,占调查总人数的 12.7%;比较愿意的有 136 人,占调查总人数的 33.2%;一般愿意的有 101 人,占调查总人数的 24.6%;不太愿意和不愿意的有 121 人,占调查总人数的 29.5%(图 7.15)。分析认为大多数体育教育专业的学生对毕业后从事小学体育教师的职业并不反对,如果培养质量得到保障,对培养合格的小学体育教师是很有利的。

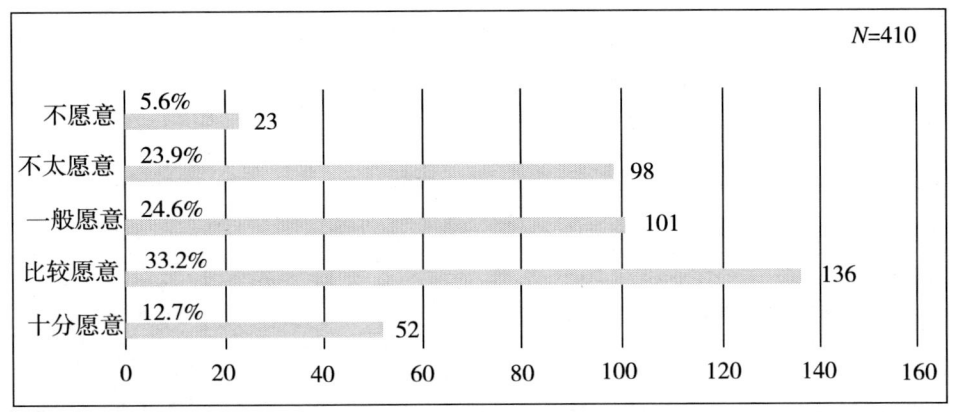

图 7.15 对"毕业后您是否愿意做一名小学体育教师"的调查结果

2. 关于各种"标准"认知情况的调查

进入 21 世纪,各种各样的标准应运而生,各个领域都在试图通过标准来规范自己的行业,促进其质量。教师教育领域也一样,这些标准的产生将为教师教育培养方案的制订提供理论依据。但是,面对众多的相关标准,应如何参照?本书经过梳理后罗列了 5 个标准:标 1《义务教育体育与健康课程标准(2011 年版)》、标 2《小学教师专业标准(试行)》、标 3《教师教育课程标准(试行)》、标 4《小学教师资格考试标准(试行)》、标 5《高等学校体育学类本科专业教学质量国家标准》,通过调查的方式来获取这些标准在小学体育教师职前教育中的重要程度、制定小学体育教师职前教育课程体系时应以哪些标准为依据、当前的在读学生和小学体育教师对这些标准的了解程度等重要的信息,为小学体育教师职前教育课程体系的构建提供理论依据。

(1) 小学体育教师职前教育课程体系设置所参照标准的调查

调查结果显示:82.4%的专家和 79.1%的小学体育教师认为,小学体育教师职前教育课程体系的设置应该以《教师教育课程标准(试行)》为主要参照依据。17.6%的专家和 17.3%的小学体育教师认为应以《高等学校体育学类本科专业教学质量国家标准》为主要参照依据,还有 3.6%的小学体育教师表示应参照其他的标准进行课程设置。从以上结果来看,目前小学体育教师职前教育课程体系的设置应以《教师教育课程标准(试行)》为主,同时还应广泛地参看《高等学校体育学类本科专业教学质量国家标准》等相关标准。

（2）学科专家对"标准"重要程度的判断情况

专家对"您对我国近年来出台的各种与小学体育教师职前教育影响程度"的判断结果显示：各标准大于等于4分的选项人数均超过调查总人数的60%，这说明各项标准对小学体育教师职前教育均有较高的影响，在小学体育教师职前教育的过程中各标准的精神、内容的精确解读应在教学实践中予以渗透。其中《义务教育体育与健康课程标准（2011年版）》对小学体育教师职前教育的重要程度均值为4.50，大于等于4分的选项人数为49人，占调查总人数的96.1%，满分人数28人，占调查总人数的54.9%；《小学教师专业标准（试行）》对小学体育教师职前教育的重要程度均值为4.50，大于等于4分的选项人数为48人，占调查总人数的94.2%，满分人数29人，占调查总人数的56.9%；《教师教育课程标准（试行）》对小学体育教师职前教育的重要程度均值为4.31，大于等于4分的选项人数为45人，占调查总人数的88.2%，满分人数23人，占调查总人数的45.1%；《小学教师资格考试标准（试行）》对小学体育教师职前教育的重要程度均值为4.29，大于等于4分的选项人数为43人，占调查总人数的86.3%，满分人数23人，占调查总人数的45.1%；《高等学校体育学类本科专业教学质量国家标准》对小学体育教师职前教育的重要程度均值为3.80，大于等于4分的选项人数为33人，占调查总人数的64.7%，满分人数18人，占调查总人数的35.3%；此外，值得一提的是，在调查中有7位专家在"补充项"一栏填写了"《国家学生体质健康标准》"均表示其重要程度为"5"，可见在小学体育教师职前教育中关注《国家学生体质健康标准》也十分的重要（表7.6）。从以上结果可视各标准的重要程度，因此探讨小学体育教师、体育教育专业学生对各标准的"了解"程度具有现实意义。

表7.6 学科专家对标准重要程度的判断

| 序号 | 标准名称 | 均值 | ≥4分的人数 | 百分比 | 满分人数 | 百分比 |
| --- | --- | --- | --- | --- | --- | --- |
| 1 | 《义务教育体育与健康课程标准（2011年版）》 | 4.50 | 49 | 96.1 | 28 | 54.9 |
| 2 | 《小学教师专业标准（试行）》 | 4.50 | 48 | 94.2 | 29 | 56.9 |
| 3 | 《教师教育课程标准（试行）》 | 4.31 | 45 | 88.2 | 23 | 45.1 |
| 4 | 《小学教师资格考试标准（试行）》 | 4.29 | 43 | 86.3 | 23 | 45.1 |

续表

| 序号 | 标准名称 | 均值 | ≥4分的人数 | 百分比 | 满分人数 | 百分比 |
|---|---|---|---|---|---|---|
| 5 | 《高等学校体育学类本科专业教学质量国家标准》 | 3.80 | 33 | 64.7 | 18 | 35.3 |
| 补充项 | 《国家学生体质健康标准》 | 5 | 7 | 13.7 | 7 | 13.7 |

（3）小学体育教师对"标准"了解程度的调查

调查结果显示：小学体育教师对各标准的了解程度均值在3.03~3.56，说明小学体育教师群体对各标准的了解程度介于"一般了解"和"比较了解"之间。与小学体育教师开展小学体育工作十分紧密的《义务教育体育与健康课程标准（2011年版）》的了解程度均值为3.55，其中比较了解的人数为189人，占调查总人数的48.2%；十分了解的人数为59人，占调查总人数的15.1%；但还有65人，占调查总人数16.6%的小学体育教师表示对《课标》不太了解或不了解（表7.7）。从调查结果来看，小学体育教师对各项标准的了解程度还需进一步加强。

表7.7 小学体育教师对各标准的了解程度

| 标准 | 各个选项的频数、百分比 | | | | | | | | | | 均值 |
|---|---|---|---|---|---|---|---|---|---|---|---|
| | 1 | | 2 | | 3 | | 4 | | 5 | | |
| | 频数 | % | 频数 | % | 频数 | % | 频数 | % | 频数 | % | |
| 标1 | 24 | 6.1 | 41 | 10.5 | 79 | 20.2 | 189 | 48.2 | 59 | 15.1 | 3.55 |
| 标2 | 30 | 7.7 | 55 | 14.0 | 95 | 24.2 | 184 | 46.9 | 28 | 7.1 | 3.31 |
| 标3 | 43 | 11.0 | 45 | 11.5 | 103 | 26.3 | 148 | 37.8 | 53 | 13.5 | 3.31 |
| 标4 | 24 | 6.1 | 62 | 15.8 | 66 | 16.8 | 148 | 37.8 | 92 | 23.5 | 3.56 |
| 标5 | 69 | 17.6 | 61 | 15.6 | 86 | 21.9 | 139 | 35.5 | 37 | 9.4 | 3.03 |

（注：1=不了解；2=不太了解；3=一般了解；4=比较了解；5=十分了解）

（4）在读学生对"标准"的了解程度的调查

调查结果显示：在读学生对各标准的了解程度差异较大，均值分布在1.57~3.24，表现为整体了解情况较差。5个标准中了解程度较高的是《小学教师资格考试标准（试行）》，其均值3.24，十分了解的为49人，占调查总人数的12%，比较了解的126人，占调查总人数的30.7%，一般了解的120人，占调查总人数的

29.3%，不了解和不太了解的人数为 115，占调查总人数的 28.1%；其次是《义务教育体育与健康课程标准（2011 年版）》，其均值为 2.63，十分了解的 5 人，占调查总人数的 1.2%，比较了解的 58 人，占调查总人数的 14.1，一般了解的 189 人，占调查总人数的 46.1%，不太了解和不了解的 158 人，占调查总人数的 38.5%。其他 3 个标准处于不了解到不太了解之间。通过以上数据的分析认为，小学体育教师职前教育中应该加强各标准精神和内容与教学实践的联系。调查还显示，这些标准的获取方式来自课程的不足 50%，其中最高的是《义务教育体育与健康课程标准（2011 年版）》，学生关于此标准 50%的内容和精神是从课程中获取，其他几个标准通过课堂了解的不足 30%，而更多的了解渠道为自学或其他学习方式，其中 82.9%的学生表示通过自学《小学教师资格考试标准》对其有所了解（表 7.8）。可见各标准在课程中的体现非常有限，学生并没有通过学校的教育来了解国家制定的相关标准，到工作岗位后，在工作中再进行补充学习，这时的学习条件和学习效率的保障度较职前在校的学习之间存在着明显的落差，其结果将导致标准的指导价值和执行度受到限制。

表 7.8　小学体育教师对各标准的了解程度

| 标准 | 各个选项的频数、百分比 | | | | | | | | | | 均值 |
| --- | --- | --- | --- | --- | --- | --- | --- | --- | --- | --- | --- |
| | 1 | | 2 | | 3 | | 4 | | 5 | | |
| | 频数 | % | 频数 | % | 频数 | % | 频数 | % | 频数 | % | |
| 标 1 | 58 | 14.1 | 100 | 24.4 | 189 | 46.1 | 58 | 14.1 | 5 | 1.2 | 2.63 |
| 标 2 | 197 | 48.0 | 105 | 25.6 | 106 | 25.9 | 1 | 0.2 | 1 | 0.2 | 1.79 |
| 标 3 | 203 | 49.5 | 107 | 26.1 | 99 | 24.1 | 0 | 0 | 1 | 0.2 | 1.75 |
| 标 4 | 9 | 2.2 | 106 | 25.9 | 120 | 29.3 | 126 | 30.7 | 49 | 12.0 | 3.24 |
| 标 5 | 249 | 60.7 | 89 | 21.7 | 71 | 17.3 | 1 | 0.2 | 0 | 0 | 1.57 |

（注：1=不了解；2=不太了解；3=一般了解；4=比较了解；5=十分了解）

3. 体育教育专业课程体系的现状与问题的调查与分析

（1）体育教育专业课程体系现状的调查与分析

①学生对体育教育专业课程体系满意度的调查结果

通过对 410 名大三、大四的在读学生进行课程体系相关问题的提问，以此了解当前体育教育专业课程体系存在的问题。

调查结果显示,大多数的在读学生对自己所在学校所开设的课程体系的满意度较为中立,选择比较满意和一般满意的人数总计 337 人,占调查总人数的 82.2%,选择十分满意的人数仅占调查总人数的 9%,不太满意和不满意的人数占调查总人数的 8.8%（图 7.16）。

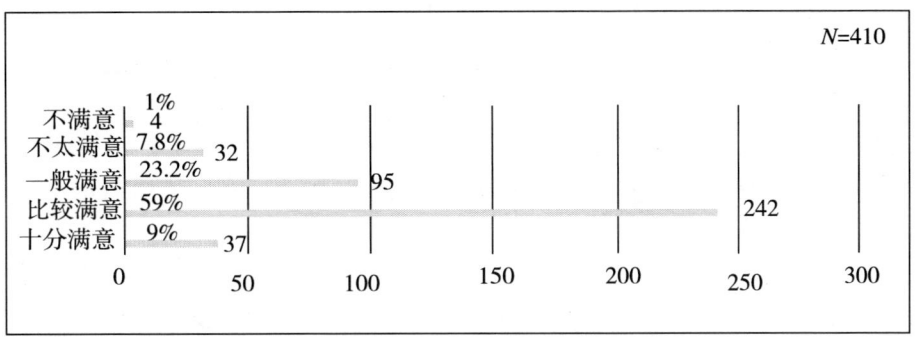

图 7.16　在读学生对体育教育专业课程体系满意度的调查

调查结果显示,体育教育专业的学生对学科课程十分满意的 60 人,占调查总人数的 14.6%,对术科课程十分满意的 53 人,占调查总人数的 12.9%；对学科课程比较满意的 174 人,占调查总人数的 42.4%,对术科课程比较满意的 189 人,占调查总人数的 46.1%；对学科课程一般满意的 137 人,占调查总人数的 33.4%,对术科课程一般满意的 126 人,占调查总人数的 30.7%；对学科课程不太满意和不满意的 39 人,占调查总人数的 9.5%,对术科课程不太满意和不满意的 42 人,占调查总人数的 10.3%（图 7.17）。通过对体育教育专业学生关于学科课程与术科课程满意度选择频次进行的卡方检验结果来看,$P$ 值为 0.550,$P>0.05$,这表明学生对体育教育专业当前所开设的学科课程和术科课程之间的满意度差异不显著,即体育教育专业学生对学科课程和术科课程的满意度是一致的。

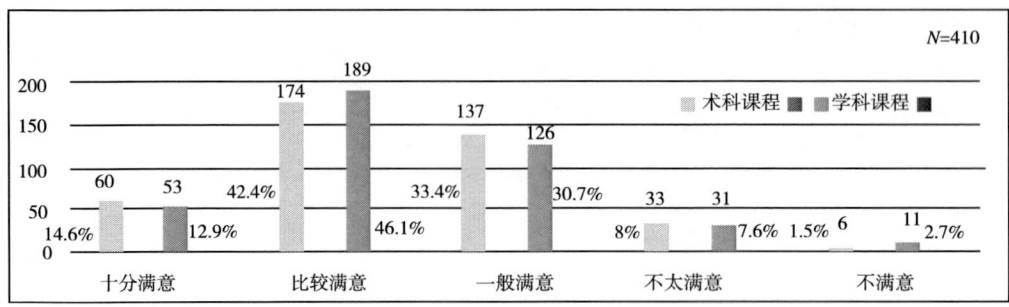

**图 7.17　在读学生对现行课程体系中学科课程和术科课程满意度的调查结果对比**

调查结果显示：如果培养定位于培养小学体育教师，76.6%的在读学生认为现行的课程体系需要进行改革，应该与小学体育工作相结合，表现出小学体育工作的实际需求和特点（表7.9）。

**表 7.9　现行课程体系对培养小学体育教师职前教育的需求情况**

| 序号 | 选项 | 频次 | % |
|---|---|---|---|
| 1 | 现行的课程设置就可以 | 35 | 8.5 |
| 2 | 需要进行改革，应该与小学体育工作相结合，能表现出小学体育工作的实际需求和特点 | 314 | 76.6 |
| 3 | 不清楚 | 55 | 13.4 |
| 4 | 其他 | 2 | 0.5 |

②对体育教育专业学生本专业课程学分的调查结果与分析

学分是用于计算学生学习量的一种计量单位。学生在整个专业学习期间的培养方案中已经设计了课程及每门课程的相应学分，并规定各类课程学生应修的相应学分总数，学生主要通过相应课程的学习、考试来获取一定的学分，学分累积达到相应的要求方可毕业。

学分调查结果显示：整体来看，学生对课程学分的关注度还是比较高的。具体情况为，有123人，占调查总人数30%的学生表示对本专业课程学分十分关注；有155人，占调查总人数37.8%的学生表示对本专业课程学分比较关注；有91人，占调查总人数22.2%的学生表示对本专业课程学分一般关注；还有41人，占调查总人数10%的学生表示对本专业课程学分不太关注和不关注（图7.18）。通过对学生学分关注点的调查情况来看，256人，占调查总人数62.4%

的学生表示主要关注学分的数量；140人，占调查总人数34.1%的学生表示主要关注学分背后的知识结构，还有一部分学生关注其他方面。这说明大多数学生较为关注学分情况，他们的关注点主要集中在学分数量和学分背后的知识结构两个方面。

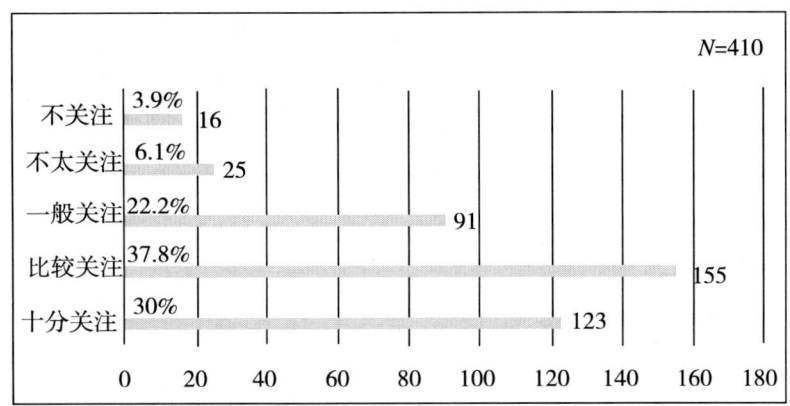

图7.18　在读学生对本专业学分的关注情况调查

从调查结果来看，大多数人表示：总学分构成较为合适，必修课学分太多而选修课学分太少。具体调查结果如下：有98人，占调查总人数23.9%的学生表示总学分太多；有239人，占调查总人数58.3%的学生表示合适；有25人，占调查总人数6.1%的学生表示太少；还有48人，占调查总人数11.7%的学生表示不清楚。关于必修课学分，有280人，占调查总人数68.3%的学生表示太多；有64人，占调查总人数15.6%的学生表示合适；有19人，占调查总人数4.6%的学生表示太少；还有47人，占调查总人数11.5%的学生表示不清楚。关于选修课学分，有25人，占调查总人数6.1%的学生表示太多；有71人，占调查总人数17.3%的学生表示合适；有272人，占调查总人数66.3%的学生表示太少；还有42人，占调查总人数10.2%的学生表示不清楚（图7.19）。

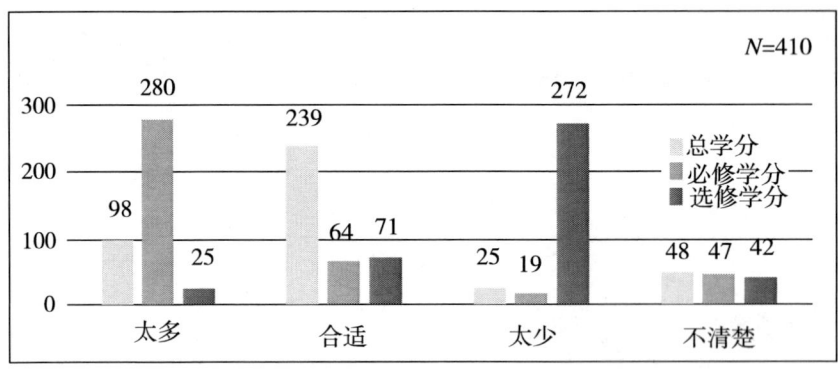

图 7.19 学生对学分设置的调查结果

（2）课程体系与小学体育工作需求之间存在问题的调查

通过对 392 名小学体育教师进行"您认为当前小学体育工作需求和小学体育教师职前教育课程之间存在哪些具体问题的调查"，其结果显示，现存的问题主要表现在 8 个方面，具体为：32.7%的小学体育教师表示体育教育专业课程体系与小学体育工作需求相关度低；45.9%小学体育教师认为形式化严重；40.3%的小学体育教师认为存在理论脱离实际的问题；44.6%的小学体育教师表示存在针对性差的问题；40.8%的小学体育教师表示培养小学体育教师的目标不明确；49.7%的小学体育教师表示小学体育工作需要的专业能力实践培养欠缺；21.1%的小学体育教师表示存在大学的任课教师不了解小学体育的问题；还有 39.8%的小学体育教师表示体育教育专业存在知识陈旧的问题（表 7.10）。这说明以上问题在不同时期的课程设置中均存在。

表 7.10　职前培养课程体系与小学体育工作需求之间存在的问题

| 内容 | 频次 | % | 内容 | 频次 | % |
| --- | --- | --- | --- | --- | --- |
| 相关度低 | 128 | 32.7 | 培养小学体育教师的目标不明确 | 160 | 40.8 |
| 形式化严重 | 180 | 45.9 | 小学体育工作需要的专业能力实践培养欠缺 | 195 | 49.7 |
| 理论脱离实际 | 158 | 40.3 | 任课教师不了解小学体育 | 83 | 21.1 |
| 针对性差 | 175 | 44.6 | 知识陈旧 | 156 | 39.8 |

## 4. 小学体育教师职前教育课程体系建构的调查与分析

（1）小学体育教师职前教育课程体系结构的调查

对"公共基础课程+学科专业课程+教师教育课程"的小学体育教师职前教育课程体系进行调查，其结果显示：十分赞同的人数为 14 人，占调查总人数的 27.5%；比较赞同的 32 人，占调查总人数的 62.7%；一般赞同的 5 人，占调查总人数的 9.8%（图 7.20）。

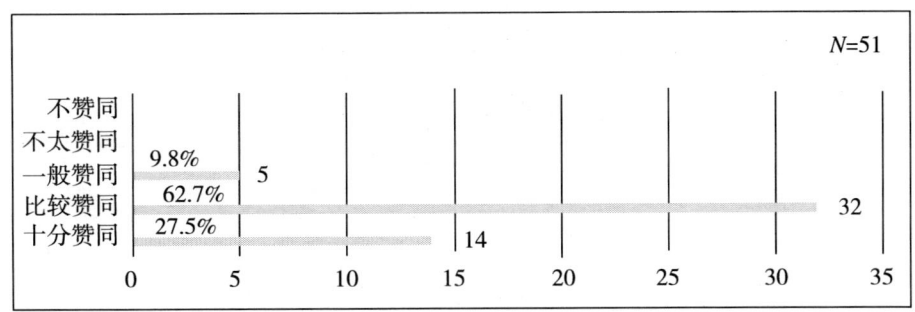

**图 7.20 专家对小学体育教师职前教育课程体系结构的态度调查**

（2）小学体育教师职前教育课程体系中各组成部分之间的比例关系

调查结果显示，专家选择排序第一的频次结果依次是：学科专业课程选择频次 28，教师教育课程选择频次 13，公共基础课程选择频次 2；排序第二的选择频次结果依次是：教师教育课程 25，学科专业课程 12，公共基础课程 3；排序第三的选择频次结果依次是：公共基础课程 40，教师教育课程 2，学科专业课程 2（表 7.11）。除此之外，有 4 位专家认为：三部分课程的重要程度应该相等。有 4 位专家认为 B=C>A，还有 2 位专家表示 B>C=A，有 1 位专家表示 A>B=C。

**表 7.11　各部分课程重要程度排序情况统计表　　（$N=51$）**

| 课程名称 | 排序选项人数 | | |
| --- | --- | --- | --- |
| | 第一 | 第二 | 第三 |
| A 公共基础课程 | 2 | 3 | 40 |
| B 学科专业课程 | 28 | 12 | 2 |
| C 教师教育课程 | 13 | 25 | 2 |

根据专家对各部分课程之间比例的填写结果，算取平均值，其结构比例如下：公共基础课程 25.3%+学科专业课程 42.7%+教师教育课程 32%。

（3）关于小学体育教师职前教育课程体系学分的调查

在进行关于小学体育教师职前教育课程体系学分的调查中，有半数（$N=24$）专家表示根据当前的经验判断很难做出选择，对做出选择的 27 人的结果进行分析。从专家的调查结果进行推断：小学体育教师职前教育课程体系的总学分应该控制在 140~170（图 7.21）。

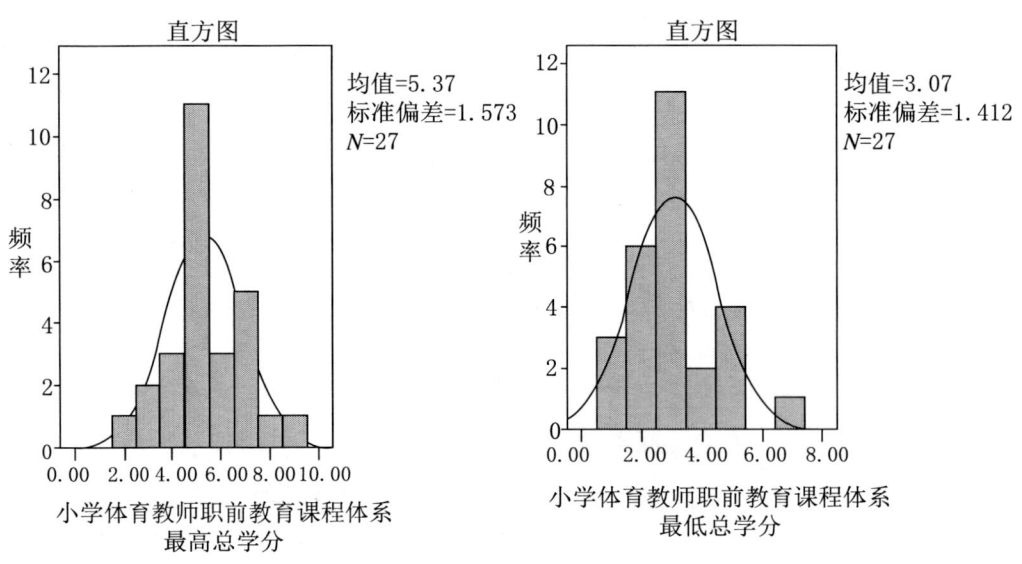

图 7.21　小学体育教师职前教育课程体系最高学分和最低学分的调查结果

根据"公共基础课程 25.3%+学科专业课程 42.7%+教师教育课程 32%"的比例，对学科专业课程最低总学分进行计算：140×42.7%＝59.78，运用 SPSS 软件对专家的小学体育教师职前教育课程体系"学科专业课程"最低的学分选项结果与计算结果进行单样本 $T$ 检验，其结果显示两者之间无显著差异，也充分表明专家的填写结果与判断的高度一致性（表 7.12）。根据上述分析及专家对学科专业课程最低必修课程学分调查结果的平均值得出：小学体育教师职前学科专业课程的最低总学分为 60 学分，最低必修课程 42 学分。

表 7.12　学科专业课程最低学分单一样本 $T$ 检验结果

| | 检验值 = 59.78 | | | | | |
|---|---|---|---|---|---|---|
| | $t$ | $df$ | Sig.（双侧） | 均值差值 | 差分的 95% 置信区间 | |
| | | | | | 下限 | 上限 |
| 学科专业课程最低学分值 | -1.109 | 26 | 0.278 | -4.29852 | -12.2659 | 3.6688 |

5. 小学体育教师职前教育课程体系中学科专业课程设置的调查与分析

（1）学科专业课程学习领域内容划分的调查

根据《教师教育课程标准（试行）》，结合体育学科的特点，在前面章节研究的基础上，将小学体育教师职前教育学科专业课程的学习领域划分为"专业基础理论+专业技术、技能学习+专业能力、培养实践"三个部分。调查结果显示：9 人，占调查总人数的 17.6% 的专家表示十分赞同这种划分；36 人，占调查总人数的 70.6% 的专家对这种划分表示比较赞同；5 人，占调查总人数的 9.8% 的专家对这种划分表示一般赞同；有 1 位专家表示不太赞同（图 7.22）。

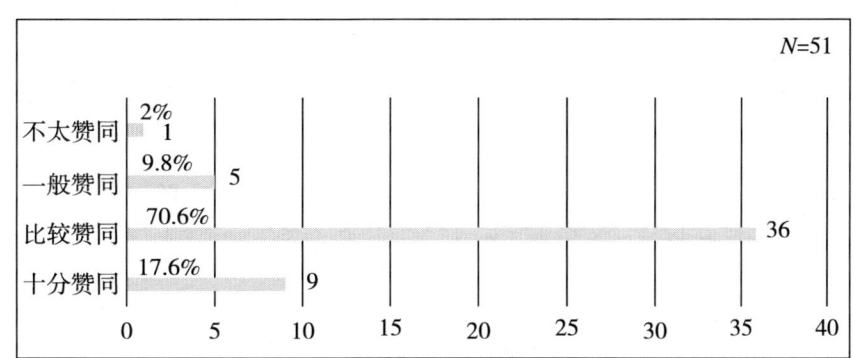

图 7.22　专家对学科专业课程学习领域内容划分的态度调查结果

调查结果显示：各项内容≥4 分的选择率均在 88% 以上，其中专业技术、技能选择率为 96.1%，其次是专业能力培养实践 94.1%。满分率按照高低顺序排列，分别是专业能力培养实践 68.6%，专业技术、技能 60.8%，专业理论基础 52.9%（表 7.13）。

表 7.13　小学体育教师职前教育学科专业课程学习领域重要程度统计

| 序号 | 学习领域 | 均值 | ≥4分的人数 | 百分比（%） | 满分人数 | 百分比（%） |
| --- | --- | --- | --- | --- | --- | --- |
| 1 | 专业理论基础 | 4.41 | 45 | 88.2 | 27 | 52.9 |
| 2 | 专业技术、技能 | 4.56 | 49 | 96.1 | 31 | 60.8 |
| 3 | 专业能力培养实践 | 4.62 | 48 | 94.1 | 35 | 68.6 |

（2）学科专业课程各学习领域的建议模块内容设置的调查与分析

学科专业课程各学习领域的建议模块内容设置的调查与分析如表 7.14 所示。

表 7.14　学科专业课程各学习领域建议模块内容设置的调查结果统计

| 学习领域 | 建议模块 | 均值 | ≥4分的人数 | 百分比（%） | 满分人数 | 百分比（%） |
| --- | --- | --- | --- | --- | --- | --- |
| 1. 专业基础理论 | 1.1 学校体育的基本理论 | 4.19 | 42 | 82.3 | 20 | 39.2 |
| | 1.2 人类动作发展的基本理论 | 3.78 | 33 | 64.8 | 14 | 27.5 |
| | 1.3 小学体育与健康课程、教学的理论与方法 | 4.62 | 48 | 94.1 | 35 | 68.6 |
| | 1.4 小学课外活动的理论与方法 | 4.21 | 41 | 80.4 | 23 | 45.1 |
| | 1.5 小学课余训练、比赛的理论与方法 | 4.07 | 38 | 74.5 | 20 | 39.2 |
| 2. 专业技术、技能 | 2.1 体育运动项目技术、技能的学习 | 4.45 | 45 | 88.3 | 29 | 56.9 |
| | 2.2 小学体育与健康课程相关内容学习与开发 | 4.50 | 49 | 96.1 | 28 | 54.9 |
| | 2.3 小学课外体育活动相关内容学习与开发 | 4.31 | 47 | 92.2 | 21 | 41.2 |
| | 2.4 小学课余训练、比赛相关内容学习与开发 | 4.01 | 36 | 70.6 | 17 | 33.3 |
| 3. 专业能力培养实践 | 3.1 小学体育与健康课程教学相关实践能力培养 | 4.76 | 50 | 98 | 40 | 78.4 |
| | 3.2 小学课外体育活动相关实践能力培养 | 4.43 | 48 | 94.1 | 25 | 49 |
| | 3.3 小学课余训练、比赛相关实践能力培养 | 4.21 | 41 | 80.4 | 22 | 43.1 |

## (三) 小学体育教师职前教育课程体系构建的建议

通过理论和调查分析，本研究对小学体育教师职前教育课程体系进行了总结归纳，具体如下（表7.15）。

表 7.15　我国小学体育教师职前教育课程体系构建的建议

| 课程体系 | 学习领域 | 建议模块 | 学分要求 |
|---|---|---|---|
| 1. 公共基础课程 25.3% | | | 最低必修学分 35 学分 |
| 2. 教师教育课程 32% | 1. 儿童发展与学习 | 儿童发展；小学生认知与学习等 | 最低必修学分 34 学分 |
| | 2. 小学教育基础 | 教育哲学；课程设计与评价；有效教学；学校教育发展；班级管理；学校组织与管理；教育政策法规等 | |
| | 3. 小学学科教育与活动指导 | 小学体育与健康课程标准与教材研究；小学体育与健康教学设计；小学跨学科教育；小学综合实践活动等 | |
| | 4. 心理健康与专业发展 | 小学生心理辅导；小学生品德发展与道德教育等 | |
| | 5. 职业道德与专业发展 | 教师职业道德；教育研究方法；教师专业发展；现代教育技术应用；教师语言；书写技能等 | |
| | 6. 教育实践 | 教育见习；教育实习 | 18 周 |
| | 教师教育课程最低总学分数（含选修课程） | | 45 学分+18 周 |
| 3. 学科专业课程 42.7% | 1. 专业技术、技能 | 学校体育的基本理论；人类动作发展的基本理论；小学体育教学的理论与方法；小学课外活动的理论与方法；小学课余训练、比赛的理论与方法 | 最低必修学分 42 学分 |
| | 2. 专业能力 3. 培养实践 | 体育运动项目技术、技能的学习；小学体育与健康课程内容学习与开发；小学课外体育活动内容学习与开发；小学课余训练、比赛内容学习与开发 小学体育与健康课程教学实践能力培养；小学课外体育活动开展 | |

续表

| 课程体系 | 学习领域 | 建议模块 | 学分要求 |
|---|---|---|---|
| | | 实践能力培养；小学课余训练、比赛开展实践能力培养 | |
| 学科专业课程最低总学分数 | | | 60学分 |

## （四）研究所思考的几个相关问题

### 1. 小学体育教师职前教育的核心问题

小学体育教师的从教能力是指小学体育教师从事并胜任小学体育教育教学工作所必备的各种能力，是小学体育教师素质的重要组成部分。本书已经明确定位研究小学体育教师职前教育问题，培养目标十分清晰，观点也很明确：无论任何培养单位，以任何培养形式进行小学体育教师的培养，其小学体育教师的角色是不变的，都将面对共同的小学体育与健康课程标准，是多个角色于一身的综合化、多种能力的体现。小学体育教育工作主要包括教学、课外活动、课余训练和比赛三个方面，相对稳定，小学体育教师的角色、所学的知识、能力就是在这三项工作中运用和体现的。因此，小学体育教师教育的核心应该紧扣培养目标——培养小学体育教师，全面提高其从教小学体育工作的能力。

### 2. 学科课程的理解问题

本科毕业后，师范生被授予教育学的学位，而不是体育学的学位，因此，在探讨学科专业课程问题的时候，并不能仅用传统的体育学科的思维去思考职前教育小学体育教师教育学科专业课程的问题。因为站在体育学科的角度去思考小学体育教师职前教育中学科专业课程的问题，很容易导向于关注体育学科的系统性，从而导致培养偏离教师教育式的发展。这一问题很多专家学者都有所关注，比如：学生非常认真和努力地学习完所安排的课程，可最终的结果是4年的学习成绩是100米提高了0.2秒，跳远多了5厘米，与教学综合能力相比这些短暂的收获对他们今后的教学工作显然没有太大的意义[①]。这样的发展思路与教师教育之间存在着本末倒置之疑，而且也容易在学科与术科的纷争中忘却我们原本的目标。

---

① 黄爱峰，王健．一个真实的假问题：体育教育专业"术科"探究[J]．西安体育学院学报，2006（4）：92-95．

3. 综合课程与分科课程涉及的问题

（1）全科教师的流行与发展——前瞻性

课程标准的理念是小学更加强调综合性，未来全科教师的培养是小学教师教育的发展方向。我们既要尊重历史，又要高瞻远瞩；既要追求发展，又要依据现实。

（2）传统的分科课程形式依旧是小学课程的主体——现实性

综合课程是指那些将两门或两门以上学科课程综合设置为一个学科的课程。比如英国在 1970 年由国家科学基金会（NSF）赞助出于对实际问题解决而开设的小学科学与数学综合课程①，而在我国当前传统的单科课程依然在小学占有优势。根据《基础教育课程改革纲要（试行）》，小学阶段以综合课程为主，综合课程在小学低年级体现在品德与生活、艺术（音乐、美术）等课程，高年级则体现在品德与社会、科学、综合实践活动、艺术（音乐、美术）等课程，而整个小学阶段每周上课次数最多的课程，如语文、数学、体育则还是以传统的单科课程形式体现。此外，我国教师教育正处于发展与过渡时期，各种政策、制度都不完善，目前小学教师资格认定还是按照语文、数学、英语、体育、音乐、美术、社会、科学 8 个科目进行分类。不同科目要求也不尽相同，学生在申请教师资格认定时必须选填其中一个科目。因此，这个阶段，小学教师的教育既要遵循体育学科的特点，又要顾及前瞻性的"全科教育"的发展趋势，方能培养出既能满足现在发展需求又能适应未来发展需要的人才。

4. 小学体育教师与小学学科教师在当代的理解

由于实际工作的需要，小学全科教师被推向历史的风口浪尖。不论准备好还是没有准备好，全科小学教师已经成为当代人们"热议"的一个话题。2015 年新的学年伊始，"你的数学课是体育教师教的吧"的话题再次被热议。全国各地纷纷报道小学"全科教师"的相关情况。"全科教师"的培养在小学教师教育发展中成为必经之路，培养全科小学教师的事例在我国已屡见不鲜，例如：南京师范大学、江苏师范大学、淮阴师范大学、南京晓庄学院等高校的小学教育培养项

---

① 亚瑟·K. 埃利斯. 课程理论及其时间范例 [M]. 张辉, 译. 北京：教育科学出版社, 2005：100.

目入选"卓越小学教师培养"计划,专为培养综合型小学教师做储备①,值得注意的是,全科教师很全是事实,但是另一个事实却是小学全科教师的"全"里一直以来不包括体育教师,也就是说,小学体育教师的培养和全科教师的培养还没有建立起必然的联系。

2015年河南省教育厅公布《河南省农村小学全科教师培养工作实施方案》,让全科教师与体育教师之间的联系体现出来。相关报道指出:"全科教师"有利于学校开齐所有的课程,而不需要针对音乐、体育等课程,再配备专门的教师。解决这一问题的思路是什么?能充当小学体育教师的全科教师如何培养才能体现出当代小学体育发展的需求。至此,关于培养小学"全科教师"的问题已经从"要不要"升级为"怎样好"阶段。同时,关于"术业有专攻"该如何应对,不能成为"万金油"仅仅是"看上去很美"的担忧和顾虑也应运而生。问题之下如何解决问题,就需要大量、科学、系统的研究支撑。

综合理解,当代"全科教师"应该是小学所开设的多门学科的综合,具体表现出来就是能教小学开设的多门学科课程。全科教师的特点是学科专业的"增加",而不是学科专业的"综合"。基于此,研究认为其培养当代全科小学教师的具体步骤应该是:第一步,解决或明确各个学科的最低标准是什么。第二步,在此基础上根据各学科最低标准来综合设置课程体系,完成小学教师教育综合化发展的目标。就目前小学教育发展的国情和现状来讲,这样的做法是可行的也是必行的,如果现行的各学科专门人才培养的最低标准都不清楚,就盲目地进行综合,势必又犯了"嫁接—移植"的逻辑选择错误,而研究前述部分已经明晰,小学体育教师职前教育还不成熟,需要进一步改善,在这样的基础上,如果硬要"全",势必又会出现新的更加严峻的问题。因此,从我国现阶段的发展出发,按照上述的思路,清晰或明确小学体育教师教育的学科专业课程标准是第一步当中的一部分。它不仅是现行小学体育教师教育的需要,也是未来全科教师教育的需要。

---

①王莹. 开学遇上"全科教师"你如何适应新学期的新改革[EB/OL].[2015-09-10]. http://www.workercn.cn.

# 第八章
# 我国小学体育教师职前教育人才培养方案构建

## 一、关于专业名称的探索

1953年初,我国设置的本科专业共有215种,体育学下只有"体育"一个专业,其培养目标是"中等学校体育师资","体育"专业所在学校类别包括体育院、校、系、科①。1988年《普通高等学校本科专业目录》出台,教育学类下设"体育教育"专业(0101),从此,体育、体育学专业更名为"体育教育"专业。2013年开始执行教育部出台的《普通高等学校本科专业目录(2012年)》(以下简称《新目录》),《新目录》规定了专业的划分、名称及所属门类,是设置和调整专业、实施人才培养、安排招生、授予学位、指导就业、进行教育统计和人才需求预测等工作的重要依据。从图8.1可见:"04教育学"门类之下有教育学和体育学两个学科,教育学下设8个专业,体育学下设5个专业。体育教育(040201)是体育学科下的第一专业,是专门为培养体育教师而设,本科阶段的体育教育专业是从培养中学体育教师的使命开始,发展到现在肩负着培养各个层次体育教师的任务,更确切地说,本科阶段的体育教育专业是各个层次体育教师培养的起点。根据前期的研究认为,未来可在专业目录的指导下,加强体育学科与教育学科的结合,在保持和继续发展体育教育专业培养中学体育教师的任务下,增设不同的专业方向来满足各类学校对体育教师的不同需求。例如,增设小学体育教师专业方向、学前体育教师专业方向,甚至体育艺术教育专业方向。因此,小学体育教师职前教育所属专业名称是"体育教育专业"。

---

①王莹. 新中国高等院校体育学本科专业结构论[M]. 北京:北京体育大学出版社. 2011:34-40.

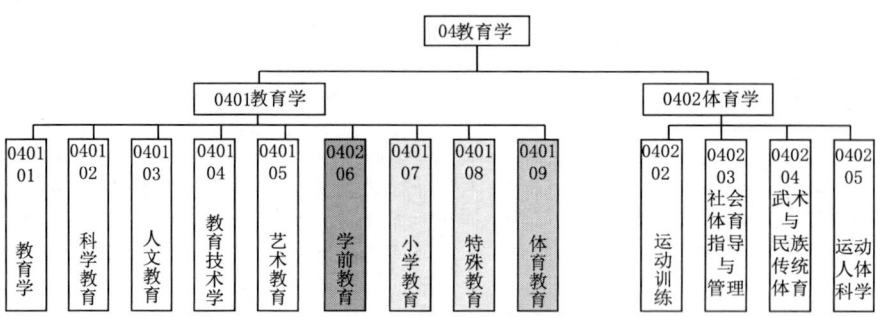

**图 8.1　教育学门类下的学科专业名称**

## 二、关于招生与学制的探索

### (一) 招生

体育教育专业招生的学生存在这样一种状况,很大一部分学生觉得自己考取其他专业无望的情况下,退而求其次才选择体育教育专业作为升学的"捷径"。我们培养的学生中有很多人并不爱体育,更不爱体育教师这个职业,试想,把这些人培养成理想的国家和社会需要的体育教育人才岂不荒谬。对比之下,作为全球教育标杆之一的国家——芬兰,从 2007 年开始,芬兰进行了一项全面的招考和培育改造计划,即对旧的教育招考制度进行再次改革,其目的是为了找到那些真正具有"好老师"特质的学生。芬兰教育界一致认为,拥有被教导的潜能 (educability)、合适的人格特质 (personality) 和学习动力 (motivation) 等综合条件是真正成为未来教师的条件。芬兰的相关研究报告也显示:"最优秀的学生并不见得会是最好的老师。"[①] 因此研究认为,要想做好小学体育教师职前教育工作,也必须从招考制度入手进行改革,将那些真正适合当小学体育教师的学生招收进来进行培养。

### (二) 学制

学制体现了一个国家教育的基本结构和基本性质。有研究认为,当前我国的高等教育存在着诸多的弊端,如"人才培养结构与社会需要脱节"等问题,并

---

[①] 陈之华. 芬兰教育全球第一的秘密 [M]. 北京:中国青年出版社,2009:161-162.

认为这些问题多源于学制障碍，研究还指出"要想取得高等教育现代化改革的突破性进展，就必须从学制改革上寻求突破。"① 体育教育专业和大多数本科专业一样，学制为 4 年。而在发达国家的学制设置相对较为灵活，比如，最早由美国密歇根大学推 5 年制本科教师教育模式——又称"第五年教师教育计划"（the Fifth Year Program）。这一计划是密歇根大学在经过长达 10 多年的准备和协调后才推出，密歇根大学本科层次的教师教育课程，分小学教育、中学教育和特殊教育三个专业。根据计划，5 年学制包括 4 年的专业学习和 1 年的中小学校实习，师范生在大学三年级春季学期开始进行教师教育课程的实习，到了四年级，开始学习与学科教学法相关的课程，并参加短期的教学实践，4 年学习之后，进行考核，合格者可获得文学学士学位（BA），然后在选修 4 门硕士课程的同时，继续完成为期 1 年的教学实习（第五年），第五年一般在专业发展学校（Professional Development School，简称 PDS）完成，或者去与该校建立长期合作的中小学进行教学实习。该计划一经推出便备受关注，已经成为一种标志性的教师教育模式②。

研究认为，我国也可以在学制上进行改革，首先，这种改革必须建立在两个合作关系之上。一是体育教育专业与教师教育的相关专业进行合作，二是体育教育的人才培养与中小学校之间的合作。其次，这种改革还应建立在深入的研究和充分的准备、协调之上，密歇根大学长达 10 多年的准备和协调的行动给予我们改革的启示：改革不是一朝一夕的事情，更不是随意按照个别人的想法而进行的事情。它应根据当前小学体育教师教育的现状和未来教师教育发展的趋势，既系统地考虑小学体育教师教育的一体化问题，又客观地论证小学体育教师职前教育的需求问题，进行周密的设计和充足的教学条件准备后实施。

## 三、关于教学保障条件的探索

教学条件是高等学校实施教学活动，实现人才培养目标所必须具备的一切条件的总和。如果没有基本的、充足的教学条件，就很难达到高质量的教学要求和预期的人才培养目标。因此，无论国家还是学校都很重视教学条件问题，国家从

---

① 肖海涛. 论高等教育学制改革与教育现代化［J］. 高等教育研究，2007，28（2）：39-44.
② 陈时见，周琴. 综合大学教师教育的国际比较 侧重综合大学教师教育发展的案例分析［M］. 重庆：西南师范大学出版社，2011：17.

宏观上已经出台《普通高等学校基本办学条件指标（试行）》[①]和《普通高等学校本科教学工作水平评估方案（试行）》[②]，这些文件的出台对指导高校办学，规范学校的办学条件都起到至关重要的作用。

教学条件包括硬件和软件两个方面。教学条件中的硬件是指人力、财力和物力等方面的各类资源条件。教学条件中的软件则是指教学的组织和教学机构设置、各种资源要素的配置及其管理方式和手段、教学规章制度和质量标准等教学运行与管理机制。[③] 基于小学体育教师职前教育的现状，本书着重从以下三个方面进行论述：

### （一）制度保障

美国在20世纪八九十年代，对基础教育改革的成败给予这样的总结："学校改革的历史显示，没有对教师训练的充分投入而追求改革已经一而再，再而三地失败了。"[④] 为此美国建立了较为完善的教师质量保障体系和相关的制度，例如成立全美专业教学标准委员（NBPTS），并制定了具体目标、制度，为优秀教师的选拔和优秀教学标准的建立和推进发挥了巨大的作用。[⑤]

健全规范的小学体育教师教育制度能更好地促进小学体育教师教育资源的有效整合，实现人才培养的最终目标。因此，国家、地方政府和教育主管部门必须在政策上给小学体育教师教育予以倾斜，积极鼓励小学体育教师教育能够更加积极地进行实践探索，发挥主观能动性，充分开展小学体育教师教育各个层次的实施与改进工作。

在推进小学体育教师专业化的进程中，政府需要通过制定相关的方针政策、健全相关的法规制度，来宏观调控、监督和指导小学体育教师的专业化进程的各个环节的工作。那么，要实现理想的小学体育教师职前教育培养方案的顺利执行也同样需要一系列的制度进行保障。第一，要建立小学体育教师教育一体化标准制度，对小学体育教师教育职前培养、入职和职后培训进行一体化设计和整体的

---

[①] 普通高等学校基本办学条件指标（试行）．教育部教发〔2004〕2号文件附件．
[②] 普通高等学校本科教学工作水平评估方案（试行）．教育部教高厅〔2004〕21号文件附件．
[③] 刘建凤，樊顺厚．加强高等学校教学条件建设与保障的若干思考[J]．中国冶金教育，2008（4）：72-74．
[④] Linda. darling-hammond：reforming teacher preparation and licensing：debating the evidence，teachers college record volume 102 number 1，2000：28-56．
[⑤] 洪明．美国教师质量保障体系历史演进研究[M]．北京：北京师范大学出版社，2010：176．

调控与管理,严格把控各个环节的质量;第二,要推行国家《小学教师专业标准(试行)》《教师教育课程标准(试行)》下的《小学体育教师专业标准》和《小学体育教师职前教育课程方案》,以避免各培养单位在课程设置的过程中出现偏颇和盲目;第三,要建立小学体育教师教育的审查制度,对承担小学体育教师职前教育任务机构的教学保障条件进行审查,决定其是否具备小学体育教师教育的资格,并对其质量进行定期的检查和评估;第四,制定小学体育教师入职资格与小学体育教学实践相结合的制度,这一制度是小学体育职前教育的风向标,其标准直接影响小学体育教师职前教育的方向。因此,完善小学体育教师入职的资格认证至少可以从两个方面起到保障作用,第一,可以指导小学体育教师的职前教育工作;第二,可以提高未来小学体育教师的质量。通过资格认证制度可以确保每一位入职的小学体育教师都是经过严格的小学体育教学实践工作检验,并且经过考核认为其有能力承担小学的体育教育工作。

### (二) 师资队伍

小学体育教师决定小学体育工作的成败。那么,高等院校体育教师专业的师资也将决定小学体育教师职前教育的成败。通过中国知网数据库,用"体育教育专业师资"主题进行检索,所得研究成果共计3个,其中1篇硕士论文,由此可见培养小学体育教师师资方面的研究很少受到关注。闫丽梅《山西省普通本科院校体育教育专业术科师资结构的研究》[1] 的结果显示:山西省本科院校的体育教育专业术科教师存在很多问题,比如:数量上表现为严重的不足,正高职称人数较少、年龄结构不合理、教师学缘的结构存在比较严重的"近亲繁殖"现象、硕士博士未能达到国家标准的50%、科研成果不理想等。杨学琴等《河北省新建体育教育本科专业师资队伍现状与发展对策的研究》[2] 的结果显示:师生比例失调、教师负担过重、正高人数较少、70%的教师来源于省内高校、高质量研究成果较少、学科建设较为缓慢,在知识结构、业务水平以及自身素质等方面,体育教育专业的师资队伍还达不到高质量体育教育本科专业人才培养的要求。学历上离国家要求的学历标准相差甚远,绝大多数教师是本科学历等。陶坚《河南省普

---

[1] 闫丽梅. 陕西省普通本科院校体育教育专业术科师资结构的研究 [D]. 太原:太原理工大学,2015.
[2] 杨学琴,高颖,高峰松. 河北省新建体育教育本科专业师资队伍 [J]. 保定学院学报,2008,21 (4): 43-45,79.

通本科院校体育教育专业师资队伍的现状研究》[①] 的结果显示：河南省体育教育专业师资队伍趋于年轻化发展，学历要求与国家要求的学历标准之间还存在着一定的差距，正高职称的教师相对偏少，学缘结构不够合理，70%的教师来自本省高校等。

从以上对体育教育专业师资的研究结果来看，普通高校本科体育教育专业师资的学历、人数不能达到国家的相关标准；学缘的结构很不合理，"近亲"现象较为严重；高级职称人数较少，整体科研能力令人担忧。这些都是制约体育教育专业改革的重要因素。

### （三）实践教学条件

加大投入和硬件建设是提高小学体育教师职前教育人才培养水平的重要保障。前期访谈中得知，到小学新任职的教师不认识、不会玩小学生的体育器材。因此，建议体育教育专业实践教学条件的改善结合专业的特点进行，突出专业特色。比如，体育教育专业的器材设施不仅要从体育学科的角度来配备，还要根据未来从事职业的趋向来配置，对未来工作中将要使用的器材设备了如指掌，才有可能上好体育课，才有可能创新。

## 四、探索性地形成我国小学体育教师职前教育人才培养方案

根据前期的研究结果，进行汇总后即得出我国小学体育教师职前教育人才培养方案的雏形，如下：

### （一）专业名称

学科代码：04
学科门类：教育学
专业代码：040201
专业名称：体育教育

---

[①]陶坚. 河南省普通本科院校体育教育专业师资队伍的现状研究［J］. 赤峰学院学报，2013，29（4）：123-124.

## (二) 培养目标

培养热爱小学教育事业，掌握小学生发展知识、体育学科知识、教师教育知识、通识知识，具备小学体育与健康课程教学、课外体育活动、课余体育训练和比赛方面的能力，培养能在小学从事体育教育工作的应用型人才。

## (三) 培养规格

### 1. 素质要求

**（1）基本素质**

热爱祖国，拥护中国共产党的领导，树立和践行社会主义核心价值观，具有高度的社会责任感和敬业精神；遵纪守法，诚实守信，恪守学术道德规范；具有人文情怀、科学素养和审美情趣，具有弘扬中华民族体育文化精神的自觉意识；具有强健的体魄、积极的人生态度和良好的心理素质。

**（2）专业素质**

掌握教师教育、体育学的基本理论、基本技能和基本方法，具备较强的小学体育与健康课、课外体育活动、课余训练、竞赛方面的专业能力；能够运用教师教育、体育学的理论和技能分析并解决小学体育工作中的实际问题；了解国家有关教师工作、体育工作的方针、政策和法规；获得小学教师从业资格。

### 2. 知识要求

**（1）小学生发展知识**

了解小学生生存、发展和保护的有关法律法规及政策规定；了解小学生身心发展的特点和规律，掌握基本教育方法；了解幼小衔接、消除衔接阶段小学生的心理特点，掌握帮助小学生克服心理障碍的方法；了解小学生青春期和性健康教育知识；了解小学生安全防护的知识，掌握必要的预防与应对方法。

**（2）体育学科知识**

基本掌握体育人文类、运动人体科学类的基础知识；初步了解体育专业各项运动技术与理论，有1~2个专长运动项目；初步了解体育学科与社会实践、少先队活动和其他学科的联系。

(3) 教育教学知识

掌握有关小学生"学"的基本理论；掌握小学生有关"教"的基本理论；掌握体育学科的课程标准和教学知识。

(4) 通识知识

具有综合的知识储备；具有相应的艺术欣赏和表现知识；具有适应教育需要的现代化信息技术知识。

3. 能力要求

(1) 小学体育与健康课方面的能力

基本具有小学体育与健康课程设计、组织与实施、激励与评价、沟通与合作、反思与发展五个方面的能力。

(2) 小学课外活动方面的能力

基本具有小学课外体育活动设计、组织与实施、激励与评价、沟通与合作、反思与发展五个方面的能力。

(3) 小学课余训练和比赛方面的能力

基本具有小学课余训练和竞赛设计、组织与实施、激励与评价、沟通与合作、反思与发展五个方面的能力。

## (四) 学制、学位授予与学分

1. 学制：本科学制四年，按照学分制管理机制，实行弹性学习年限。
2. 授予学位：教育学学士。
3. 学分：总学分140~170。

## (五) 课程设置与最低学分要求

课程设置与最低学分要求如表8.1所示。

表 8.1 我国小学体育教师职前教育课程体系构建的建议

| 课程体系 | 学习领域 | 建议模块 | 学分要求 |
| --- | --- | --- | --- |
| 1. 公共基础课程 25.3% | | | 最低必修学分 35 学分 |
| 2. 教师教育课程 32% | 1. 儿童发展与学习 | 儿童发展；小学生认知与学习等教育哲学；课程设计与评价；有效教学；学校教育发展；班级管理；学校组织与管理；教育政策法规等 | 最低必修学分 34 学分 |
| | 2. 小学教育基础 | | |
| | 3. 小学学科教育与活动指导 | 小学体育与健康课程标准与教材研究；小学体育与健康教学设计；小学跨学科教育；小学综合实践活动等 | |
| | 4. 心理健康与专业发展 | 小学生心理辅导；小学生品德发展与道德教育等 | |
| | 5. 职业道德与专业发展 | 教师职业道德；教育研究方法；教师专业发展；现代教育技术应用；教师语言；书写技能等 | |
| | 6. 教育实践 | 教育见习；教育实习 | 18 周 |
| | 教师教育课程最低总学分数（含选修课程） | | 45 学分+18 周 |
| 3. 学科专业课程 42.7% | 1. 专业基础理论 | 学校体育的基本理论；人类动作发展的基本理论；小学体育教学的理论与方法；小学课外活动的理论与方法；小学课余训练和比赛的理论与方法 | 最低必修学分 42 学分 |
| | 2. 专业技术、技能 | 体育运动项目技术、技能的学习；小学体育与健康课程内容学习与开发；小学课外体育活动内容学习与开发；小学课余训练和比赛内容学习与开发 | |
| | 3. 专业能力培养实践 | 小学体育与健康课程教学实践能力培养；小学课外体育活动开展实践能力培养；小学课余训练、比赛开展实践能力培养 | |
| | 学科专业课程最低总学分数 | | 60 学分 |

# 第九章 我国小学体育教师职前教育培养方案的案例分析

## 一、研究目的

本研究前期是基于"共性原则"的基础上进行的研究。因此，很难从个体的微观层面进行深入的描述和分析，也不能对现状的具体问题进行呈现，并提出发展的具体措施意见。而案例研究能弥补这些不足，所以本章主要通过对4所不同类型学校的培养方案进行诊断性研究，其研究目的：一是通过研究不同类型学校的培养方案来试图探讨他们在培养目标、课程体系方面所存在的问题，二是根据本研究关于小学体育教师培养方案的研究结果对各培养单位的小学体育教师职前教育人才培养方案的改进提出建议。

## 二、结果与分析

由于目前小学体育教师的培养单位主要集中在本科阶段的体育教育专业，因此，根据前期访谈的结果选取4所不同类型学校（综合类、师范类、理工类、体育类）的体育教育专业最近几年的培养方案作为本章的研究案例。根据前期研究中关于培养目标和课程体系的结果对照案例中的培养目标、课程体系进行探讨分析。

第九章 我国小学体育教师职前教育培养方案的案例分析

## (一) 培养目标

1. 案例呈现（表9.1）

表9.1　4所院校体育教育专业培养目标一览表

| 序号 | 学校名称 | 培养目标 |
| --- | --- | --- |
| 1 | ××学院<br>（2014） | 本专业培养具备系统掌握体育教育的基本理论、基本知识和基本技能，掌握学校体育工作的基本内容和方法，掌握现代信息技术，具有良好的科学素养、现代教育观念、较强的创新精神、实践能力、发展潜力和服务意识，能胜任学校体育与健康教育教学、训练和竞赛工作，能从事学校体育科学研究，学校体育管理和健身保健服务等方面工作，有一定特长的高素质应用型专门人才 |
| 2 | ××师范学院<br>（2014） | 本专业培养德、智、体、美全面发展，系统掌握体育与健康教育的基本理论、基本知识和基本技能，了解中、小学校（幼儿园）体育教育工作规律，具有较强的实践能力和一定的创新意识，在全面发展的基础上有所专长，能在中、小学（幼儿园）从事体育教学、课外体育训练、竞赛以及健康教育等工作，基本具备从事学校体育科学研究、学校体育管理工作的应用型人才 |
| 3 | ××体育学院<br>（2012） | 培养德、智、体、美全面发展，系统掌握体育教育的基础理论和基本技能，具有创新精神和实践能力，能在中小学校从事体育教育教学、训练和竞赛工作的应用型人才 |
| 4 | ××理工学院<br>（2014） | 本专业培养具备现代教育、健康理念，系统掌握体育学科基本理论、基本技能和基本方法，具有创新精神和实践能力，具有一定体育科学研究能力，能在各级各类学校从事体育教学、课外运动训练与竞赛工作及学校体育管理等工作的高级应用型人才 |

2. 案例分析

从哲学的视角，人才一般分为"理论"和"应用"两种类型：理论型（学术型、研究型、基础型）是发现和研究客观规律的人才，主要指从事基础理论和应用基础理论研究以及与此相关研究的科学工作者，他们的主要任务是运用各种抽象的价值符号系统构建某个学科或领域的概念、定律和演说，创造新知识；应用型人才是一种人才培养类型，它相对于学术型人才而言，是应用客观规律为社会谋取直接利益的人才，主要从事非学术研究性工作的实际操作者，他们的任务是在一定的理论规范指导下，进行社会活动的操作运用，将抽象的理论符号转换成具体的操作构思或产品构型,将新知识应用于实践①②。

应用型人才有两个基本特征:一个是本科教育的特征,即这种人才培养的年限和学业标准必须符合《高等教育法》;一个是应用型的特征,即"本科"和"应用型"是其区别于其他人才培养类型的科学定位和办学方向的着眼点。本科应用型人才的特征表现为五个方面:品格标准、适应岗位、知识要求、能力要求和技能要求③。

(1) 人才培养类型

在人才培养类型的表述中,采集的4个案例中4所学校对人才培养类型的定位均为"应用型人才"。具体表述为:"高素质应用型专门人才"、"应用型人才"和"高级应用型人才"三种方式。拓宽专业的口径,夯实专业的基础,被认为是本科教育的一般要求;而重视学科交叉和知识复合,加强实践能力和应用能力,则是应用型人才的内在要求。2003培养方案"复合型人才"的定位经过长时间的实践已经被否定,"应用型人才"的培养类型在新的时期已经被确立成为体育类各专业人才的培养类型,围绕"应用型人才",各校根据自身的特点和定位增加了"高素质""专门""高级"等限定词。

例如,什么是"高素质应用型专门人才",2010版《新华字典》中"高"的第三条解释:在一般标准或平均程度之上。《心理学大辞典(2013)》对"素质"的解释:亦称"禀赋""天资""天赋"。个体与生俱来的解剖生理特点。那么,"高素质应用型专门人才"就是那些天赋较高的应用型专门人才。很显然这个解读是不符合当代教育的理解,因为随着"素质教育"口号的提出,"素质"一词的语意也随之发生变化。所以什么是"高素质"是模糊的,很难被解读清楚,更难以在实践中被赋予具体的行为④。字典"专门"中"专"的解释为:单纯,独立,集中在一件事上;独自掌握或享有。百度百科对"专门"的解释中最贴近的一条是:从事某事或研究某门学问。这里的"某事"或"某门"在培养方案中表现为"能胜任学校体育与健康教育教学、训练和竞赛工作,能从事学校体育科学研究,学校体育管理和健身保健服务等方面工作"的人,所指依然宽

---

① 王立人,顾建民. 国际视野中的本科应用型人才培养 [M]. 杭州:浙江大学出版社,2008:7.
② 孔繁敏. 建设应用型大学之路 [M]. 北京:北京大学出版社,2006:31.
③ 刘国钦,伍维根,彭健伯,等. 高校应用型人才培养的理论与实践 [M]. 北京:人民出版社,2007:90-91.
④ 郑也夫. 吾国教育病理 [M]. 北京:中信出版社,2013:3-14.

泛不具体，体现不出"专门"之意。因此，研究认为，培养目标是对人才培养的高度概括，因此，在制定培养目标时，其中的每一个字眼，每一句话都要经过反复地推敲和论证，从实践角度看，就是要做到把教育目的中的抽象规定直接转换成具体的培养目标，并在教育实践活动中实现①。

（2）品格标准

《教师专业标准（试行）》对不同学段的教师提出了各自的要求，其基本内容包括3个，专业理念与师德、专业知识、专业能力。其中专业理念与师德排在第一位，分了4个维度进行论述，分别是职业理解与认识、对小学生的态度与行为、教育教学的态度与行为、个人修养与行为。但在4个样本的培养目标中，关于专业理念与师德的培养目标均是缺失的。其中有两所学校的培养目标中有"培养德、智、体、美全面发展"的表述，这种表述与教育目的"培养德、智、体、美、劳全面发展的社会主义事业的建设者和接班人"相同，这种直接把教育目的要素视为培养目标要素的传统旧观点，其做法缺乏科学依据，也是很不恰当的表述形式②。按照逻辑顺序，培养目标是教育目的的下位概念，培养目标应参照教育目的和上层指导标准进行更加具体化的目标表述。

（3）适应岗位

案例1："能胜任学校体育与健康教育教学、训练和竞赛工作，能从事学校体育科学研究，学校体育管理和健身保健服务等方面工作"。从表述的语言分析，其适应岗位是学校体育的相关工作，但是具体哪个学段，表述中并没有明确指出。从访谈的结果看，其主要适应的岗位是中小学，并且重点正在进行由中学向小学的转移，而且还有向幼儿园拓展的趋向。

案例2："能在中、小学（幼儿园）从事体育教学、课外体育训练、竞赛及健康教育等工作。基本具备从事学校体育科学研究、学校体育管理工作的应用型人才"。此表述非常清晰，适应的工作岗位主要是三个学段，即中学、小学、幼儿园。

案例3："能在中小学校从事体育教育教学、训练和竞赛工作"。适应的工作岗位是中学和小学两个学段的体育教师工作。

案例4："能在各级各类学校从事体育教学、课外运动训练与竞赛工作及学

---

①杨志坚. 中国本科教育培养目标研究［M］. 北京：高等教育出版社，2005，3：41.
②同①.

校体育管理等工作"。此表述为各级各类学校,随机性较大,就业去向范围较宽泛。访谈结果显示,适应的工作岗位主要面向幼儿园、小学和中学三个学段。

从职业趋向的描述中可以看出,当前体育教育专业适应的工作岗位主要包括三个学段,即幼儿园、小学和中学,其中中学包括初中和高中。各个培养单位在进行体育教师培养的时候,培养目标中没有培养单位只进行某一个学段的单一体育教师培养的表述,所获得的案例中最少也包括两个学段的体育教师培养目标。

(4) 知识

体育教师的专业知识基础是一个开放的体系。它是体育教师从事体育教育教学所必需的专业知识,也是体育教师与其他职业相区别的知识和经验体系。[①] 根据第五章的研究结果:小学体育教师职前教育的知识应该包括学生发展的知识、教师教育的知识、学科专业知识和通识知识。

从各案例培养目标对应要掌握的知识描述中可以看出,案例1和案例2描述掌握的知识包括:"体育教育(体育与健康教育)的基本理论、基本知识和基本技能";案例3表述为"体育教育的基本理论和基本技能";案例4表述为"体育学科基本理论、基本技能和基本方法"。那么,第一个表述问题是"体育教育"与"体育学科",第二个表述问题是"基本理论"与"基本知识"的区别是什么?这种表述是否准确?

第一个问题。培养目标是对人才培养的高度概括。它的站位和出发点将决定培养目标的高度,它的准确性决定培养目标对人才培养的执行和实现。分析认为"体育教育"的表述出发点是"学校体育工作","体育学科"的表述出发点是"体育学科系统",这两个出发点的表述均存在片面性的特点。在新的时期,职前体育教师教育作为体育教师教育一体化的开端和起点,对体育教师专业发展的影响不言而喻,从这个角度讲,以"教师教育"为出发点的表述思想应该被体现出来,但从目前培养目标的表述中看,以"教师教育"为出发点的培养目标还没有被建立。因此,以国家教育部颁布的不同学段《教师专业标准(试行)》对教师知识的要求是不同学段体育教师职前教育培养目标形成的重要参考。

第二个问题。知识(knowledge)指有效履行专业职能所应掌握的知识基

---

[①] 沈建华,陈融. 学校体育学 [M]. 北京:高等教育出版社,2010:246.

础<sup>①</sup>。知识可以是理论的也可以是实践的,一般会出现比如"理论知识"这样的表述,"理论"作为"知识"的限定词来修饰"知识"。因此,"知识"与"理论"是包括与被包括的关系。培养目标中出现"基本知识""基本理论"是在同一层次上的描述,存在重复的嫌疑,因此本研究认为这样的表述是片面的、不准确的。

（5）能力

这里所说的能力（ability）对应着教育机构所培养的每个将来有可能成为小学体育教师的个体的能力,即他们如何运用所掌握的知识,表明他们能充分履行自己的职责,或对将来作为一名合格的小学体育教师应该有足够的知识、判断和技巧。第五章的研究结果已经表明,小学体育教师职前教育能力的培养包括：体育与健康课程教学方面的能力、课外体育活动方面的能力及课余体育训练与竞赛方面的能力。

4个案例对能力的表述,案例1："较强的创新精神、实践能力、发展潜力和服务意识"；案例2："具有较强的实践能力和一定的创新意识,在全面发展的基础上有所专长"；案例3："具有创新精神和实践能力"；案例4："具有创新精神和实践能力,具有一定体育科学研究能力"。从各案例对能力的表述可以看出,"实践能力"是各培养单位所公认的能力。研究认为,应用型人才虽然强调基本知识,但更强调基本能力,即从事实际工作的各种应用能力或技能。因此,仅用"实践能力"的表述来代替本科阶段关于体育教师培养的"能力",过于笼统,不利于发挥"执行"与"实现"的作用。

依据实践活动中各种能力因素的作用领域,研究将实践能力划分为4个基本构成要素：实践动机、一般的实践能力、专项实践能力和情境实践能力<sup>②</sup>。研究根据高等教育分流理论对以上要素的含义进行剖析后认为,4个实践能力要素可分为培养前要素和培养要素两个部分,基础教育改革已经将"具有初步创新精神、实践能力"的培养目标落实。因此,一般的实践能力和实践动机是培养前的侧重要素,在专业选拔中需要重点考量,将那些做体育教师动机强烈、一般实践能力突出的学生招收进本专业来进行培养,而在培养阶段则主要侧重专项实践能力和情境实践能力的培养（图9.1）。结合前期的研究认为,各学段体育教师的

---

① 戚万学,王夫艳. 教师专业实践能力：内涵与特征[J]. 教育研究,2012,385(2)：95-102.
② 刘磊,傅维利. 实践能力：含义、结构及培养对策[J]. 教育科学,2005,21(2)：1-5.

能力均可由三个方面和五个维度进行解读。在制订人才培养方案时，首先，明确三个不同学段的体育教师各自职前教育所要获取的能力是什么，然后针对学校自身的特点定位所要培养的学生将要适应的工作岗位是什么，继而制定培养目标（能力表述为具体的哪些方面的能力），根据培养目标的要求最终将所要达到的各项能力标准体现在具体的课程中。

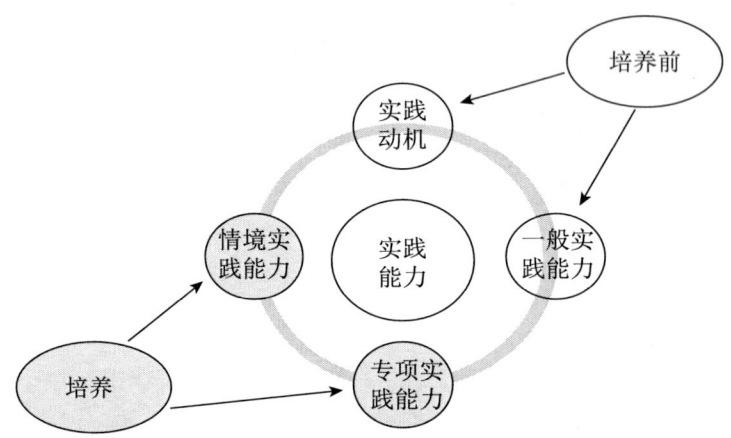

图9.1　体育教育专业学生实践能力培养侧重的示意图

因此，通过以上分析认为：在培养目标的表述中，正确、科学地表述是体育教师教育的关键。当前体育教师职前教育培养目标的表述不够准确，亟须进行完善。

(二) 培养规格

从4个案例培养方案的培养规格表述中可见，案例2对三个学段的培养规格进行了划分，将所要培养的三个学段的体育教师的培养规格分为两个层次进行描述，分别是"中小学体育教师培养规格"和"学前体育教师培养规格"的划分（表9.2），但关于小学与中学培养规格相同的理由还需进一步探究，其他3所学校则没有进行不同学段培养规格的区别对待。从主要链接的课程可见，其规格还是按照传统的"以项目划分模式"的思路进行设置，这种培养中学体育教师的课程设置模式是否同样满足小学体育教师职前教育的要求，从前期的研究结果来看，答案是否定的。因此，研究认为，本案例在进行两个层次的规格划分中已经迈出了可喜的一步，在中学和小学体育教师培养规格的论证上也同样应该遵循这种设计思路来厘清他们之间的关系。

表 9.2　2014 年××师范学院体育教育专业培养方案对不同岗位培养要求的描述

| 序号 | 对口岗位描述 | 岗位对应知识、能力、素质结构 | 主要链接课程 |
| --- | --- | --- | --- |
| 1 | 中、小学体育教师 | 岗位知识<br>1. 掌握体育教育的基本理论和基本技术<br>2. 初步掌握计算机和网络应用技术，能有效地运用到体育科研和课程设计之中。掌握一门外语，并能通过相应的等级考试<br>3. 较系统地掌握学校体育教育的工作规律 | 教育学、心理学、教师职业技能训练、英语、计算机基础等 |
| | | 岗位能力<br>1. 能从事中小学体育教学与管理、组织与指导课外体育锻炼、运动训练和竞赛组织及裁判工作<br>2. 在体育技能全面发展的基础上具有 1～2 项运动技术专长<br>3. 普通话达到国家二级乙等及以上水平 | 学校体育学、教师口语、田径、体操、篮球、排球、足球、主项等 |
| | | 岗位素质<br>1. 具有良好的思想道德素养及团结与协作精神<br>2. 具有敬业爱岗、艰苦奋斗、热爱劳动、遵纪守法、团结合作的品质<br>3. 具有良好的思想品德、社会主义公德和职业道德 | 思想道德修养与法律基础 |
| 2 | 学前体育教师 | 岗位知识<br>1. 熟悉国家有关教育、体育工作的政策和法律，具有扎实的教育科学基本理论知识与精深的体育教育专业基本理论知识<br>2. 具有丰富的教育实践体验知识和经验，了解体育教育改革的实践状况，能依据教育规律、幼儿身心发展特点和教育实践经验，对幼儿进行启蒙性教育，开展体育创造教育，促进幼儿全面、和谐、有个性地发展。在帮助儿童发展的过程中实现自身的专业发展<br>3. 掌握学校体育教学、健康教育教学、体育锻炼、运动训练和竞赛的基本理论与方法，具有创新精神、实践能力和较强的自学能力、社会适应能力 | 学前教育学、学前心理学、幼儿体育保健学、学前教育动态研究、幼儿园法规与政策概论 |
| | | 岗位能力<br>1. 具有过硬的体育教师专业技能；掌握了解、观察、分析幼儿发展的技能，具备读懂幼儿的能力；掌握传递指导技能（含口头语表达技能、书面语言表达技能、体态语表达技能、现代教育技术运用技能、环境创设技能、教玩具制作技能、艺术教育技能）<br>2. 具备较强的教育教学能力；掌握沟通协调技能（含心理教育技能、师幼沟通技能、与家长沟通技能、同事沟通技能、园区合作技能） | 幼儿园教育活动设计与指导、幼儿体育游戏、幼儿健美操编排与训练、幼儿舞蹈创编、幼儿游戏体操创编 |

续表

| 序号 | 对口岗位描述 | 岗位对应知识、能力、素质结构 | 主要链接课程 |
|---|---|---|---|
| 2 | 学前体育教师 | 3. 具备创设支持性环境能力；掌握监控评价技能；具有初步教育反思、研究能力和专业化发展能力<br>岗位素质<br>1. 具有良好的社会公德和职业道德，具有高度责任感、团队合作精神和诚实守信、吃苦耐劳的品德<br>2. 热爱生命、热爱幼儿、热爱幼教事业，永葆童心，以儿童为本，尊重、理解、悦纳每个儿童，创造与儿童生命相适应的教育，做儿童身心发展的促进者<br>3. 具有健康的体魄、健全的人格，愉快的情绪和烂漫的童心，保持积极向上的生活态度和文明的行为习惯 | 教师职业道德与政策法规 |

（摘自××师范学院2014年体育教育专业培养方案）

## （三）课程体系

根据第五章的研究结果，小学体育教师职前教育课程体系结构：公共基础课程+学科专业课程+教师教育课程。其中学科专业课程包括专业基础理论，专业技术、技能，专业能力培养实践；教师教育课程包括儿童发展与学习、小学教育基础、小学学科教育与活动指导、心理健康与专业发展、职业道德与专业发展及教育实践。

1. 课程体系结构

从4个案例课程体系结构内容来看，除了案例2包括了教师教育课程体系外，其他学校的"教师教育课程体系"均表现为缺失（表9.3）。依据现行《教师教育课程标准（试行）》认为，这样的课程设置不利于体育教师的培养，更不利于体育教师专业发展的需要。

表9.3　4所学校培养方案中课程体系结构

| 序号 | 学校 | 课程体系结构 |
|---|---|---|
| 1 | ××学院（2014） | 学科基础课程+专业（方向）课程 |
| 2 | ××师范学院（2014） | 通识教育课程+学科基础课+专业教育课程+教师教育课程 |

续表

| 序号 | 学校 | 课程体系结构 |
|---|---|---|
| 3 | ××体育学院（2012） | 通识教育课程+专业基础课程+专业课程 |
| 4 | ××理工学院（2014） | 公共基础课程+专业基础课程+专业课程+专业方向课程 |

2. ××学院课程体系的分析

以案例 1 来进行课程设计的分析，案例 1 是一所综合类院校，体育教育专业的学生在一年级和二年级与社会体育专业享有同样的教育资源，大三开始有了专业方向的划分。在案例 1 的教学计划表中，我们看到课程体系设置结构与培养方案中设置结构有所不同，见表 9.4，培养方案列表中的课程结构表述是：学科基础课程+专业（方向）课程，而教学计划表中的课程体系结构："通识课程+公共基础课程+教师教育课程+专业教育课程+个性发展课程+拓展课程"。其中教师教育课程是体育教育专业的必修课程，主要包括的课程有心理发展与健康、教师职业道德与法规、教育基础理论、教育技术与应用、中学教育与管理、学科教学研究与设计 6 门课程共计 14 学分。专业教育课程包括必修课（专业核心课程 51 学分）、术科主项提高课程（8 学分）、术科副项提高课程（4 学分）、学科选修课程（6 学分）、术科选修课程（4 学分）、就业导向课程（1 学分）、实践课程（18 学分），其中就业导向课程分中小学学校体育与健康课程方向和学前教育体育与健康课程方向两个方向，可以让学生进行自主选择。个性发展课程主要包括知识与文化、实务与技能、体育与运动、艺术与审美、生活与休闲，形式为任意选修课，总计 8 学分，以每学期公布的课程名称为准。拓展课程则是指在读学生、暂缓就业学生和校外人员均可申请插班修读学校开设的各类课程，但不计学分。

表 9.4 ××学院各类课程分数和学时数比例分配表

| 专业（方向）名称 | 课程分类 | 学科基础课程 | | | 专业（方向）课程 | | | | 实践课程 | 合计 |
|---|---|---|---|---|---|---|---|---|---|---|
| | | 必修课程 | 选修课程 | 小计 | 必修课程 | 选修课程 | 任修课程 | 小计 | | |
| 体育教育专业（方向） | 学分 | 70 | 8 | 78 | 51 | 13 | 10 | 74 | 18 | 170 |
| | 占总学分% | 41.2 | 4.7 | 45.9 | 30.0 | 7.6 | 5.9 | 43.5 | 10.6 | 100 |

续表

| 专业（方向）名称 | 课程分类 | 学科基础课程 | | | 专业（方向）课程 | | | | 实践课程 | 合计 |
|---|---|---|---|---|---|---|---|---|---|---|
| | | 必修课程 | 选修课程 | 小计 | 必修课程 | 选修课程 | 任修课程 | 小计 | | |
| 体育教育专业（方向） | 学时 | 1216 | 128 | 1344 | 910 | 248 | 180 | 1338 | 636 | 3318 |
| | 占总学时% | 36.6 | 3.9 | 40.5 | 27.4 | 7.5 | 5.4 | 40.3 | 19.2 | 100 |

从课程体系的设计来看，各个学段体育教师的异同点主要从"就业导向课程"（1学分）体现，而且分为两个阶段：幼儿园、中小学，既然"就业导向课程"已经进行学段划分，那么自然而然"实践性课程"也应该按照就业导向课程选择的结果进行学段划分，但教学计划表中并没有表现出来。至于为何划为两个学段进行就业指导课程设置的问题专门就案例单位主管教学的专家进行了电话访谈。他们的理由是一个是学前阶段，一个是义务教育阶段，划分两个阶段的理由还在于，一个正在进行中，而另一个幼儿园的体育教师教育方向的项目还没有启动。目前的事实还是一个培养方案在培养两个学段的体育教师。

这个案例具有典型性特征。因为和许多院校体育教育专业一样，他们也正在由培养中学体育教师向培养中学、小学和幼儿园三个学段的体育教师转型。但这种尝试是"牵一发而动全身"的事情，并非培养单位没有意识到不同学段体育教师差异性需求问题，而是"固守已有的模式比变革要容易得多"的现实问题。此外，一个好的想法变成事实，是需要很多工作来完成的，需要论证、准备、协调，这一过程或许十分漫长，但是必须进行，当前这种走一步看一步的改革做法在体育教师职前教育中较为普遍，从上一章的研究当中，密歇根大学长达10多年的"第五年教师教育计划"给予我们的启示，要想办好专业，就必须"务实"，塌下心来去做好一件事情。但就目前来讲，这么多培养小学体育教师的学校是否具备这样的能力？又该如何来具体做好这件事？

从访谈中得知，案例学校正在修改培养方案，一切还处于起步阶段。原来定位培养中学体育教师的培养方案正在进行调整，原因是根据现在的发展状况，培养的学生毕业后至少有60%进入小学当体育教师，因此培养重点正在下移，目前下移到小学阶段，未来还打算进一步下移到学前的幼儿园阶段。以后的培养方案也将培养三个学段的体育教师，即中学、小学和幼儿园。

被调查者表示："目前的培养状态是，一年级和二年级是一个大平台，社会体育专业和体育教育专业都共享这一教学资源平台，不分专业方向，三年级开始进行专业方向的划分，四年级进行学段的划分。当前小学体育教师的职前培养才刚刚开始，他们才一年级，未来究竟怎么样，还不太好说，我们也是在探索。当然探索的第一步是从培养方案入手，在课程中体现，让学生进行选择，但目前具体方案还没有成形。我们将来培养的小学体育教师必须了解小学的教育，了解小学的体育。我们现在正在积极地探索，我们培养的学生怎样才能真正达到一个体育教师的各项指标，体育教师在上课、组织课外活动以及进行课余训练竞赛时所具备的基本技能是什么，我们也在做这方面的课题，并在整理。假设一名体育教师从头到尾掌握了这些基本的技能，他最少能适应体育教师的基本工作。例如：口令的问题、身体姿态的问题、讲解示范的问题，这些都需要进行技能训练。比如一节体育课，一开始体育教师以一个什么样的姿态、什么样的精神面貌、怎样走到所带班级学生的面前，这是训练的第一步。第二步，宣布本次课的内容，以什么样的口令和宣布什么样的内容，口令训练我们总结了20种，针对不同的学生、不同的情景进行不同的运用是关键。就这样一步一步探索，始终将实践放在第一位。"

从案例的分析认为，当前××学院在构建课程体系的宏观把控上，或者在课程设置整体呈现的形式上做法还不明确，而在进行微观的教学方面的确存在着自身的优势，表现为积极实践、进取。基于此，研究认为，站在国家的立场和体育教师专业发展的角度，在培养方案、课程方案的宏观建构的把控方面，国家还需要进一步加强其指导作用。

（1）学分比例

根据前期研究结果来看，小学体育教师职前教育课程体系的总学分应该控制在140～170。课程体系学分的组成比例：公共基础课程25.3%+学科专业课程42.7%+教师教育课程32%。从案例1的实际情况来分析，其总学分最低为170学分，符合小学体育教师职前培养的课程体系总学分要求。其中，公共基础课程17学分和通识课程29学分（通识课程1：17学分+通识课程2：12学分）、个性发展课程8学分，总计54学分，占总学分的31.8%；教师教育课程32学分（14学分必修课程+18学分的教育实践），占总学分的18.8%；学科专业课程74学分，占总学分的43.5%；从学分分配的比例来看，该校课程体系中公共基础课程学分偏多，教师教育课程偏少，学科专业课程学分适中。

（2）教师教育课程

案例1中教学计划表显示：教师教育课程14学分，教育实践课程18学分，总计 32 学分，占总学分的 18.8%，少于小学体育教师教育课程体系对教师教育课程的最低要求。如果按照《教师教育课程标准（试行）》的最低标准要求，教师教育课程必修课程至少是 34 学分。那么该学校的体育教育专业的教师教育课程设置的必修课程还少 2 学分，但如果按照最低 45 学分（含选修课）的标准来看，显然学校应该增设关于教师教育的选修课程。从访谈中得知，并非是他们没有意识到这一方面的问题，在意识层面他们是非常清晰的。问题主要集中在操作层面或者实践层面，其主管教学的副院长在谈到这一问题时，也在反复地强调，培养体育教师体育教育专业有着得天独厚的优势，但是也存在着自身不足的地方，其中教师教育课程的问题就是其不足的地方，他表示，学校也正在思考和寻找机会与贵校的小学教育专业进行沟通，寻找合作的突破口，如果这个环节取得成功，接下来他们将和学前教育专业进行幼儿园体育教师职前教育的合作。

（3） 学科专业课程

前期的研究结果显示：小学体育教育教师职前教育课程体系的学科专业课程包括：专业理论基础、专业技术和技能、专业能力培养实践三个部分。案例 2 中的学科专业课程，主要包括专业核心课程、专业方向课程（术科主项提高课程、术科副项提高课程、学科任意选修课、术科任意选修课）、就业导向课程。整体课程设置以体育学科为中心，按照传统的"项目划分模式"进行专业方向课程的划分，这种划分很难体现出不同学段对体育教师需求的差异。根据前期研究结果认为，专业方向课程采用"学段划分模式"取代"项目划分模式"，体现"以人为本"的教育需求，根据不同学段的体育教育的特点开设相应的课程，各学段学科专业课程将包括本学段所需的专业基础理论、专业技术、技能及专业能力培养实践。如此一来，将避免出现"学非所用""脱离教育实际"等一系列的问题。

## 三、小结

所选案例均为二本院校，其培养类型均围绕"应用型"人才进行定位，在定位中各院校根据自身的特点对"应用型"人才的定位给予不同的限定。目前，所选案例中本科阶段的体育教育专业的职业去向基本包括了幼儿园、小学和中学三个学段。在培养目标中至少包括培养两个学段的体育教师的目标，有明确定位中小学的，有明确定位中学、小学（幼儿园）的，还有以"各级各类学校"为代表的表达方式，但所分析的案例中对各学段的体育教师品格标准（专业理念与

## 第九章 我国小学体育教师职前教育培养方案的案例分析

师德）的表述却是缺失的。知识描述的出发点主要集中在"学校体育"和"体育学科"两个层面，所培养的能力主要集中在"创新精神和实践能力"。当前体育教师职前教育培养目标对知识和能力的表述还存在表述片面、不准确、笼统等问题。培养规格的表述已经开始出现分化描述，案例2中对培养规格的表述划分中小学、学前教育两个阶段，这一趋势值得重视和提倡。课程体系的表述中大多数学校存在"教师教育课程"缺失、不足的现象。

建议系统观下，在国家的层面，尽快出台不同学段、不同发展阶段（职前、入职和职后）的《体育教师专业标准》，继而制定出不同学段的体育教师教育（职前、入职和职后）《课程方案》的指导性文件。体育教育专业培养目标可分为总的培养目标和不同学段的体育教师职前教育培养目标，这样可以确保不同学段的体育教师职前教育培养目标表述的科学性、全面性、准确性和具体性，各培养单位培养不同学段的体育教师时有不同的培养方案。建议各个学院根据自身的情况尽快厘清如何充分利用学校的教育平台培养不同学段的体育教师，不断提高人才培养的质量，解决哪些教学资源是可以共享的、什么时间可以共享、哪些资源不能共享而需要单独建立等具体问题。

# 第十章
# 结论与展望

2016年是"十三五"的开局之年。时任教育部部长袁贵仁在2016年全国教育工作会议上再次强调要"加强教师队伍建设",并对实现这一目标做了具体的指示,未来将会完善制度、改善待遇、提高素质、优化配置等。同时他还指出,"要始终牢固树立健康第一的教育理念、培养学生运动兴趣、养成锻炼习惯、掌握运动技能、磨练意志品质。今后,学生体质检测报告、学校体育督导评估结果要向社会公开。做好校园足球等工作,带动学校体育蓬勃发展"。从以上的精神我们可以充分认识到,第一,在国家的政策制度下,体育教师的未来将会越来越好;第二,体育工作的紧迫性和重要性不断被凸显,小学体育教师肩负的重任将更加鲜明,预示着小学体育教师教育方向需要紧跟国家需求进行改革;因此,体育教师的相关研究需求也相应显得更加迫切和亟需。而本书仅仅是站在一个视角,对小学体育教师培养方案进行研究,并终将告一段落。而对于体育教师相关研究而言,包括小学体育教师相关研究将永不停息。因此,本书的最后一章将对整个研究进行一个回顾和总结,同时根据前期的研究成果,结合国际教师教育的发展趋势和我国的具体国情对小学体育教师教育进行展望,以期通过这一章的写作,使本研究前期的研究成果表达能更加的明晰;也希望本研究的成果最终能在小学体育教师教育的实践中真正的落地生根;更加希望通过展望能牵动、激励更多的研究者参与其中,并进行更加广泛、深入的相关研究。

## 一、结论

(一)传统"项目划分模式"存在诸多的弊端。这种模式与教师教育专业标准的理念、不同学段的学校对体育教师的需求及未来施教对象、教材等方面存在着错位现象,本书提出了"学段划分模式"的新构想。该模式将解决我国体育教师教育形式演变中的断层现象,同时为推动体育教师教育一体化模式的构建和促进各学段的体育教师专业化发展提供理论依据。

(二)本科阶段有针对性地进行小学体育教师职前教育是解决小学体育教师数量与质量问题的最佳途径。

(三)深入访谈更加符合当前我国小学体育教师职前教育需求的研究需要。小学体育教师进行职前教育后,具备了适合小学体育教育特点的专业知识与能力,并体现出较高的综合素质。

(四)小学体育教师将成为学校体育工作的设计者、学校体育工作的组织与实施者、学校体育工作的激励与评价者、学校体育工作的沟通与合作者、学校体育工作的反思与发展者五种角色。他们需要掌握小学生发展知识、体育学科知识、教育教学知识、通识知识4类知识总计21个条目的内容,并具备小学体育教学方面的能力、课外体育活动方面的能力、课余训练和比赛方面的能力,各项能力均包括5个维度,总计60个条目内容。

(五)小学体育教师职前教育课程体系由公共基础课程、学科专业课程、教师教育课程组成,总学分在140~170分。其中学科专业课程包括专业基础理论、专业技术和技能、专业能力培养实践。建议课程比例按照"公共基础课程25.3%+学科专业课程42.7%+教师教育课程32%"来设计,其中公共基础课程最低必修35学分、教师教育课程最低学分45学分(其中最低必修34学分)、学科专业课程最低学分为60学分(其中最低必修42学分)。

(六)小学体育教师职前教育培养方案雏形,可作为正在进行或有意进行小学体育教师职前教育单位制订人才培养方案的理论参考。

(七)体育教育专业的培养目标表述不准确,体育教师职前教育课程体系中教师教育课程缺失严重。

(八)提高小学体育教师的质量要从招生、职前教育、入职、职后培训等多个方面共同抓起。

## 二、展望

小学体育教师是小学教师,是"人",作为人来讲,价值的实现是人活着的更高层次的意义所在,也被视为人的"第二生命"。因此,对于小学体育教师的教育，就必须设立有效的机制来激励更多的毕业生愿意当小学体育教师，通过调查发现目前最主要的两个问题，一个是薪酬，另一个是社会地位。小学体育教师需要更加广阔的职业前景，需要教育给予他们作为专业人士和改革领导者的责任和使命。前者，袁贵仁部长已经指示，将提高薪酬待遇，我们需拭目以待，而后者则是教育需要关注的重点，小学体育教师专业化发展是解决这一问题最好的方法。它需要依靠每一位小学体育教师和小学体育教师的教育者来共同实现，这一过程也许是一个漫长而充满挑战的过程，但是这一步必须迈出，必须有计划地、一个环节一个环节地、脚踏实地地去做去改变，否则，小学体育教师的价值将很难达到理想的"第二生命"状态。

教师专业发展是对小学体育教师教育质量的具体表达方式，而小学体育教师教育的质量问题并非是简单的单一环节问题，它一定是多环节合力的最终结果。要想确保质量，当前及未来我们还会面临很多严峻的实际问题。一名优秀的小学体育教师的产生，可能要追溯到他的中小学教育、高等教育招生、高等教育过程、入职考核、职后教育。因此，在展望小学体育教师的时候，有一种理想的成分在里面，至少应该从培养的相关环节入手，逐一进行。

## （一）招生

长期以来，体育教师给社会的印象就是"头脑简单、四肢发达"，很多热爱体育、有心从事体育事业的人士也被这一观点吓到而远离体育事业，这是体育事业的遗憾。小学体育教师要想改变社会地位，首先要改变自身的素质，重新树立社会形象。那么如何才能达到目的呢？本书认为，首先要从招生环节入手，试想，如果我们招进来的大多是"头脑简单、四肢发达"之士，又怎能培养出"反思实践者"型的小学体育教师呢。

此外，一定要把那些真正对体育、对小学体育教育工作有兴趣的学生招收进来。因为学习的兴趣不仅仅是停留在学校，它还会延伸到将来的工作职业。[①] 因此，在招生的过程中应该将受经济状况、生存压力的条件限制降到最低，将那些真正对体育教育专业有热心、执着、入迷并热爱小学教育工作的学生招收进来，因为他们怀有更浓的学习兴趣，有发自内心的动力来学好这个专业，将来也一定能为小学体育事业服务。因此，改革体育教育专业的招生制度是首要问题。

---

① 王定华. 透视美国教育——20位旅美留美博士的体验与思考 [M]. 北京：北京大学出版社，2008：45.

## (二) 培养

### 1. 人才培养的站位及思考

高等教育的首要任务是人才培养，人才是"人"与"才"组成的共同体，一般而言，"人"即育人，"才"是人才培养。"育人"和"人才培养"共同构成高等教育人才培养的整体。"育人"是"人才培养"的重要组成部分，但"育人"不等于"人才培养"，"人才培养"是"育人"的更高层次。"育人"是基本标准，着重全面发展，针对的是全体学生，是从社会整体发展的视角在思考问题，而"人才培养"是较高标准，偏于精英，是"育人"的更高层次，思考的角度是社会局部——专业发展问题，满足的是社会特定需要。因此，在体育教育专业人才的培养过程中，不能仅用"育人"的视野看待体育教师教育，要以"育人"为基础，站在"人才培养"的视角看待小学体育教师教育的问题，有人说过："任何国家或地区的教育质量都不会超过它的教师教育质量。"因此，从哪个角度思考和定位小学体育教师职前教育的问题已经客观地决定了小学体育教育的质量。也就是说，要想解决或提高小学体育教育质量，首先要从小学体育教师职前教育人才培养进行探索。在课程方面，通识知识的出发点更多的是育人层面，人才培养更多地体现在教师教育课程和专业课程层面，因此三者加起来就构成了本科阶段教育整体。以往的研究认为，高等教育注重人才培养而忽视育人，而从本书前期的调查中可见，小学体育教师教育存在的问题更多，不仅要强调育人，还要在此基础上加强人才培养的环节。

### 2. 谁在培养小学体育教师

谁在培养本科的小学体育教师、谁又在培养硕士研究生学历甚至博士研究生学历的小学体育教师、他们培养的小学体育教师各自是什么特色等，这些看似简单的问题却暴露出小学体育教师教育的问题所在。因此，未来需要落实这些问题，并回答这些问题。研究认为，应从理论上论证，构建小学体育教师教育的体系。

学历不断增高是发展的必然趋势，早在20世纪50至60年代，美国小学教师的学历要求已经是本科化，而教育发达的荷兰，20世纪80年代要求必须具备硕士学历的毕业生方能成为小学教师，学历要求将会越来越高，这也是小学教育观念转变、小学教育质量保障的基础条件。

从目前的现状来看，本科阶段培养小学体育教师的任务一定是在"体育教育专业"。前期的研究成果已经表明,当前体育教育专业由于培养目标不清而导致课程体系等存在诸多的问题,这些都需要改进。随着现在硕士研究生需求量的不断增加,体育教育训练学专业硕士对小学体育教师的提升空间在哪里?与本科培养小学体育教师的衔接关系又表现在什么地方?在第四章的论述中已经对"谁来培养"的学历层次进行了整体设计,设计的思路也从以往的"项目划分模式"转变为"学段划分模式"。未来,美国的"4+1"模式、法国的"3+2"模式都将为我国小学体育教师教育提供宝贵的参考,本科阶段的学习和硕士研究生阶段的学习将不再是两个割裂的部分,将会以更加紧密、合理、科学的形式成为适应我国教育形式和教育需求的新模式。

3. 怎样培养小学体育教师

系统构建小学体育教师教育职前、入职和职后培训一体化,明确职前、入职和职后培训各阶段的目标、任务,并对各阶段的教育建立有效的评价制度。下面将主要针对小学体育教师职前教育部分进行展望。

(1) 现阶段

①基于标准与课程的角度进行展望

从国家层面来讲,标准不可能一成不变,需要在实践中不断完善、发展。因此,现有的标准是具有一定失效性的,国家不仅要加强对标准的研制和实验,更加要强调标准推行制度的建立和实践监督机制的建立。教育部花大力气制定标准,几年时间过去了,其在体育教师教育领域中并没有被广泛重视和采纳。这样既不利于国家标准的推行,又不利于标准的修订与完善。

小学体育教师职前教育应与国家当前制定的标准保持一致。在《小学体育教师教育标准》《小学体育教师课程标准》出台以后,各个培养小学体育教师的单位将参照国家的标准进行培养方案修改。就目前来讲,制订小学体育教师教育培养方案可参照本书"小学体育教师培养方案"的研究成果,结合本院校的条件及特点构建出适合各自的培养方案用于指导小学体育教师职前教育。如果培养单位的培养目标定位在"培养小学体育教师",可参照本书的培养方案,以培养方案中的课程标准作为最低标准,结合培养单位的特色进行课程方案的设计。如果培养单位的培养目标定位于"培养中小学体育教师",建议参照本书的培养方案,结合中学体育教师培养的方案,整合课程,建议专业方向上分为"小学体育教师"和"中学体育教师"两个方向代替传统的以"田径、体操、健美操、篮球"等项目为专业方向的划分方法。课程划分采用"1+3"或"2+2"的时间划分,"1+3"即一年级进行通识教育,在这一年可以安排学生进行现场或视频观摩小学或中学的教育教学,让学生根据自身的感受判断兴趣方向,二年级进行分流,选择专业方向,小学教师教育方向按照小学体育教师职前教育的课程模块进行施教,包括实践课程;而中学体育教师则是按照中学体育教师职前教育的课程模块进行施教,包括实践部分,进行中学体育教师的培养。而"2+2"则是一、二年级作为一个共同的平台,进行通识培养,三年级进行专业方向选择,两者在时间上有所差异。因此,在课程上后者的综合化程度更高。

②基于高校分流和评估的角度进行展望

办学定位关系到一所高校的方向选择、角色定位和办学特色,是保证学校持续、健康、稳定发展的重要前提。对所有开办体育教育专业的学校进行及时的评定,确保体育教师培养的质量,对在转型、升级或办学中表现不佳的学校也将及时进行科学评估,及时取缔不合格的体育教师教育机构。

从2015年起,华东师范大学逐渐减少了本科阶段师范类的招生,学校成立教师教育学院,将师资培养统一纳入其中。浙江大学的体育教育专业,依托体育学本科、硕士、博士授予权和博士后流动站的学科平台,交叉培养,体现国际视野,独具一格。早在2002年,百年华诞之际的北京师范大学就明确表示:"将来15年内将要建成一所综合性、世界知名的研究型大学。"不同类型的学校进行不同层次的体育教育人才的培养,每一所大学都有各自的定位,不是每一所大学的体育教育专业都必须定位于"应用型人才"的培养,也完全没有必要这么做,应该依托大学本身的定位平台,对体育教育专业进行合理的定位。在定位标准上既能体现出体育教育专业人才培养的特色,也能在层次上有所区分,满足研究型、应用型等不同层次的人才需求。

(2) 将来阶段

教师教育学院成为未来教师教育的圣地。目前,以华东师范大学为首的许多学校都已成立或准备成立教师教育学院,这也是我国教师教育顺应世界教师教育发展的大趋势,教师教育学院将承担教师教育的任务,对教师教育资源进行整合和高效利用。未来,在教师教育学院成立后,体育教师教育也将隶属于小学教师教育行列,小学体育教师教育将会出现新的培养模式。

## （三）入职

国家层面已经开始高度关注教师教育的准入和质量问题。2015年开始，教师资格政策已经打破过去的"铁饭碗"制度，并将各省自主组织考试调整为全国统考，且开始实行定期注册制度，2016年各项制度将在全国范围内进行广泛推广。但是，正如有关专家所言，考试的意义非常有限，在此方面还需要参照发达国家成功的教师教育经验，必须有相关的教师教育理论与实践，才有资格参与考试。入职的标准当中应该明确参与教师资格考试的具体的理论学分和实践学分，如果不具备这两方面的学分，则不能参加考试。

职前培养标准与入职的考核标准相衔接。按照当前的教育形式，要想提高小学体育教师职前教育的质量，必须将入职的考核标准改革作为其风向标和导向，入职的标准只有从国家基础教育改革需求的角度表达出所需要的小学体育教师标准是什么，职前教育才能更加明确自己需要培养什么样的人才，两者之间是相互制约相互促进的关系。如果把职前教育比作"水"，入职教育比作"船"，很多词语都可以表现其中的奥妙，"水涨船高"职前教育质量的提升可以促进入职的要求升高，两者是相辅相成的。

"水可载舟也可以覆舟"，入职的标准不被职前教育所接纳，标准将成为被架空的纸老虎，所培养的"人才"没有一个符合标准，那么标准就形同虚设，只能在不合格当中选合格。因此，这两者之间必须搭建平台，使培养与入职的标准紧密衔接，形成对话，提高培养质量，"标准"可适度进行调整，但这种调整也需要符合教育的规律，"跳一跳摘桃子理论"是其标准，既不能高得离谱，也不能脱离实际。

例如，在入职的资格考核项目设置当中，考核需要与相应的实践环节相对应，根据不同学段的实际需求建立实践内容考核标准。如果没有达到小学实践内容标准的要求，那么该学生就不得参加小学体育教师的资格考试（图10.1）。这样就避免了"会背就能当老师"的怪现象发生在新进的小学体育教师身上，也使入职的考核能发挥更好的作用，真正将那些具备当小学体育教师的毕业生招入小学体育教师的队伍当中。

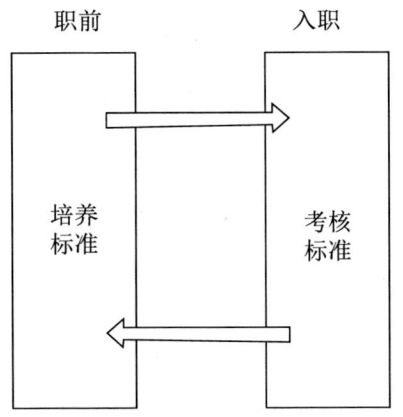

图 10.1　职前教育标准和入职教育标准衔接示意图

### (四) 职后培训

我国已经开始关注教师教育的职后培训，但通过调查、阅读文献后发现，职后培训也存在相应的问题。比如，培训流于形式，教师成长的阶段划分不清导致培训的目标不清，不同层次的教师参加相同内容的培训，培训不均衡，有的教师参加过数次，有的教师还没有参加过一次。因此，鉴于以上问题，本研究认为，在未来，基于教师教育一体化体系的不断成熟与完善，应构建更加合理的职后培训制度，以确保小学体育教师教育的终身制和教师成长阶段的连续性与科学性。

# 参考文献

[1] 人民日报. 深入学习贯彻习近平同志关于教育工作的重要论述 [EB/OL]. [2014-9-10]. http://news.eastday.com/eastday/13news/auto/news/china/u7ai2500227_K4.html.

[2] 人民日报客户端. 这几天, 李克强在忙四件大事 [EB/OL]. [2015-8-28]. http://www.gov.cn/xinwen/2015-08-28/content_2921601.htm.

[3] 杨文轩, 季浏. 义务教育体育与健康课程标准（2011年版）解读 [M]. 北京: 高等教育出版社, 2012: 3.

[4] 毛振明, 赖天德. 再说这个体育课程与教学改革: 学校体育知名专家各抒己见 [M]. 北京: 地质出版社, 2007: 178.

[5] 沈建华, 陈融. 学校体育学 [M]. 北京: 高等教育出版社, 2012: 242.

[6] 尹志华, 汪晓赞, 季浏. 论体育教师专业发展方式的转变 [J]. 北京体育大学学报, 2015, 38(5): 95-100.

[7] 教育部办公厅. 基础教育课程改革纲要 [S]. 2001.

[8] 徐辉, 季诚钧. 独立学院人才培养的理论与实践 [M]. 杭州: 浙江大学出版社, 2007: 227.

[9] 钟秉林. 教师教育转型研究 [M]. 北京: 北京师范大学出版社, 2009.

[10] 丁钢. 中国中小学教师专业发展状况调查与政策分析报告 [M]. 上海: 华东师范大学出版社, 2010: 42.

[11] 卢苇. 教育部释放积极信号 学校体育工作有望出现拐点 [EB/OL]. [2014-03-21]. http://www.sports.edu.cn.

[12] 潘建芬, 毛振明. 全国中小学体育教师数量结构发展概况分析 [J]. 体育科技文献通报, 2013, 21(7): 122-127.

[13] 新华网. 数据显示义务教育阶段体育老师缺口高达30万 [EB/OL]. [2013-08-14]. http://edu.qq.com/a/20130814/003039.htm.

[14] 王晖. 黑龙江高师院校培养小学体育教师的课程体系研究 [D]. 牡丹江: 牡丹江师范学

院，2012.

[15] 黄汉升，周登嵩．科学研究方法导论［M］．北京：北京体育大学出版社，2008：192-194.

[16] 韩晓霞．高等学校构建创新人才培养体系的研究［D］．北京：华北电力大学，2010.

[17] 阎守扶，张蕴琨．我国高等院校近10年来本科专业培养方案研究文献回顾［J］．首都体育学院学报，2009，21（3）：266-272.

[18] 徐佶．专业化视野下体育教师教育的反思与构建［M］．北京：中央编译出版社，2012：71.

[19] 胡德海．教育学原理［M］．甘肃：甘肃教育出版社，2006：319-320.

[20] 徐佶．专业化视野下体育教师教育的反思与构建［M］．北京：中央编译出版社，2012：16-17.

[21] 周南照，赵丽，任友群．教师教育改革与教师专业发展：国际视野与本土实践［M］．上海：华东师范大学出版社，2007：235.

[22] 教育部教师工作司．教师教育课程标准（试行）解读［M］．北京：北京师范大学出版社，2013：4.

[23] 尹志华．中国体育教师专业标准提心的探索性研究［D］．上海：华东师范大学，2014.

[24] 教育部教师工作司．小学教师专业标准（试行）解读［M］．北京：北京师范大学出版社，2013：1-9.

[25] 教育部教师工作司．小学教师专业标准（试行）解读［M］．北京：北京师范大学出版社，2013：139.

[26] 扈中平．"人的全面发展"内涵新析［J］．教育研究，2005（5）：3-8.

[27] 中共中央马克思恩格斯列宁斯大林著作编译局．马克思恩格斯全集（第3卷）［M］．北京：人民出版社，1960：286.

[28] 彭贻海，王莉，严精华，等．论体育教育专业培养目标、课程设置及社会需求的相互关系［J］．武汉体育学院学报，2003，37（6）：89-92.

[29] 顾明远．终身学习与人的全面发展［J］．北京师范大学学报：社会科学版，2008（6）：5-12.

[30] 国际21世纪教育委员会．教育——财富蕴藏其中［M］．联合国教科文组织部中文科，译．北京：教育科学出版社，1996：76.

[31] 董泽芳，陶能祥．高等教育分流的理论与实践［M］．武汉：华中师范大学出版社，2010：17.

[32] 琳达·达林-哈蒙德．美国教师专业发展学校［M］．王晓华，等，译．北京：中国轻工业出版社，2006.

[33] 徐斌艳. 教师专业发展的多元途径 [M]. 上海：上海教育出版社，2008：1.

[34] 尹志华，汪晓赞. 农村中小学体育教师专业化的现实困境与路径重构：基于社会学的视角 [J]. 南京体育学院学报：社会科学版，2009，23（4）：116-120.

[35] 教育部教师工作司. 小学教师专业标准（试行）解读 [M]. 北京：北京师范大学出版社，2013：4-5.

[36] 周南照，赵丽，任友群. 教师教育改革与教师专业发展：国际视野与本土实践 [M]. 上海：华东师范大学出版社，2007：15.

[37] 教育部教师工作司. 教师教育课程标准（试行）解读 [M]. 北京：北京师范大学出版社，2013：76-84.

[38] 季浏，汪晓赞，汤利军. 我国新一轮基础教育体育课程改革10年回顾 [J]. 上海体育学院学报，2011，35（2）：77-79.

[39] 王健，季浏. 体育教师教育课程改革的专业化取向 [J]. 上海体育学院学报，2008，32（1）：70-73.

[40] 教育部教师工作司. 教师教育专业标准（试行）解读 [M]. 北京：北京师范大学出版社，2013：19-24.

[41] 中国体育报：教育部释放积极信号学校体育工作有望出现拐点 [EB/OL]. [2013-03-21]. http://www.sports.edu.cn.

[42] 中华人民共和国教育部. 中国教育报. 新疆招特岗教师体育教师不得少于15%. [EB/OL]. [2013-04-10]. http://www.moe.edu.cn.

[43] 尹志华，毛利红，汪晓赞，等. 对制定新体育教师专业标准的调查与分析 [J]. 上海体育学院学报，2012，36（5）：86-90.

[44] 钟启泉，王艳玲. 从"师范教育"走向"教师教育" [J]. 大学·研究与评价，2007（9）：10-14.

[45] 袁振国. 从师范教育向教师教育的转变 [J]. 中国高等教育，2004（5）：29-31.

[46] 中华人民共和国教育部. 教育部国家发展改革委财政部关于深化研究生教育改革的意见 [EB/OL]. [2013-11-13]. http://www.moe.edu.cn.

[47] 顾明远. 师范教育的传统与变迁 [J]. 高等师范教育研究，2003，15（3）：1-6.

[48] 叶澜. 中国基础教育改革发展研究 [M]. 北京：中国人民大学出版社，2009：49-94.

[49] 赵利. 承继与发展：基础教育体育教学变革30年（1979-2009）[D]. 南京：南京师范大学，2012.

[50] 湖北省荆州地区教育局. 办好中师培养合格的小学教师 [J]. 人民教育，1981（1）：50-52.

[51] 王漾湄. 努力培养小学体育教师 [J]. 成都体育学院学报，1983（3）：93-96，107.

[52] 王迪光. 学校体育必须改革 [J]. 北京体育学院学报, 1983 (2): 1-6.

[53] 陈见旭. 立志改革, 抓好体育教学研究工作——我当体育教研员的体会 [J]. 上海体育学院学报, 1985 (1): 41-43.

[54] 堵道元. 加速师资培训提高小学体育教学质量 [J]. 江苏体育科技, 1983 (5): 22-23.

[55] 包昌明. 重庆市二十所重点中、小学体育教学工作的调查与分析 [J]. 四川体育科学学报, 1983 (3): 24, 50-53.

[56] 白晋湘. 湘西中小学体育师资现状的分析研究 [J]. 吉首大学学报: 自然科学版, 1988, 9 (1): 60-70.

[57] 李向东. 中等师范学校体育教学面向小学的尝试 [J]. 成都体育学院学报, 1986 (1): 76-79.

[58] 李向东. 重视培养农村小学体育教师 [J]. 四川体育科学, 1990 (3): 41-46.

[59] 吴在田. 关于少数民族地区中小学体育师资数量、学历的几点研究 [J]. 体育学刊, 1997 (1): 54-56.

[60] 董翠香. 新中国体育教师在职培训 50 年回顾与展望 [J]. 中国体育科技, 1998, 34 (12): 79, 80-82.

[61] 赵諓华, 林可, 姜建华. 我国体育师资队伍四十年发展论略 [J]. 浙江体育科学, 1990 (4): 56-62.

[62] 朱恺, 柳若松, 吴宝玲, 等. 我国体育人才市场对体育教师需求的调查 [J]. 西安体育学院学报, 1998, 15 (4): 1-5.

[63] 王一涛. 谈谈我省体育人才培养的层次结构与改革问题 [J]. 沈阳体育学院学报, 1985 (1): 1-7.

[64] 高发照. 我国小学教师职前培养的历史、现状与问题研究 [D]. 济南: 山东师范大学, 2005.

[65] 中共中央、国务院关于深化教育改革, 全面推进素质教育的决定 [Z]. 1996.

[66] 沈建华, 陈融. 学校体育学 [M]. 北京: 高等教育出版社, 2012: 244.

[67] 曲宗湖, 尚大光, 刘绍曾, 等. 2000 年中国学校体育和卫生发展战略研究 [J]. 北京体育师范学院学报, 1997.

[68] 刘绍曾, 曲宗湖. 中国学校体育发展战略 [J]. 北京体育学院学报, 1989, 45 (3): 1-10.

[69] 邓若锋, 杨丰宇. 小学体育教师在前进——调查分析 [J]. 体育学刊, 1998 (2): 87-88.

[70] 王叔新, 鲍思伟, 陈亦人, 等. 高师小学教育专业实践教学模式改革探索 [M]. 杭州: 杭州出版社, 2007: 2.

[71] 黄爱峰. 体育教育专业的发展与改革 [M]. 武汉: 华中师范大学出版社, 2008: 163.

[72] 教育部. 关于做好普通高等学校本科学科专业结构调整工作的若干原则意见 [Z]. 2001.

[73] 国务院办公厅转发教育部等部门关于进一步加强学校体育工作若干意见的通知（国办发［2012］53号）[EB/OL]. [2012-10-22]. http：//www.moe.edu.cn/publicfiles/business/htmlfiles/moe/A17_ zcwj/201210/143745.

[74] 教育部教师工作司. 教师教育课程标准（试行）解读 [M]. 北京：北京师范大学出版社，2013：1.

[75] 陈永明. 教师教育学 [M]. 北京：北京大学出版社，2012.

[76] 新华网. 数据显示义务教育阶段体育老师缺口高达30万 [EB/OL]. [2013-08-14]. http：//edu.qq.com/a/20130814/003039.htm.

[77] 潘建芬，毛振明. 全国中小学体育教师数量结构发展概况分析 [J]. 体育科技文献通报，2013，21（7）：122-127.

[78] 胡塞尔. 现象学的观念 [M]. 倪梁康，译. 上海：上海译文出版社，1986：24.

[79] 刘志忠. 现象学：我国高等教育研究方法论危机的突破口 [J]. 高教探索，2015（1）：33-38.

[80] 范明林，吴军. 质性研究 [M]. 上海：上海人民出版社，2009：10.

[81] Ammon K., Piantanida M. Generating results from qualitative data image [J]. Journal of Nursing Scholarship, 1988, 20 (3)：159-161.

[82] Coyne I T. Sampling in qualitative research. Purposeful and theoretical sampling: merging or clear boundaries? [J]. Journal of Advanced Nursing, 1997, 26 (3)：623-630.

[83] 王定华. 透视美国教育——20位旅美留美博士的体验与思考 [M]. 北京：北京大学出版社，2008：45.

[84] 陈向明. 教师如何作质的研究 [M]. 北京：教育科学出版社，2001：43.

[85] 李峥. 护理研究中的质性研究（一）[J]. 中国护理管理，2007，17（4）：78-80.

[86] Bogdan R., Biklen S. Qualitative Research for Education: An Introduction to Theory and Methods [M]. Allyn and Bacon, 2006：50.

[87] 杨文轩，季浏. 义务教育体育与健康课程标准（2011年版）解读 [M]. 北京：高等教育出版社，2012：12.

[88] 文辅相. 中国高等教育目标论 [M]. 武汉：华中理工大学出版社，1995：16.

[89] 饶玲. 课程与教学论 [M]. 北京：中国时代经济出版社，2004：105.

[90] 中国大百科全书出版社编辑部. 中国大百科全书（教育卷）[M]. 北京：中国大百科全书出版社，1985：159.

[91] 王坤庆. 现代教育哲学 [M]. 武汉：华中师范大学出版社，1996：244.

[92] 杨志坚. 中国本科教育培养目标研究 [M]. 北京：高等教育出版社，2005：42.

[93] 杨志坚. 中国本科教育培养目标研究 [M]. 北京：高等教育出版社，2005：35.

[94] 中小学教师专业发展标准及指导课题组. 中小学教师专业发展标准及指导. 体育与健康 [M]. 北京：北京师范大学出版社，2012：26-89.

[95] 朱超华. 教师核心能力论 [M]. 广州：广东高等教育出版社，2007：23-24.

[96] 周登嵩. 学校体育学 [M]. 北京：人民体育出版社，2005：63.

[97] 刘善言. 学校体育学 [M]. 济南：山东大学出版社，2001：27.

[98] 毛振明，赵立等. 学校体育学 [M]. 北京：高等教育出版社，2001：30-31.

[99] Sue Hoyt K., Coyne EA., Peard AS., et al. Nurse practitioner Delphi study: Competencies for practice in emergency care [J]. Journal of Emergency Nursing, 2010, 36 (5): 439-449.

[100] 黄汉升，周登嵩. 体育科研方法导论 [M]. 北京：北京体育大学出版社，2008：232.

[101] Hasson F., Keeney S., McKenna H. Research guidelines for the Delphi survey techniques [J]. Journal of Advanced Nursing, 2000, 32 (4): 1008-1015.

[102] 刘秀娜. 我国护理学博士研究生教育培养目标的探索性研究 [D]. 重庆：第三军医大学，2012.

[103] 蒲昫頔. Delphi-AHP 法在医学院校实验教学准备评价体系研究中的应用 [D]. 重庆：重庆医科大学，2014.

[104] Skulmoski GL., Hartman FT., Krahn J. The Delphi method for graduate research [J]. Journal of Information Technology, 2007, 6: 1-21.

[105] Boendemaker PM, Conradi MH, Schuling J, et al. Core characteristics of the competent general practice trainer, a Delphi study [J]. Advances in health sciences education: theory and practice, 2003, 8 (2): 111-116.

[106] 季新强，刘志民. Delphi 法及其在医学研究和决策中的应用 [J]. 中国药物依赖性杂志，2006, 15 (6): 422-426.

[107] 曾友燕，王志红，吕伟波. 社区家庭护理服务内容的研究 [J]. 护士进修杂志，2007, 22 (5): 409-410.

[108] Hasson F., Keeney S., McKenna H. Research guidelines for the Delphi survey techniques [J]. Journal of Advanced Nursing, 2000, 32 (4): 1008-1015.

[109] 陈青山. 在 Excel 中完成 Delphi 法评价指标的计算 [J]. 数理医药学杂志，2004, 17 (1): 73-76.

[110] 刘磊，傅维利. 实践能力：含义、结构及培养对策 [J]. 教育科学，2005, 21 (2): 1-5.

[111] 张恒，沈宁. 我国护理学硕士研究生核心知识体系研究 [J]. 中华护理杂志，2007, 42 (4): 347-349.

[112] Cabral D. Katz JN, Weinblatt ME. Development and assessment of indicators of rheumatoid arthritis severity: results of a Delphi panel [J]. Arthritis Care Research, 2005, 15, 53 (1): 61-66.

[113] 黄汉升. 我国高等学校体育学学科与专业的改革与发展——3个重要文件的编制说明与解读 [R]. 河北师范大学, 2015.

[114] 王本陆. 课程与教学论 [M]. 北京: 高等教育出版社, 2009: 30.

[115] 教育部教师工作司. 教师教育课程标准（试行）解读 [M]. 北京: 北京师范大学出版社, 2013: 6.

[116] Greg Payne, 耿培新, 梁国立. 人类动作发展概论 [M]. 北京: 人民教育出版社, 2008: 54.

[117] 教育部教育工作司. 小学教师专业标准（试行）解读 [M]. 北京: 北京师范大学出版社, 2013: 22-23.

[118] 靳玉乐. 课程论 [M]. 北京: 人民教育出版社, 2012: 172.

[119] 胡中锋. 教育科学研究方法 [M]. 北京: 清华大学出版社, 2011: 126-131.

[120] Davis, L. L. Instrument review: getting the most from a panel of experts [J]. Applied Nursing Research, 1992, 5 (4): 194-197.

[121] Polit D. F., Beck CT, Owen S. V. Is the CVI an acceptable indicator of content validity? Appraisal and recommendation [J]. Research in Nursing & Health, 2007, 30: 459-467.

[122] 戚万学, 王夫艳. 教师专业实践能力: 内涵与特征 [J]. 教育研究, 2012, 385 (2): 95-102.

[123] 黄爱峰, 王健. 一个真实的假问题: 体育教育专业"术科"探究 [J]. 西安体育学院学报, 2006 (4): 92-95.

[124] 亚瑟·K. 埃利斯. 课程理论及其时间范例 [M]. 张文军, 译. 北京: 教育科学出版社, 2005: 100.

[125] 王莹. 开学遇上"全科教师"你如何适应新学期的新改革 [EB/OL]. [2015-09-10]. http://www.workercn.cn.

[126] 王莹. 新中国高等院校体育学本科专业结构论 [M]. 北京: 北京体育大学出版社. 2011: 34-40.

[127] 陈之华. 芬兰教育全球第一的秘密 [M]. 北京: 中国青年出版社, 2009: 161-162.

[128] 肖海涛. 论高等教育学制改革与教育现代化 [J]. 高等教育研究, 2007, 28 (2): 39-44.

[129] 陈时见, 周琴, 等. 综合大学教师教育的国际比较 侧重综合大学教师教育发展的案例分析 [M]. 重庆: 西南师范大学出版社, 2011: 17.

[130] 刘建凤，樊顺厚．加强高等学校教学条件建设与保障的若干思考［J］．中国冶金教育，2008（4）：72-74．

[131] 洪明．美国教师质量保障体系历史演进研究［M］．北京：北京师范大学出版社，2010：176．

[132] 闫丽梅．陕西省普通本科院校体育教育专业术科师资结构的研究［D］．太原：太原理工大学，2015．

[133] 杨学琴，高颖，高峰松．河北省新建体育教育本科专业师资队伍［J］．保定学院学报，2008，21（4）：43-45，79．

[134] 陶坚．河南省普通本科院校体育教育专业师资队伍的现状研究［J］．赤峰学院学报，2013，29（4）：123-124．

[135] Stake. R. E. Qualitative case studies. In Norman K. Denzin and Yvonna. S. Lincoln（eds.），The Sage Handbook of Qualitative Research［C］．California：Sage publication，2005：444．

[136] Eisenhardt. K. M. Building theories from cases study research［J］．The Academy of Management Review，1989，（4）．

[137] 克利福德·格尔兹．文化的解释［M］．纳日碧力戈，等，译．上海：上海人民出版社，1999．

[138] 王刚．案例研究的价值冲击与维护［J］．中国地质大学学报：社会科学版，2015，15（5）：115-121．

[139] 王立人，顾建民．国际视野中的本科应用型人才培养［M］．浙江：浙江大学出版社，2008：7．

[140] 胡中锋．教育科学研究方法［M］．北京：清华大学出版社，2011：238．

[141] 孔繁敏．建设应用型大学之路［M］．北京：北京大学出版社，2006：31．

[142] 刘国钦，伍维根．高校应用型人才培养的理论与实践［M］北京：人民出版社，2007：90-91．

[143] 郑也夫．吾国教育病理［M］．北京：中信出版社，2013：3-14．

[144] 杨志坚．中国本科教育培养目标研究［M］．北京：高等教育出版社，2005：41．

[145] 沈建华，陈融．学校体育学［M］．北京：高等教育出版社，2010：246．

[146] 教育部人事司．高等教育学［M］．北京：高等教育出版社，1999：240-241．

[147] 李凤梅．2003年《全国普通高等学校体育教育本科专业课程方案》认知分歧探微及启示［J］．沈阳体育学院学报，2013，23（5）：104-107．

[148] 龚正伟，李丽英．中国体育教师教育的历史、挑战与未来［J］．北京体育大学学报，2009，32（3）：77-81．

[149] 崔国红．对体育教育专业学生培养中若干问题的反思——基于青少年体质健康下降现实

[J]．首都体育学院学报，2011，23（3）：238-240．

[150] 唐炎．现行体育教育本科专业课程方案存在的问题与改进建议［J］．体育学刊，2014，21（2）：61-64．

[151] 王飞，耿廷芹，陈勇芳．对我国本科体育教育专业培养目标的思考［J］．成都体育学院学报，2009，25（12）：83-85．

[152] 李强，毛振明．对03版《全国普通高等学校体育教育专业课程方案》四维视角的反思［J］．武汉体育学院学报，2011，45（10）：92-96．

[153] 丁钢．《中国中小学教师专业发展状况调查与政策分析报告》［M］．上海：华东师范大学出版社，2010：42．

[154] 肖威，汪玲，吕新颖，等．高师体育教育专业人才培养与基础教育需求关系研究［J］．北京体育大学学报．2006，29（12）：1681-1685．

[155] 郝庆威，李杰凯，郭亦农，等．试论"应用型人才培养"理念下体育院校专业设置和培养目标定位与调整策略［J］．沈阳体育学院学报，2010，29（5）：101-103，138．

[156] 胥英明．对《全国普通高校体育教育本科专业课程方案》的质疑［J］．体育学刊，2004，11（5）：10-12．

[157] 杨万林，王利明，杨万森．论体育教育专业的培养目标、课程设置与体育教师教育专业化［J］．教育与职业，2007，559（27）：63-64．

[158] 方千华，黄汉升．改革开放以来我国普通高校体育教育本科专业课程设置的沿革［J］．西安体育学院学报，2006，27（1）：102-107．

[159] 张力为，张凯．体育科学研究方法向何处去——十个趋与三个问题［J］．体育与科学，2013，34（6）：6-16．

[160] 王硕．"学段划分模式"——体育教师职前教育课程改革新构想［J］．西安体育学院学报，2017，34（2）：237-241．

[161] 王建涛，邵斌．体育教育专业顶点课程体系的构建［J］．南京体育学院学报：社会科学版，2015，（4）：106-110．

[162] 韩志芳．我国普通高等学校体育教育专业本科培养方案研究［D］．北京：北京体育大学，2015．

[163] 教育部．全国普通高等学校体育教育本科专业课程方案［Z］．2003．

[164] 钟晖．体育顶点课程研究［J］．体育文化导刊，2013（3）：1．

[165] 黄波，刘冬梅．华南师范大学体育教育专业课程设置分析［J］．体育学刊，2010（6）：68-72．

[166] 刘青健．对我国普通高等院校体育教育专业《课程方案》的调查与分析［J］．山东体育学院学报，2011（12）：81-85．

［167］马勇，贺昭泽，胡建忠，等.地方师范院校体育教育专业课程体系审视与整构［J］.广州体育学院学报，2015（2）：110-112，116.

［168］关北光.《教师教育课程标准》背景下高校体育教育专业与基础教育对接的策略［J］.体育学刊，2013（3）：75-77.

［169］丁福德.对高等师范院校体育教育专业课程体系建设的新思索［J］.山东体育学院学报，2010（3）：79-83.

［170］黄爱峰，王健，郭敏，等.基于体育教师专业标准的体育教育专业课程改革研究——以华中师范大学专业教改实验为例［J］.武汉体育学院学报，2016（9）：63-68.

［171］王伟廉.高等学校课程编制理论建设的几个问题［J］.中国高等教育，2003，5：38-41.

［172］杨清.学校课程结构设计：从自发到自觉［J］.教育科学研究，2016（11）：49-53.

［173］向家俊，刘黎明.体育教育专业"1+X+2"课程结构研究［J］.体育文化导刊，2011（12）：114-117.

# 附 录

## 附件1：研究知情同意书

**研究知情同意书**

您好！

我正在完成《我国小学体育教师职前教育的培养方案研究》的博士论文，目前正在进行第四章——我国小学体育教师教育培养目标的研究，希望通过征求您对相关问题的看法与建议来获得本部分的研究支撑。您有权选择是否参加，我会尊重您的选择。下面我将提供相关信息，以便您做出决定：

1. 本研究内容来自××大学体育学院2013级博士研究的论文，开题时间为2015年1月6日。

2. 本研究运用文献资料、理论分析、质性访谈与专家咨询、个案分析等方法，在了解和分析我国小学体育教师教育的现状、趋势与存在问题的基础上，征求各有关群体对小学体育教师教育的看法、需求，以及相关建议，进而明确小学体育教师人才培养的定位与角色功能，从而对培养目标进行理论概括，进而根据培养目标来制定课程体系。我们希望本研究成果能够为发展与完善我国小学体育教师教育奠定基础。

3. 您的意见和想法对本书具有非常重要的意义，我也愿意与您分享最终的研究成果。

4. 在此我向您郑重承诺，研究涉及的内容和您阐述的观点，将仅供本书使用。所有原始资料仅供本研究分析、查阅，决不会泄露您的个人资料与信息。您的姓名与工作单位最后也不会出现在我的论文当中，不会留下任何使他人可以追踪到您的个人信息线索。如果您有特殊要求和声明，我将保证遵守承诺尊重您的选择。

5. 是否参与本研究完全由您本人决定。在您决定参与后，您仍有权利随时退出本次访谈，不会对您有任何不利的影响。

联系人：王硕

联系地址：石家庄市南二环中段 20 号河北师范大学体育学院（邮编：050024）

邮件地址：wsh76218@126.com

联系电话：15891778866

# 附件 2：访谈提纲

访谈知情书已阅读、是否同意接受访谈：

**体育教育专家访谈**

| 访谈编号 | |
|---|---|
| 访谈时间 | 年　月　日　　　时　分—时　分　　　共计：　分钟 |
| 访谈地点 | |
| 访谈情况 | |

**访谈提纲：**

1. 您所在院校开设的体育教育专业的情况如何？

（包括：招生时间、每年招生人数、已毕业人数、专业方向、培养类型、培养目标、学制及课程、毕业要求等。）

2. 本专业毕业的学生有到小学当体育教师的吗？情况如何？

3. 您认为培养小学体育教师和其他学段（如幼儿园、中学）体育教师的异同表现在哪里？小学体育教师的培养应更加注重哪些方面的知识、能力？

4. 您认为在《小学教师专业标准（试行）》和《教师教育课程标准（试行）》出台后，我校目前的人才培养方案在培养小学体育教师方面存在优势和不足各表现在哪里？

5. 您认为新的本科目录中教育学科下增设的"小学教育"专业与体育教育专业在未来小学体育教师培养中是否存在关系？是什么？

6. 您认为小学体育教师应该由谁培养？怎样培养？

7. 您对未来我国培养小学体育教师有什么好的建议？

（包括：目标、课程、培养形式、毕业应达到的水平标准、能力要求等）

**体育学科专家背景资料登记表**

| 姓名 | | 性别 | | 年龄 | |
|---|---|---|---|---|---|
| 职称 | | 职务 | | 工作年限 | |
| 学历 | | 工作部门 | | | |
| 担任导师情况 | | | | | |
| 研究方向 | | | | | |
| 其他 | | | | | |

访谈知情书已阅读、是否同意接受访谈：

**教育专家访谈**

| 访谈编号 | |
|---|---|
| 访谈时间 | 年　月　日　　　时　分 — 时　分　　　共计：　分钟 |
| 访谈地点 | |
| 访谈情况 | |

**访谈提纲：**

1. 您所在的院校开设的小学教育专业情况如何？

（包括：招生时间、每年招生人数、已毕业人数、专业方向、培养类型、培养目标、学制及课程、毕业要求等）

2. 您认为我国小学教师培养的趋势是什么？

3. 您认为培养小学教师和其他学段（如幼儿园、中学）教师的异同表现在哪里？小学教师的培养应更加注重哪些方面的知识、能力？

4. 您认为小学体育教师需要专业的培养吗？

（回答需要：请问您理解的小学体育教师专业化培养是什么样子？）

5. 您认为小学体育教师应该由谁来培养？怎样培养？

6. 您认为在《小学教师专业标准》和《教师课程标准》出台后，培养小学体育教师的人才培养方案应该有怎样的变化？

（包括：目标、课程、培养形式、毕业应达到的水平标准、能力要求等）

7. 新的本科目录中"小学教育"与未来小学体育教师培养是否存在关系？是什么？

8. 您对未来我国培养小学体育教师有什么好的建议？

**教育学科专家背景资料登记表**

| 姓名 | | 性别 | | 年龄 | |
|---|---|---|---|---|---|
| 职称 | | 职务 | | 工作年限 | |
| 学历 | | 工作部门 | | | |
| 担任导师情况 | | | | | |
| 研究方向 | | | | | |
| 其他 | | | | | |

访谈知情书已阅读、是否同意接受访谈：

**小学体育组组长访谈**

| 访谈编号 | | | |
|---|---|---|---|
| 访谈时间 | 年 月 日 | 时 分 — 时 分 | 共计： 分钟 |
| 访谈地点 | | | |
| 访谈情况 | | | |

**访谈提纲：**

1. 您所在学校体育教师的来源？他们的具体工作一般包括哪些？情况如何？

2. 目前您所在学校的体育师资情况如何？需求的情况怎样？

3. 您对将来纳入新成员的期望是什么？（包括：通过培养应达到什么样的水平？具备什么样的知识和能力？在工作中发挥什么样的作用？）

4. 您认为小学体育教师需要专业化的培养吗？

（回答需要：请问您理解的小学体育教师专业化培养是什么样子？）

5. 您对未来我国培养小学体育教师有什么好的建议？

**小学体育组组长背景资料登记表**

| 姓名 | | 性别 | | 年龄 | |
|---|---|---|---|---|---|
| 学历 | | 职务 | | 工作年限 | |
| 工作单位 | | | | | |
| 其他 | | | | | |

访谈知情书已阅读、是否同意接受访谈：

**小学体育教研员访谈表**

| 访谈编号 | | | |
|---|---|---|---|
| 访谈时间 | 年　月　日 | 时　分 — 时　分 | 共计：　分钟 |
| 访谈地点 | | | |
| 访谈情况 | | | |

**访谈提纲：**

1. 当前您所在地区小学体育教师的需求情况如何？
2. 您对当前培养的小学体育教师满意吗？

满意：体现在哪些方面？

不满意：体现在哪些方面？

3. 您认为小学体育教师需要专业的培养吗？

（回答需要：请问您理解的小学体育教师专业化培养是什么样子？）

4. 您认为小学体育教师应该掌握哪些知识？应该具备哪些能力？
5. 您对未来我国培养小学体育教师有什么好的建议？

**小学体育教研员背景资料登记表**

| 姓名 | | 性别 | | 年龄 | |
|---|---|---|---|---|---|
| 学历 | | 在小学工作的年限 | | | |
| 现在工作部门 | | | | | |
| 其他 | | | | | |

访谈知情书已阅读、是否同意接受访谈：

**学习者访谈表**

| 访谈编号 | | | |
|---|---|---|---|
| 访谈时间 | 年　月　日 | 时　分 — 时　分 | 共计：　分钟 |
| 访谈地点 | | | |
| 访谈情况 | | | |

**访谈提纲：**

1. 你当时就读本专业的目的是什么（本科）？

2. 小学体育教师是您的理想职业吗？

3. 您上学过程中的感受如何？学习过程中有哪些困惑？最大的收获是什么？

4. 您在工作过程中的感受如何？困惑或者欠缺有哪些？

5. 您认为在小学体育教师与幼儿体育教师和中学体育教师的区别大吗？体现在哪里？

6. 您认为小学体育教师需要专业的培养吗？

（回答需要：请问您理解的小学体育教师专业化培养是什么样子？）

7. 您认为当小学体育教师应该具备什么样的知识？什么样的能力？达到什么样的水平？

8. 您对未来我国培养小学体育教师有什么好的建议？

**学习者背景资料登记表**

| 姓名 | | 性别 | | 年龄 | |
|---|---|---|---|---|---|
| 本科就读学校 | | 专业方向 | | 就读时间 | |
| 研究生就读学校 | | 专业方向 | | 就读时间 | |
| 工作年限▲ | | 工作单位▲ | | | |
| 实习单位 | | | | | |
| 其他 | | | | | |

"▲"：已经毕业参加工作者填写，在校生不填。

## 附件3：函询问卷

### 致专家信

尊敬的专家：

您好！

我是××大学体育学院的在读博士生，目前正在完成我的著作，题目初步拟定为《我国小学体育教师职前教育培养方案研究》，目的是想通过明确小学体育教师的培养目标，制订出培养小学体育教师的方案雏形，为小学体育教师的职前教育提供依据和参考。您是本领域的专家，您的意见或建议将为小学体育教师职前教育培养目标的制订产生重要的影响。

前期本书已经通过文献资料和专家访谈等方法，获取了小学体育教师培养现状和需求的相关信息。本部分主要是通过前期的研究成果，结合《小学教师专业标准（试行）》《中小学教师专业发展标准及指导（体育与健康）》《高等学校体育学类本科专业教学国家质量标准》《学校体育学》等相关的理论，运用特尔菲的方法来获取职前教育后所期望的小学体育教师角色的定位及角色的内涵、应具备的核心知识和基本能力，为进一步归纳和提炼小学体育教师的培养目标奠定基础。

在此，对您的辛勤工作表示真诚的感谢！

本调查共分五个部分：专家情况的调查、角色定位及内涵、核心知识、基本能力、专家对调查内容熟悉程度及判断依据的调查。

您的意见是我撰写本书的主要依据，期盼您指导意见的回复。如有可能，请您在百忙之中尽量抽时间在两周内完成问卷的填写，如有修改意见请您填写在"补充项"中，以促进我修改、完善后形成下一轮问卷。如在填写中，您有任何的疑问或其他相关情况出现，请您随时通过下面的地址、电子邮箱、电话、QQ联系研究者或直接写在问卷上，我会在第一时间接受您的指导。再次感谢您在百忙当中的指导与帮助。

祝您：身体健康、工作顺利！

联系人：王硕

联系地址：石家庄市南二环中段 20 号河北师范大学体育学院（邮编：050024）

邮件地址：wsh76218@126.com

联系电话：15891778866

# 第一轮　专家函询问卷

尊敬的专家：

您好！

非常荣幸您能参加本研究的函询。请您仔细阅读说明后进行填写，请勿空项，谢谢！

填写说明：

1. 每项内容的重要程度分为：5＝很重要；4＝比较重要；3＝一般重要；2＝不太重要；1＝不重要。请您根据自己的判断，在相应的数字上画"√"或涂红。

2. 如果您对指标有所增加，请填写在相应的"补充项"。如果需要删减或对选项存在异议，请在"专家修改建议"栏进行填写。

3. 请您对"补充项"同样按照"1"的要求，也给予重要程度的判断。

## 第一部分　专家基本情况调查

1. 年龄：＿＿＿＿　　2. 职称：＿＿＿＿　　3. 职务：＿＿＿＿

4. 工作年限：＿＿＿＿　　5. 研究方向：＿＿＿＿

6. 最高学历：①博士研究生　②硕士研究生　③本科

7. 担任导师情况：①否　②是（硕士生导师□；博士生导师□）

8. 工作单位性质：①综合类　②师范类　③理工类　④体育类　⑤民族类　⑥其他

9. 学校所属地域：①西北　②华北　③东北　④西南　⑤华中　⑥华东　⑦华南

# 第二部分  小学体育教师角色定位及角色内涵调查

（注：小学体育教师的角色定位和角色内涵，是指职前本科阶段培养后被期望扮演的角色以及角色应该发挥的作用。）

小学体育教师角色定位：

| A 小学体育教师角色定位 | 重要程度 | 专家修改建议 |
|---|---|---|
| A1 学校体育工作的设计者 | 5  4  3  2  1 | |
| A2 学校体育工作的组织与实施者 | 5  4  3  2  1 | |
| A3 学校体育工作的激励与评价者 | 5  4  3  2  1 | |
| A4 学校体育工作的沟通与合作者 | 5  4  3  2  1 | |
| A5 学校体育工作的反思与发展者 | 5  4  3  2  1 | |
| 补充项： | 5  4  3  2  1 | |

小学体育教师角色内涵：

| 角色定位 | 角色内涵 | 重要程度 | 专家修改建议 |
|---|---|---|---|
| A1 学校体育工作的设计者 | A1.1 小学体育与健康课程的设计者 | 5  4  3  2  1 | |
| | A1.2 小学课外体育活动的设计者 | 5  4  3  2  1 | |
| | A1.3 小学体育课余训练的设计者 | 5  4  3  2  1 | |
| | A1.4 小学体育课余比赛的设计者 | 5  4  3  2  1 | |
| | 补充项： | 5  4  3  2  1 | |
| A2 学校体育工作的组织与实施者 | A2.1 小学体育与健康课程的组织与实施者 | 5  4  3  2  1 | |
| | A2.2 小学课外体育活动的组织与实施者 | 5  4  3  2  1 | |
| | A2.3 小学体育课余训练的组织与实施者 | 5  4  3  2  1 | |
| | A2.4 小学体育课余比赛的组织与实施者 | 5  4  3  2  1 | |
| | 补充项： | 5  4  3  2  1 | |
| A3 学校体育工作的沟通与合作者 | A3.1 小学体育与健康课程的沟通与合作者 | 5  4  3  2  1 | |
| | A3.2 小学课外体育活动的沟通与合作者 | 5  4  3  2  1 | |
| | A3.3 小学体育课余训练的沟通与合作者 | 5  4  3  2  1 | |

续表

| 角色定位 | 角色内涵 | 重要程度 | 专家修改建议 |
|---|---|---|---|
| A3 学校体育工作的沟通与合作者 | A3.4 小学体育课余比赛的沟通与合作者 | 5 4 3 2 1 | |
| | 补充项： | 5 4 3 2 1 | |
| A4 学校体育工作的激励与评价者 | A4.1 小学体育与健康课程的激励与评价者 | 5 4 3 2 1 | |
| | A4.2 小学课外体育活动的激励与评价者 | 5 4 3 2 1 | |
| | A4.3 小学体育课余训练的激励与评价者 | 5 4 3 2 1 | |
| | A4.4 小学体育课余比赛的激励与评价者 | 5 4 3 2 1 | |
| | 补充项： | 5 4 3 2 1 | |
| A5 学校体育工作的反思与发展者 | A5.1 小学体育与健康课程的反思与发展者 | 5 4 3 2 1 | |
| | A5.2 小学课外体育活动的反思与发展者 | 5 4 3 2 1 | |
| | A5.3 小学体育课余训练的反思与发展者 | 5 4 3 2 1 | |
| | A5.4 小学体育课余比赛的反思与发展者 | 5 4 3 2 1 | |
| | 补充项： | 5 4 3 2 1 | |

## 第三部分　小学体育教师核心知识体系调查

| B 核心知识类别 | 重要程度 | 专家修改建议 |
|---|---|---|
| B1 小学生发展知识 | 5 4 3 2 1 | |
| B2 体育学科知识 | 5 4 3 2 1 | |
| B3 教育教学知识 | 5 4 3 2 1 | |
| B4 通识性知识 | 5 4 3 2 1 | |
| 补充项： | 5 4 3 2 1 | |

拟定的核心知识内涵

| 类别 | 拟定的核心知识内涵 | 重要程度 | 专家修改建议 |
|---|---|---|---|
| B1 小学生发展知识 | B1.1 初步掌握关于小学生生存、发展和保护的有关法律及政策规定 | 5 4 3 2 1 | |
| | B1.2 初步掌握不同年龄及有特殊需要的小学生身心发展特点和规律，初步掌握保护和促进小学生身心健康发展的策略与方法 | 5 4 3 2 1 | |
| | B1.3 初步掌握不同年龄小学生体育学习、活动的特点，初步掌握小学生体育良好行为习惯养成的知识 | 5 4 3 2 1 | |
| | B1.4 初步掌握幼小和小初衔接阶段学生的心理特点，初步掌握小学生心理顺利过渡的方法 | 5 4 3 2 1 | |
| | B1.5 初步掌握对小学生进行青春期和性健康教育的知识和方法 | 5 4 3 2 1 | |
| | B1.6 初步掌握小学体育安全防护的知识，初步掌握针对小学生体育可能出现的各种侵占与伤害行为的预防与应对方法 | 5 4 3 2 1 | |
| | 补充项： | 5 4 3 2 1 | |
| B2 体育学科知识 | B2.1 初步掌握运动人体科学类基础知识 | 5 4 3 2 1 | |
| | B2.2 初步掌握体育人文类基础知识 | 5 4 3 2 1 | |
| | B2.3 初步掌握体育专业技术与理论 | 5 4 3 2 1 | |
| | B2.4 初步掌握小学体育与健康课程的全部内容 | 5 4 3 2 1 | |
| | B2.5 有一个专长运动项目 | 5 4 3 2 1 | |
| | B2.6 初步掌握小学其他学科的知识 | 5 4 3 2 1 | |
| | B2.7 初步掌握小学体育课外活动的理论与方法 | 5 4 3 2 1 | |
| | B2.8 初步掌握小学体育课余训练的理论与方法 | 5 4 3 2 1 | |
| | B2.9 初步掌握小学体育课余比赛的理论与方法 | 5 4 3 2 1 | |
| | B2.10 初步掌握体育学科与社会实践、少先队活动的联系，了解与其他学科的联系 | 5 4 3 2 1 | |
| | 补充项： | 5 4 3 2 1 | |

续表

| 类别 | 拟定的核心知识内涵 | 重要程度 | 专家修改建议 |
|---|---|---|---|
| B3 小学体育教育教学知识 | B3.1 初步掌握小学教育教学基本理论与方法 | 5 4 3 2 1 | |
| | B3.2 初步掌握小学生品行养成的特点和规律 | 5 4 3 2 1 | |
| | B3.3 初步掌握不同年龄小学生的认知规律和教育心理学的基本原理与方法 | 5 4 3 2 1 | |
| | B3.4 初步掌握体育与健康课程标准和教学知识 | 5 4 3 2 1 | |
| | 补充项: | 5 4 3 2 1 | |
| B4 体育通识性知识 | B4.1 具有相应的自然科学和人文科学知识 | 5 4 3 2 1 | |
| | B4.2 了解中国体育教育基本情况 | 5 4 3 2 1 | |
| | B4.3 具有相应的体育艺术欣赏与体育表现知识 | 5 4 3 2 1 | |
| | B4.4 具有适应体育教育内容、教学手段和方法现代化的信息技术知识 | 5 4 3 2 1 | |
| | 补充项: | 5 4 3 2 1 | |

# 第四部分  小学体育教师基本能力调查

（注：小学体育教师的基本能力：是指学生经过职前本科阶段小学体育教师专业方向的培养后在承担小学体育教师任务时所必须具备的知识、技能与行为。本研究将小学体育教师的能力按照任务划分为四个类别，每个方面包括五个领域：Ⅰ=设计；Ⅱ=组织与实施；Ⅲ=激励与评价；Ⅳ=沟通与合作；Ⅴ=反思与发展，按照领域分别对每个能力类别进行细致的描述。）

| 基本能力类别 | 涵义界定 | 重要程度 | 专家修改建议 |
|---|---|---|---|
| C1 小学体育与健康课程教学方面的能力 | 指具有把控课堂，传授体育与健康知识，并能对学生进行思想引领 | 5 4 3 2 1 | |

续表

| 基本能力类别 | 涵义界定 | 重要程度 | 专家修改建议 |
|---|---|---|---|
| C2 小学体育课外体育活动方面的能力 | 指能有效组织并指导学生个体或集体进行课外锻炼、课外活动 | 5 4 3 2 1 | |
| C3 小学体育课余训练方面的能力 | 指根据小学生的身心发育特点,对有特长的小学生进行某一运动项目较为科学的训练 | 5 4 3 2 1 | |
| C4 小学体育课余竞赛方面的能力 | 指能针对小学生的特点组织各项体育比赛的能力 | 5 4 3 2 1 | |
| 补充项: | | 5 4 3 2 1 | |

### 小学体育教师基本能力的具体描述

| 基本能力类别 | 维度 | 具体描述 | 重要程度 | 专家修改建议 |
|---|---|---|---|---|
| C1 教学方面的能力 | Ⅰ 设计 | C1.1 制订小学体育与健康课程教育教学计划与安排(学段、学年、学期) | 5 4 3 2 1 | |
| | | C1.2 能够独立进行基于体育与健康课程标准、学习内容、初步的学情分析确定教学目标并进行正确表述 | 5 4 3 2 1 | |
| | | C1.3 熟悉小学体育与健康课程教材内容,并初步学会分析体育教材、确定学习重点、把握和选用教材内容,并根据学生的具体情况合理有效地设计 | 5 4 3 2 1 | |
| | | C1.4 能够从学生已掌握的体育知识和运动技能出发,确定学习难点 | 5 4 3 2 1 | |
| | | C1.5 能够依据体育教学目标设计教学进程 | 5 4 3 2 1 | |
| | | C1.6 能够依据体育教学目标设计评价方式 | 5 4 3 2 1 | |
| | | C1.7 能够根据实际进行体育教学活动场地的规划、设计 | 5 4 3 2 1 | |
| | | C1.8 能够运用体育绘图 | 5 4 3 2 1 | |
| | | C1.9 能够参与进行校本体育与健康课程的开发 | 5 4 3 2 1 | |
| | | C1.10 能够提供一定的体育与健康课程资源 | 5 4 3 2 1 | |
| | | 补充项: | 5 4 3 2 1 | |

续表

| 基本能力类别 | 维度 | 具体描述 | 重要程度 | 专家修改建议 |
|---|---|---|---|---|
| C1 教学方面的能力 | Ⅱ 组织与实施 | C1.11 能够根据不同的学生和教学内容进行合理的场地器材的布置 | 5  4  3  2  1 | |
| | | C1.12 掌握不同水平体育课的课堂常规，能有效的发出口令与指挥、调动队形的能力 | 5  4  3  2  1 | |
| | | C1.13 掌握适合不同水平小学生的教学语言，做到准确、简洁、清晰 | 5  4  3  2  1 | |
| | | C1.14 能够正确、规范地进行动作示范 | 5  4  3  2  1 | |
| | | C1.15 能够根据上课的情况进行体育课运动负荷的安排与调控 | 5  4  3  2  1 | |
| | | C1.16 具有针对不同水平小学生的体育教学方法和技巧 | 5  4  3  2  1 | |
| | | C1.17 具有基本的课堂调控能力，保证大部分时间用于教学重点环节，完成预定的教学任务 | 5  4  3  2  1 | |
| | | C1.18 调动小学生体育与健康学习的积极性，结合小学生已有的知识和经验激发体育与健康学习的兴趣 | 5  4  3  2  1 | |
| | | C1.19 通过指导和帮助学生学练体育技术的过程，引导学生形成良好的体育学习习惯 | 5  4  3  2  1 | |
| | | C1.20 能够根据学生在课堂中练习的实际情况，逐步提出运动技能的学习要求 | 5  4  3  2  1 | |
| | | C1.21 观察学生的学习状态，观看学生的练习，对学生的错误动作及时纠正，能够恰当地采取行动的形式组织体育教学 | 5  4  3  2  1 | |
| | | C1.22 将现代教育技术手段应用到体育与健康课程的教学中 | 5  4  3  2  1 | |
| | | C1.23 较好的使用口头语言、肢体语言与书面语言，使用普通话教学，规范书写钢笔字、粉笔字、毛笔字 | 5  4  3  2  1 | |
| | | C1.24 初步掌握一些应对小学体育与健康教学中突发事件的技巧 | 5  4  3  2  1 | |
| | | C1.25 能鉴别小学生体育课堂的行为和思想动向，用科学的方法预防和矫正不良行为 | 5  4  3  2  1 | |
| | | 补充项： | 5  4  3  2  1 | |

续表

| 基本能力类别 | 维度 | 具体描述 | 重要程度 | 专家修改建议 |
|---|---|---|---|---|
| C1 教学方面的能力 | Ⅲ 激励与评价 | C1.26 收集教学评价资料的能力 | 5 4 3 2 1 | |
| | | C1.27 在体育与健康课程教学中进行观察与判断，发现和赏识每一位小学生的点滴进步 | 5 4 3 2 1 | |
| | | C1.28 体育教育教学中能够灵活使用多种评级方式，给予小学生恰当的评价和指导 | 5 4 3 2 1 | |
| | | C1.29 教师教学自我评价能力 | 5 4 3 2 1 | |
| | | C1.30 引导小学生进行自我评价与学生互评的能力 | 5 4 3 2 1 | |
| | | C1.31 利用评价结果不断改进教育体育与健康课程教学工作 | 5 4 3 2 1 | |
| | | C1.32 体育与健康课程教学小结的写作 | 5 4 3 2 1 | |
| | | 补充项： | 5 4 3 2 1 | |
| | Ⅳ 沟通与合作 | C1.33 掌握不同水平小学生特点的语言，善于倾听、和蔼可亲，在体育教学中与小学生进行有效的沟通 | 5 4 3 2 1 | |
| | | C1.34 通过体育课建立良好的师生关系，帮助小学生建立良好的同伴关系 | 5 4 3 2 1 | |
| | | C1.35 具有与他人合作、交流、分享体育与健康课程教学经验和资源的意识和能力 | 5 4 3 2 1 | |
| | | 补充项： | 5 4 3 2 1 | |
| | Ⅴ 反思与发展 | C1.36 主动收集分析与体育与健康教育教学相关的信息，不断进行反思，改进体育与健康教育教学的各项工作 | 5 4 3 2 1 | |
| | | C1.37 能够根据体育教学相关工作中的现实需要与问题，进行探索和研究 | 5 4 3 2 1 | |
| | | C1.38 具有一定独立思考、解决体育与健康课程教育教学问题的能力 | 5 4 3 2 1 | |
| | | C1.39 撰写体育与健康课程教研报告的能力 | 5 4 3 2 1 | |
| | | 补充项： | 5 4 3 2 1 | |

续表

| 基本能力类别 | 维度 | 具体描述 | 重要程度 | 专家修改建议 |
|---|---|---|---|---|
| C2 课外体育活动方面的能力 | Ⅰ 设计 | C2.1 制订小学各级、各项课外活动计划 | 5 4 3 2 1 | |
| | | 补充项： | 5 4 3 2 1 | |
| | Ⅱ 组织与实施 | C2.2 会组织早操 | 5 4 3 2 1 | |
| | | C2.3 会组织大课间 | 5 4 3 2 1 | |
| | | C2.4 会组织体育社团活动 | 5 4 3 2 1 | |
| | | C2.5 会组织体育文化活动 | 5 4 3 2 1 | |
| | | C2.6 合理设计体育相关主题的班级和少先队活动 | 5 4 3 2 1 | |
| | | C2.7 发挥好少先队体育组织生活、体育信息传播等教育功能 | 5 4 3 2 1 | |
| | | C2.8 掌握一些学生参与体育活动时自我保护和安全应变的方法和技巧 | 5 4 3 2 1 | |
| | | C2.9 了解目前小学生身体活动方面的知识内容 | 5 4 3 2 1 | |
| | | 补充项： | 5 4 3 2 1 | |
| | Ⅲ 激励与评价 | C2.10 观察与判别学生参与课外体育活动的状态与效果 | 5 4 3 2 1 | |
| | | C2.11 掌握一些身体活动促进干预的手段 | 5 4 3 2 1 | |
| | | C2.12 掌握激发小学生参与体育活动兴趣和态度的方式方法 | 5 4 3 2 1 | |
| | | C2.13 教师组织课外体育活动的自我评价 | 5 4 3 2 1 | |
| | | C2.14 引导学生对参与课外体育活动进行自我评价 | 5 4 3 2 1 | |
| | | 补充项： | 5 4 3 2 1 | |
| | Ⅳ 沟通与合作 | C2.15 与学生交流课外活动的情况 | 5 4 3 2 1 | |
| | | C2.16 与学生共同进行课外活动的组织 | 5 4 3 2 1 | |
| | | 补充项： | 5 4 3 2 1 | |
| | Ⅴ 反思与发展 | C2.17 收集分析课外活动的相关信息的能力 | 5 4 3 2 1 | |
| | | C2.18 能够根据课外体育活动中的现实需要与具体问题进行探索和研究 | 5 4 3 2 1 | |
| | | C2.19 改进课外活动的各项工作 | 5 4 3 2 1 | |
| | | 补充项： | 5 4 3 2 1 | |

续表

| 基本能力类别 | 维度 | 具体描述 | 重要程度 | 专家修改建议 |
|---|---|---|---|---|
| C3 小学体育训练方面的能力 | Ⅰ 设计 | C3.1 小学体育训练计划的制订 | 5 4 3 2 1 | |
| | | 补充项： | 5 4 3 2 1 | |
| | Ⅱ 组织与实施 | C3.2 运用科学的方法选拔参训学生 | 5 4 3 2 1 | |
| | | C3.3 初步掌握学校课余训练中常用的方法和手段 | 5 4 3 2 1 | |
| | | C3.4 能够针对小学生的特点科学进行某个体育项目的训练 | 5 4 3 2 1 | |
| | | C3.5 妥善应对训练中的突发事件 | 5 4 3 2 1 | |
| | | 补充项： | 5 4 3 2 1 | |
| | Ⅲ 沟通与合作 | C3.6 与家长、学生沟通和交流学生体育特长发展的情况 | 5 4 3 2 1 | |
| | | C3.7 能组建团队共同完成训练的工作 | 5 4 3 2 1 | |
| | | C3.8 与学生共同完成训练计划的制订 | 5 4 3 2 1 | |
| | | 补充项： | 5 4 3 2 1 | |
| | Ⅳ 激励与评价 | C3.9 收集训练评价资料的能力 | 5 4 3 2 1 | |
| | | C3.10 在训练中进行观察与判断，发现和激励小学生取得进步 | 5 4 3 2 1 | |
| | | C3.11 训练中能够灵活使用多种评级方式，给予小学生恰当的评价和指导 | 5 4 3 2 1 | |
| | | C3.12 利用评价结果不断改进训练工作 | 5 4 3 2 1 | |
| | | C3.13 教师训练的自我评价 | 5 4 3 2 1 | |
| | | C3.14 引导学生进行自我评价 | 5 4 3 2 1 | |
| | | C3.15 训练计划、总结写作 | 5 4 3 2 1 | |
| | | 补充项： | 5 4 3 2 1 | |
| | Ⅴ 反思与发展 | C3.16 了解国际、国内当前关于儿童训练方面新进展 | 5 4 3 2 1 | |
| | | C3.17 主动收集分析训练信息，不断进行的反思、改进训练的各项工作 | 5 4 3 2 1 | |
| | | C3.18 将反思实践转化为科研成果 | 5 4 3 2 1 | |
| | | C3.19 能够根据训练相关工作中的现实需要与具体问题，进行探索和研究 | 5 4 3 2 1 | |
| | | 补充项： | 5 4 3 2 1 | |

续表

| 基本能力类别 | 维度 | 具体描述 | 重要程度 | 专家修改建议 |
|---|---|---|---|---|
| C4 小学体育课余比赛方面的能力 | Ⅰ 设计 | C4.1 会制订小学年度体育竞赛日程计划 | 5 4 3 2 1 | |
| | | C4.2 会编制小学生运动会秩序册 | 5 4 3 2 1 | |
| | | C4.3 会制定小学生竞赛规程 | 5 4 3 2 1 | |
| | | C4.4 会编排团体操方案 | 5 4 3 2 1 | |
| | | 补充项： | 5 4 3 2 1 | |
| | Ⅱ 组织与实施 | C4.5 竞赛环境的布置 | 5 4 3 2 1 | |
| | | C4.6 裁判工作能力 | 5 4 3 2 1 | |
| | | C4.7 竞赛成绩记录与统计审查能力 | 5 4 3 2 1 | |
| | | C4.8 能组织小学生运动会 | 5 4 3 2 1 | |
| | | C4.9 能组织小学生的各种体育比赛 | 5 4 3 2 1 | |
| | | C4.10 妥善应对比赛中的突发事件 | 5 4 3 2 1 | |
| | | C4.11 小学生团体操训练 | 5 4 3 2 1 | |
| | | 补充项： | 5 4 3 2 1 | |
| | Ⅲ 沟通与合作 | C4.12 在比赛中的相关工作中能与小学生进行有效沟通与合作 | 5 4 3 2 1 | |
| | | 调动小学生参赛的兴趣和热情 | 5 4 3 2 1 | |
| | | C4.13 在比赛中的相关工作中能与同事进行有效沟通与合作 | 5 4 3 2 1 | |
| | | 补充项： | 5 4 3 2 1 | |
| | Ⅳ 激励与评价 | C4.14 收集比赛评价资料的能力 | 5 4 3 2 1 | |
| | | C4.15 通过比赛的观察与判断，发现更多具有潜力的学生 | 5 4 3 2 1 | |
| | | C4.16 能够灵活使用多种评级方式，给予小学生参与比赛的评价和指导 | 5 4 3 2 1 | |
| | | C4.17 利用评价结果不断改进比赛工作 | 5 4 3 2 1 | |
| | | C4.18 教师比赛的自我评价 | 5 4 3 2 1 | |
| | | C4.19 引导学生进行自我评价 | 5 4 3 2 1 | |
| | | C4.20 比赛总结写作 | 5 4 3 2 1 | |
| | | 补充项： | 5 4 3 2 1 | |

续表

| 基本能力类别 | 维度 | 具体描述 | 重要程度 | 专家修改建议 |
|---|---|---|---|---|
| C4 小学体育课余比赛方面的能力 | V 反思与发展 | C4.21 赛后会对课余体育竞赛应注意的问题进行分析总结 | 5 4 3 2 1 | |
| | | C4.22 对自己在组织竞赛中的知识、技能运用水平等会进行自我评价 | 5 4 3 2 1 | |
| | | C4.23 具备了解国际、国内当前关于儿童比赛方面新进展的能力 | 5 4 3 2 1 | |
| | | C4.24 能主动收集分析比赛信息,不断进行的反思、改进比赛的各项工作 | 5 4 3 2 1 | |
| | | C4.25 将反思实践转化为科研成果 | 5 4 3 2 1 | |
| | | C4.26 能够根据比赛相关工作的现实需要与具体问题,进行探索和研究 | 5 4 3 2 1 | |
| | | 补充项: | 5 4 3 2 1 | |

您的其他相关建议:

# 第五部分 专家对调查内容熟悉程度及判断依据的调查

1. 请根据自身情况在相应数值下划"√";
2. 熟悉程度选择标准:5=很熟悉;4=比较熟悉;3=一般熟悉;2=不太熟悉;1=不熟悉;
3. 判断依据的程度选择标准:3=影响因素大;2=影响因素中;1=影响因素小。

| 内容 | 您的熟悉程度 | 您的判断依据程度 | | | |
|---|---|---|---|---|---|
| | | a. 实践经验 | b. 理论分析 | c. 对国内外情况的了解 | d. 直观感觉 |
| 职前小学体育教师角色定位及角色内涵 | 5 4 3 2 1 | 3 2 1 | 3 2 1 | 3 2 1 | 3 2 1 |
| 职前小学体育教师核心知识 | 5 4 3 2 1 | 3 2 1 | 3 2 1 | 3 2 1 | 3 2 1 |
| 职前小学体育教师基本能力 | 5 4 3 2 1 | 3 2 1 | 3 2 1 | 3 2 1 | 3 2 1 |

第一轮函询到此结束。

再次对您的参与和指导表示诚挚的谢意!

# 第二轮　专家函询问卷

尊敬的专家：

您好！

非常荣幸您能参加本研究的第二轮函询。对您在第一轮函询中的悉心指导表示诚挚的谢意！

本轮函询问卷是根据各位专家在第一轮函询中的评价结果和建议，对第一轮问卷进行修改后形成的，修改结果包括：删除18个专家选择重要程度≥4分的选择率<80%，且满分率（5分选择率）<50%的条目；合并了二级指标中的2个条目为1个，三级指标中的58个条目为28个；修改、调整了19个条目；增加了2个条目（#标记）。

河北师范大学体育学院2013级博士生：王硕

导师：××教授

联系电话：15891778866

Email：wsh76218@126.com

**填写说明：**

1. 每项内容的重要程度分为：5=很重要；4=比较重要；3=一般重要；2=不太重要；1=不重要。请您根据自己的判断，在相应的数字上画"〇"或涂色。

2. 如果您对指标有所增加，请填写在相应的"补充项"。如果需要删减或对选项存在异议，请在"专家修改建议"栏进行填写。

3. 请您对"补充项"同样按照"1"的要求，也给予重要程度的判断。

# 第一部分　小学体育教师角色定位及角色内涵调查

（注：小学体育教师的角色定位和角色内涵，是指职前本科阶段教育后学生被期望扮演的角色以及角色应该发挥的作用。）

小学体育教师角色定位：

| A 小学体育教师角色定位 | 重要程度 | 专家修改建议 |
| --- | --- | --- |
| A1 小学体育工作的设计者 | 5　4　3　2　1 | |
| A2 小学体育工作的组织与实施者 | 5　4　3　2　1 | |
| A3 小学体育工作的沟通与合作者 | 5　4　3　2　1 | |
| A4 小学体育工作的激励与评价者 | 5　4　3　2　1 | |
| A5 小学体育工作的反思与发展者 | 5　4　3　2　1 | |
| 补充项： | 5　4　3　2　1 | |

小学体育教师角色内涵：

| 角色定位 | 角色内涵 | 重要程度 | 专家修改建议 |
| --- | --- | --- | --- |
| A1<br>小学体育工作的设计者 | A1.1 小学体育与健康课程教学的设计者 | 5　4　3　2　1 | |
| | A1.2 小学课外体育活动的设计者 | 5　4　3　2　1 | |
| | A1.3 小学体育课余训练和比赛的设计者 | 5　4　3　2　1 | |
| | 补充项： | 5　4　3　2　1 | |
| A2<br>小学体育工作的组织与实施者 | A2.1 小学体育与健康课程教学的组织与实施者 | 5　4　3　2　1 | |
| | A2.2 小学课外体育活动的组织与实施者 | 5　4　3　2　1 | |
| | A2.3 小学体育课余训练和比赛的组织与实施者 | 5　4　3　2　1 | |
| | 补充项： | 5　4　3　2　1 | |
| A3<br>小学体育工作的沟通与合作者 | A3.1 小学生在体育与健康课程教学中的沟通与合作者 | 5　4　3　2　1 | |
| | A3.2 小学生在课外体育活动中的沟通与合作者 | 5　4　3　2　1 | |

续表

| 角色定位 | 角色内涵 | 重要程度 | 专家修改建议 |
|---|---|---|---|
| A3<br>小学体育工作的沟通与合作者 | A3.3 小学生在小学体育课余训练和比赛中的沟通与合作者 | 5 4 3 2 1 | |
| | 补充项： | 5 4 3 2 1 | |
| A4<br>小学体育工作的激励与评价者 | A4.1 小学体育与健康课程教学的激励与评价者 | 5 4 3 2 1 | |
| | A4.2 小学课外体育活动的激励与评价者 | 5 4 3 2 1 | |
| | A4.3 小学体育课余训练和比赛的激励与评价者 | 5 4 3 2 1 | |
| | 补充项： | 5 4 3 2 1 | |
| A5<br>小学体育工作的反思与发展者 | A5.1 小学体育与健康课程教学的反思与发展者 | 5 4 3 2 1 | |
| | A5.2 小学课外体育活动的反思与发展者 | 5 4 3 2 1 | |
| | A5.3 小学体育课余训练和比赛的反思与发展者 | 5 4 3 2 1 | |
| | 补充项： | 5 4 3 2 1 | |

## 第二部分　小学体育教师的知识结构调查

（注：小学体育教师的知识结构，是指职前本科阶段教育后学生应该掌握的知识体系。）

拟定的知识结构类别：

| B 知识结构类别 | 重要程度 | 专家修改建议 |
|---|---|---|
| B1 小学生发展知识 | 5 4 3 2 1 | |
| B2 体育学科知识 | 5 4 3 2 1 | |
| B3 教育教学知识 | 5 4 3 2 1 | |
| B4 通识性知识 | 5 4 3 2 1 | |
| 补充项： | 5 4 3 2 1 | |

拟定的知识结构内涵：

| 类别 | 拟定的知识结构内涵 | 重要程度 | 专家修改建议 |
|---|---|---|---|
| B1 小学生发展知识 | B1.1 初步了解关于小学生生存、发展和保护的有关法律法规及政策规定 | 5 4 3 2 1 | |
| | B1.2 初步了解不同年龄及有特殊需要的小学生身心发展特点和规律，初步掌握保护和促进小学生身心健康发展的策略与方法 | 5 4 3 2 1 | |
| | B1.3 初步了解不同年龄小学生体育学习、活动的特点，初步了解小学生体育良好行为习惯养成的知识 | 5 4 3 2 1 | |
| | B1.4 初步了解幼小和小初衔接阶段小学生的心理特点，初步掌握小学生心理顺利过渡的方法 | 5 4 3 2 1 | |
| | B1.5 初步了解对小学生进行青春期和性健康教育的知识和方法 | 5 4 3 2 1 | |
| | B1.6 初步了解小学体育安全防护的知识，初步掌握针对小学生体育活动中可能出现的各种侵占与伤害行为的预防与应对方法 | 5 4 3 2 1 | |
| | 补充项： | 5 4 3 2 1 | |
| B2 体育学科知识 | B2.1 基本掌握运动人体科学类基础知识 | 5 4 3 2 1 | |
| | B2.2 基本掌握体育人文类基础知识 | 5 4 3 2 1 | |
| | B2.3 初步了解体育专业各项运动技术与理论 | 5 4 3 2 1 | |
| | B2.4 有1~2个专长运动项目 | 5 4 3 2 1 | |
| | B2.5 初步了解体育学科与社会实践、少先队活动和其他学科的联系 | 5 4 3 2 1 | |
| | 补充项： | 5 4 3 2 1 | |
| B3 教育教学知识 | B3.1 基本掌握小学体育教育教学的基本理论与方法 | 5 4 3 2 1 | |
| | B3.2 基本掌握小学体育课外活动的理论与方法 | 5 4 3 2 1 | |
| | B3.3 基本掌握小学体育课余训练和比赛的理论与方法 | 5 4 3 2 1 | |

续表

| 类别 | 拟定的知识结构内涵 | 重要程度 | 专家修改建议 |
|---|---|---|---|
| B3 教育教学知识 | B3.4 基本掌握小学生品行养成的特点和规律 | 5 4 3 2 1 | |
| | B3.5 基本掌握不同年龄小学生的认知规律和教育心理学的基本原理与方法 | 5 4 3 2 1 | |
| | B3.6 基本掌握体育与健康课程标准等教学指导性文件的精神、内容以及小学体育教学知识 | 5 4 3 2 1 | |
| | 补充项： | 5 4 3 2 1 | |
| B4 通识性知识 | B4.1 具有相应的自然科学和人文科学知识 | 5 4 3 2 1 | |
| | B4.2 了解中国体育教育基本情况 | 5 4 3 2 1 | |
| | B4.3 具有相应的体育艺术欣赏与体育表现知识 | 5 4 3 2 1 | |
| | B4.4 具有适应体育教育内容、教学手段和方法现代化的信息技术知识 | 5 4 3 2 1 | |
| | 补充项： | 5 4 3 2 1 | |

# 第三部分 小学体育教师基本能力调查

（注：小学体育教师的基本能力：是指学生经过职前本科阶段小学体育教师专业方向的培养后在承担小学体育教师任务时所必须具备的技能与行为。本研究将小学体育教师的能力按照任务划分为三个类别，每个方面包括五个领域：Ⅰ＝设计；Ⅱ＝组织与实施；Ⅲ＝激励与评价；Ⅳ＝沟通与合作；Ⅴ＝反思与发展，按照领域分别对每个能力类别进行细致的描述。）

基本能力类别：

| 基本能力类别 | 涵义界定 | 重要程度 | 专家修改建议 |
|---|---|---|---|
| C1 小学体育与健康课程教学方面的能力 | 指具有把控课堂，传授体育与健康知识，并能对学生进行思想引领 | 5 4 3 2 1 | |

续表

| 基本能力类别 | 涵义界定 | 重要程度 | 专家修改建议 |
|---|---|---|---|
| C2 小学课外体育活动方面的能力 | 指能有效组织并指导学生个体或集体进行课外锻炼、课外活动 | 5 4 3 2 1 | |
| C3 小学体育课余训练和比赛方面的能力 | 指能根据小学生的身心发育特点,对有特长和爱好的小学生进行某一运动项目较为科学的训练、组织相应的体育比赛 | 5 4 3 2 1 | |
| 补充项: | | 5 4 3 2 1 | |

小学体育教师基本能力的具体描述:

(根据职前教育的特点,本科阶段培养后学生应该获得的基本能力的具体描述是"基本具备的能力"。)

| | | | 重要程度 | |
|---|---|---|---|---|
| C1 教学方面的能力 | Ⅰ 设计 | C1.1 制订小学体育与健康课程教育教学计划与安排(学段、学年、学期) | 5 4 3 2 1 | |
| | | C1.2 基于体育与健康课程标准、学习内容、初步的学情分析而确定教学目标并进行正确表述 | 5 4 3 2 1 | |
| | | C1.3 能够依据教学目标设计教学进程 | 5 4 3 2 1 | |
| | | C1.4 能根据不同的学情、资源条件选用合适的教材(教学内容)、确定学习的重点和难点、选用合理的组织形式和教学方法,并在教学方案中呈现 | 5 4 3 2 1 | |
| | | 补充项: | 5 4 3 2 1 | |
| | Ⅱ 组织与实施 | C1.5 根据教学需要进行场地器材的合理规划 | 5 4 3 2 1 | |
| | | C1.6 有效地发出口令,调动队形 | 5 4 3 2 1 | |
| | | C1.7 体育课堂中的顺利导入,激发学生的体育学习兴趣、引导小学生形成良好的体育学习习惯 | 5 4 3 2 1 | |
| | | C1.8 运用适合不同水平小学生的教学语言指导学生学练 | 5 4 3 2 1 | |

续表

| | | | | |
|---|---|---|---|---|
| C1 教学方面的能力 | Ⅱ 组织与实施 | C1.9 选用有效的练习方法、手段 | 5 4 3 2 1 | |
| | | C1.10 目的明确地进行正确、规范的动作示范 | 5 4 3 2 1 | |
| | | C1.11 课堂调控能力，保证大部分时间用于教学重点环节，完成预定的教学任务 | 5 4 3 2 1 | |
| | | C1.12 合理运用现代教育技术 | 5 4 3 2 1 | |
| | | C1.13 应对小学体育与健康课程教学中的突发事件 | 5 4 3 2 1 | |
| | | 补充项： | 5 4 3 2 1 | |
| | Ⅲ 激励与评价 | C1.14 运用多种评价方式，在体育教育教学中给予小学生恰当的评价和指导 | 5 4 3 2 1 | |
| | | C1.15 在体育教学工作中的自我评价 | 5 4 3 2 1 | |
| | | C1.16 指导小学生对参与体育课程的自我评价与互相评价 | 5 4 3 2 1 | |
| | | 补充项： | 5 4 3 2 1 | |
| | Ⅳ 沟通与合作 | C1.17 在体育教学中与小学生进行有效地沟通 | 5 4 3 2 1 | |
| | | C1.18 就小学生体育教学的情况与家长进行有效地沟通 | 5 4 3 2 1 | |
| | | C1.19 与领导、同事合作、交流、分享体育与健康课程的教学经验和资源 | 5 4 3 2 1 | |
| | | 补充项： | 5 4 3 2 1 | |
| | Ⅴ 反思与发展 | C1.20 了解国际、国内当前关于小学体育与健康课程教学方面的新进展 | 5 4 3 2 1 | |
| | | C1.21 主动收集、分析小学体育与健康教育教学相关信息的意识和独立思考、解决教学中存在的问题，从而不断地改进体育与健康课程教学的各项工作 | 5 4 3 2 1 | |
| | | C1.22 体育与健康课程教学小结写作 | 5 4 3 2 1 | |
| | | C1.23 撰写体育与健康课程教研报告 | 5 4 3 2 1 | |
| | | 补充项： | 5 4 3 2 1 | |
| C2 课外体育活动方面的能力 | Ⅰ 设计 | C2.1 根据学校的资源情况制订小学各级、各项课外活动计划 | 5 4 3 2 1 | |
| | | C2.2 根据学校的资源情况进行课外游戏的设计与开发 | 5 4 3 2 1 | |
| | | 补充项： | 5 4 3 2 1 | |

续表

| | | | | |
|---|---|---|---|---|
| C2 课外体育活动方面的能力 | Ⅱ 组织与实施 | C2.3 组织早操 | 5 4 3 2 1 | |
| | | C2.4 组织大课间 | 5 4 3 2 1 | |
| | | C2.5 组织体育社团活动 | 5 4 3 2 1 | |
| | | C2.6 设计体育相关主题的班级和少先队活动 | 5 4 3 2 1 | |
| | | C2.7 培养小学生参与课外活动时的安全意识，传授应变、保护的方法和技巧 | 5 4 3 2 1 | |
| | | 补充项： | 5 4 3 2 1 | |
| | Ⅲ 激励与评价 | C2.8 运用多种评价方式，在课外体育活动中给予小学生恰当的评价和指导 | 5 4 3 2 1 | |
| | | C2.9 在课外体育活动工作中的自我评价 | 5 4 3 2 1 | |
| | | C2.10 指导小学生对参与课外体育活动进行自我评价与相互评价 | 5 4 3 2 1 | |
| | | 补充项： | 5 4 3 2 1 | |
| | Ⅳ 沟通与合作 | C2.11 与学生就课外体育活动的内容、组织等情况进行沟通、交流 | 5 4 3 2 1 | |
| | | C2.12 与家长就小学生参与课外体育活动的情况进行沟通、交流 | 5 4 3 2 1 | |
| | | C2.13 与领导、同事就课外体育活动的相关工作进行沟通、交流 | 5 4 3 2 1 | |
| | | 补充项： | 5 4 3 2 1 | |
| | Ⅴ 反思与发展 | C2.14 了解当前国际、国内关于小学阶段课外活动方面的新进展 | 5 4 3 2 1 | |
| | | C2.15 有主动收集、分析小学生课外体育活动相关信息的意识和独立思考、解决其中存在问题的能力，从而不断地改进课外活动的相关工作 | 5 4 3 2 1 | |
| | | C2.16 课外活动工作总结的写作 | 5 4 3 2 1 | |
| | | 补充项： | 5 4 3 2 1 | |
| C3 课余体育训练和比赛方面的能力 | Ⅰ 设计 | C3.1 能根据上级部门的竞赛计划制订小学年度体育训练计划、编排竞赛日程计划 | 5 4 3 2 1 | |
| | | C3.2 编制小学生运动会秩序册 | 5 4 3 2 1 | |
| | | C3.3 制定小学生竞赛规程 | 5 4 3 2 1 | |
| | | 补充项： | 5 4 3 2 1 | |

续表

| | | | | |
|---|---|---|---|---|
| C3 课余体育训练和比赛方面的能力 | | C3.4 运用科学的方法选拔参训、参赛学生 | 5 4 3 2 1 | |
| | Ⅱ 组织与实施 | C3.5 能够针对小学生的特点科学进行某个运动项目的业余训练 | 5 4 3 2 1 | |
| | | C3.6 通过训练比赛的观察与判断,发现更多具有潜力的小学生 | 5 4 3 2 1 | |
| | | C3.7 应对训练、比赛中的突发事件 | 5 4 3 2 1 | |
| | | C3.8 训练、竞赛环境布置 | 5 4 3 2 1 | |
| | | C3.9 一般性裁判工作 | 5 4 3 2 1 | |
| | | C3.10 训练、竞赛成绩的记录与统计审查 | 5 4 3 2 1 | |
| | | C3.11 组织小学生运动会 | 5 4 3 2 1 | |
| | | C3.12 组织小学生的各种体育比赛 | 5 4 3 2 1 | |
| | | 补充项: | 5 4 3 2 1 | |
| | Ⅲ 沟通与合作 | C3.13 在训练、比赛的相关工作中能与领导、同事进行有效的沟通与合作 | 5 4 3 2 1 | |
| | | C3.14 在训练、比赛的相关工作中能与学生进行有效的沟通与合作 | 5 4 3 2 1 | |
| | | C3.15 在训练、比赛的相关工作中能与家长进行有效的沟通与合作 | 5 4 3 2 1 | |
| | | 补充项: | 5 4 3 2 1 | |
| | Ⅳ 激励与评价 | C3.16 运用多种评价方式,在训练、比赛中给予小学生恰当的评价和指导 | 5 4 3 2 1 | |
| | | C3.17 在训练、比赛工作中的自我评价 | 5 4 3 2 1 | |
| | | C3.18 指导小学生对训练、比赛情况进行自我评价与互相评价 | 5 4 3 2 1 | |
| | | 补充项: | 5 4 3 2 1 | |
| | Ⅴ 反思与发展 | C3.19 了解国际、国内当前关于儿童训练、比赛方面的新进展 | 5 4 3 2 1 | |
| | | C3.20 分析训练、比赛的相关信息,不断进行反思、改进训练和比赛工作 | 5 4 3 2 1 | |
| | | C3.21 训练、比赛总结的写作 | 5 4 3 2 1 | |
| | | 补充项: | 5 4 3 2 1 | |

您的其他相关建议:

　　第二轮函询到此结束。对您的参与和指导表示诚挚的谢意!

# 附件 4：调查问卷

## 致专家信

尊敬的老师、同学：

您好！

我是河北师范大学体育学院 2013 级博士王硕，正在完成《我国小学体育教师职前教育培养方案研究》。感谢您一直以来的大力支持，在前期两轮函询的基础上，我已经顺利地完成了第五章的写作。目前正在进行第六章："我国小学体育教师职前教育课程体系的构建"的调研。这一部分研究是基于《教师教育课程标准（试行）》的基础上进行的，依然遵循"最低标准"原则，重点在于构建我国小学体育教师职前教育的学科专业课程。调查人群分了三类：小学体育教师、在读体育教育专业的学生、学科专家。您的回答将成为本章研究结论得出的重要依据。热切期盼您的指导意见。如有可能，请您在百忙中尽量抽时间在两周内完成问卷的填写，如在填写中，您有任何的疑问，都请您随时通过下面的地址、电子邮箱、电话、QQ 联系研究者或直接写在问卷上，我会在第一时间接受您的指导。再次感谢您在百忙当中的指导与帮助。

祝您身体健康，工作顺利！

联系人：王硕

联系地址：石家庄市南二环中段 20 号河北师范大学体育学院（邮编：050024）

邮件地址：wsh76218@126.com

联系电话：15891778866

# 调查问卷 E

尊敬的专家：

您好！

非常荣幸能邀请到您参加本研究的函询。对您的悉心指导表示诚挚的谢意！根据我国当前高等学校课程结构，《教师教育课程标准》将教师教育课程体系分为：公共基础课程、学科专业课程和教师教育课程三个部分。但目前阶段《教师教育课程标准》是专属于教师教育课程的标准，而对学科专业课程标准并没有涉及，本部分的研究主要是从学科专业课程标准的角度出发而进行的研究，是新时期小学体育教师职前教育课程标准中的重要组成部分。您的回答将是我著作完成的有力证据。

河北师范大学体育学院 2013 级博士生：王硕

导师：××教授

联系电话：15891778866

Email：wsh76218@126.com

**填写说明：**

1. 请您根据自己的判断，在相应的选项上标记。

2. 如果您对选项存在异议，请一定在相应的位置上写明理由。如果您对所列指标有所增加，请填写在相应的"补充项"，并也给予重要程度的判断。

# 第一部分　专家基本情况调查

请您按照自己的实际情况填写下列表格：

| 年龄 | | 工作年限 | | 职称 | |
|---|---|---|---|---|---|
| 性别 | | 职务 | ①有： | | ②无 |
| 最高学历：①博士研究生　②硕士研究生　③本科　④其他： | | | | | |
| 教龄：①5年以下　②5~10年　③10~15年　④15~20年　⑤20年以上 | | | | | |
| 是否担任导师：①博士生导师　②硕士生导师　③否 | | | | | |
| 研究方向： | | | | | |
| 您工作单位的名称： | | | | | |

# 第二部分　问卷主体内容

一、关于各种标准的认知情况调查

1. 您对我国近年来出台的各种与小学体育教师职前教育相关"标准"的了解程度是：

（了解程度代码：5=十分了解　4=比较了解　3=一般了解　2=不太了解　1=不了解）

| 序号 | 标准名称 | 了解程度判断 | | | | |
|---|---|---|---|---|---|---|
| 1 | 《义务教育体育与健康课程标准（2011年版）》 | 5 | 4 | 3 | 2 | 1 |
| 2 | 《小学教师专业标准（试行）》 | 5 | 4 | 3 | 2 | 1 |
| 3 | 《教师教育课程标准（试行）》 | 5 | 4 | 3 | 2 | 1 |
| 4 | 《小学教师资格考试标准（试行）》 | 5 | 4 | 3 | 2 | 1 |
| 5 | 《高等学校体育学类本科专业教学质量国家标准》 | 5 | 4 | 3 | 2 | 1 |
| 6 | 补充项： | 5 | 4 | 3 | 2 | 1 |

2. 请您选择各"标准"对小学体育教师职前教育影响的重要程度：

（重要程度代码：5＝十分重要　4＝比较重要　3＝一般重要　2＝不太重要　1＝不重要）

| 序号 | 标准名称 | 影响的重要程度 | | | | |
|---|---|---|---|---|---|---|
| 1 | 《义务教育体育与健康课程标准（2011年版）》 | 5 | 4 | 3 | 2 | 1 |
| 2 | 《小学教师专业标准（试行）》 | 5 | 4 | 3 | 2 | 1 |
| 3 | 《教师教育课程标准（试行）》 | 5 | 4 | 3 | 2 | 1 |
| 4 | 《小学教师资格考试标准（试行）》 | 5 | 4 | 3 | 2 | 1 |
| 5 | 《高等学校体育学类本科专业教学质量国家标准》 | 5 | 4 | 3 | 2 | 1 |
| 6 | 补充项： | 5 | 4 | 3 | 2 | 1 |

3. 您认为小学体育教师职前教育课程体系的设置应以参照下列哪个标准为主：（单选）

①《教师教育课程标准（试行）》

②《高等学校体育学类本科专业教学质量国家标准》

③其他

## 二、关于课程体系的相关调查

4. 您对小学体育教师职前教育培养方案中"A 公共基础课程＋B 学科专业课程＋C 教师教育课程"的课程体系表示：

①十分赞同　②比较赞同　③一般赞同　④不太赞同　⑤不赞同

您选择的理由：

5. 请您对小学体育教师教育课程体系中的 A 公共基础课程、B 学科专业课程和 C 教师教育课程，按照其重要程度予以排序＿＿＿＿＿＿＿＿＿＿（请用">""<"或"="号表示 ABC 之间的关系）。

6. 您认为 A 公共基础课程、B 学科专业课程和 C 教师教育课程的比例应该是：A 占＿＿＿％；B 占＿＿＿％；C 占＿＿＿％。

### 三、 关于小学体育教师职前教育课程"学分"的调查（可以表达为一个区间或具体数字）

（参照1：《教师教育课程标准（试行）》：1个学分相当于学生在教师的指导下进行18课时的课程学习，并经考核合格；教师教育课程标准的最低总学分是32学分，最低必修学分为24学分；

参照2：《高等学校体育学类本科专业教学质量国家标准》总学分建议140~180；

参照3：本研究第五章的调查结果：学科专业课程与教师教育课程的权重相等。）

7. 您认为，小学体育教师职前教育课程体系总学分应该控制在_____至_____学分较为合适。

①120　②130　③140　④150　⑤160　⑥170　⑦180　⑧190　⑨200

8. 您认为小学体育教师职前教育课程体系中的"学科专业课程"的最低学分（包括必修和选修）应该为_____学分，其中必修最低学分为_____学分。

### 四、 关于小学体育教师职前教育课程设置内容的调查

9. 您对我国小学体育教师职前教育学科专业课程的"学习领域"内容划分为专业基础理论，专业技术、技能学习，专业能力培养实践三部分表示：

①十分赞同　②比较赞同　③一般赞同　④不太赞同　⑤不赞同

您的理由：

10. 请您对小学体育教师职前教育学科专业课程中的"学习领域"部分予以判断，如有补充项请务必填写，并将理由或建议写在相应的框内。

（态度选项代码：5=十分重要　4=比较重要　3=一般重要　2=不太重要　1=不重要）

| 学习领域 | 您的态度 | | | | | 您的建议 |
|---|---|---|---|---|---|---|
| 1. 专业基础理论 | 5 | 4 | 3 | 2 | 1 | |
| 2. 专业技术、技能 | 5 | 4 | 3 | 2 | 1 | |
| 3. 专业能力培养实践 | 5 | 4 | 3 | 2 | 1 | |
| 补充项： | 5 | 4 | 3 | 2 | 1 | |

11. 请您对学习领域中各部分内容的"建议模块"设置予以判断，如有补充项请务必填写，并将理由或建议写在相应的框内。

| 学习领域 | 建议模块 | 您的态度 | 您的建议 |
|---|---|---|---|
| 1. 专业基础理论 | 1.1 学校体育的基本理论 | 5 4 3 2 1 | |
| | 1.2 人类动作发展的基本理论 | 5 4 3 2 1 | |
| | 1.3 小学体育与健康课程、教学的理论与方法 | 5 4 3 2 1 | |
| | 1.4 小学课外活动的理论与方法 | 5 4 3 2 1 | |
| | 1.5 小学课余训练和比赛的理论与方法 | 5 4 3 2 1 | |
| | 1.6 补充项： | 5 4 3 2 1 | |
| 2. 专业技术、技能 | 2.1 体育运动项目技术、技能的学习 | 5 4 3 2 1 | |
| | 2.2 小学体育与健康课程相关内容学习与开发 | 5 4 3 2 1 | |
| | 2.3 小学课外体育活动相关内容学习与开发 | 5 4 3 2 1 | |
| | 2.4 小学课余训练和比赛相关内容学习与开发 | 5 4 3 2 1 | |
| | 2.5 补充项： | 5 4 3 2 1 | |
| 3. 能力培养实践 | 3.1 小学体育与健康课程教学相关实践能力培养 | 5 4 3 2 1 | |
| | 3.2 小学课外体育活动相关实践能力培养 | 5 4 3 2 1 | |
| | 3.3 小学课余训练和比赛相关实践能力培养 | 5 4 3 2 1 | |
| | 3.4 补充项： | 5 4 3 2 1 | |
| 4. 补充项 | | 5 4 3 2 1 | |

问卷到此结束。

对您的细心指导再次表示深深的谢意！

# 调查问卷 X

尊敬的老师：

您好！

非常荣幸能邀请到您参加本研究的函询。对得到您的悉心指导表示诚挚的谢意！根据我国当前高等学校的课程结构，《教师教育课程标准（试行）》将教师教育课程体系分为：公共基础课程、学科专业课程和教师教育课程三个部分。但目前阶段《教师教育课程标准（试行）》是专属于教师教育课程的标准，而对学科专业课程标准并没有涉及，本部分的研究主要是从学科专业课程标准的角度出发而进行的研究，是新时期小学体育教师职前教育课程标准中的重要组成部分。您的回答将是我著作完成的有力证据。

河北师范大学体育学院 2013 级博士生：王硕

导师：××教授

联系电话：15891778866

Email：wsh76218@126.com

**填写说明：**

1. 请您根据自己的判断，在相应的选项上标记（"√"）。

2. 如果您对选项存在异议，请一定在相应的位置上写明理由。如果您对所列指标有所增加，请填写在相应的"补充项"，并也给予重要程度的判断。

## 第一部分　基本情况调查

请您按照自己的实际情况填写下列表格：

| 年龄 | | 工作年限 | | 职务 | | ①有： | | ②无 |
|---|---|---|---|---|---|---|---|---|
| 性别 | | 是否有兼职： | | ①有： | | ② 无 | | |
| 最高学历：①博士研究生　②硕士研究生　③本科　④专科及以下 ||||||||| 
| 教龄：①5 年以下　②5～10 年　③10～15 年　④15～20 年　⑤20 年以上 |||||||||
| 毕业专业名称： |||||| 专业方向： |||
| 目前工作单位所在省份（直辖市）是： |||||||（直接填写省市名称） ||

1. 您对小学体育教师这个职业表示：
①十分满意　②比较满意　③一般满意　④不太满意　⑤不满意
2. 您当初选择这个职业的原因：
①热爱小学体育工作　②地域的原因　③家庭的原因　④出于无奈　⑤其他：
3. 如果再给您一次选择的机会，您还会再选小学体育教师这个职业吗？
①十分愿意　②比较愿意　③一般愿意　④不太愿意　⑤不愿意
4. 基础教育课程改革的要求下，您对当前自己小学体育教师职业的评价：
①十分称职　②比较称职　③一般称职　④不太称职　⑤不称职
5. 您认为在大学的专业学习对您实际工作需要的帮助情况：
①十分大　②比较大　③一般大　④不太大　⑤不大

## 第二部分　问卷主体内容

一、 关于各种标准的认知情况调查

6. 请您对我国近年来出台的各种"标准"的了解程度，以及各"标准"对小学体育教师职前教育影响的重要程度进行判断：

（了解程度代码：5＝十分了解　4＝比较了解　3＝一般了解　2＝不太了解

1＝不了解）

（重要程度代码：5＝十分重要　4＝比较重要　3＝一般重要　2＝不太重要　1＝不重要）

| 序号 | 标准名称 | 您的了解程度 | 标准的重要程度 |
|---|---|---|---|
| 1 | 《义务教育体育与健康课程标准（2011年版）》 | 5 4 3 2 1 | 5 4 3 2 1 |
| 2 | 《小学教师专业标准（试行）》 | 5 4 3 2 1 | 5 4 3 2 1 |
| 3 | 《教师教育课程标准（试行）》 | 5 4 3 2 1 | 5 4 3 2 1 |
| 4 | 《小学教师资格考试标准（试行）》 | 5 4 3 2 1 | 5 4 3 2 1 |
| 5 | 《高等学校体育学类本科专业教学质量国家标准》 | 5 4 3 2 1 | 5 4 3 2 1 |
| 6 | 补充项： | 5 4 3 2 1 | 5 4 3 2 1 |

7. 您认为我国小学体育教师职前教育课程体系设置应以哪个标准为主参照：（单选）

①《教师教育课程标准（试行）》

②《高等学校体育学类本科专业教学质量国家标准》

③其他

二、 关于课程体系的相关调查

8. 您认为当前"小学体育工作需求"和"小学体育教师职前教育的课程"之间存在以下哪些具体的问题。

| 内容 | 选择 | 内容 | 选择 |
|---|---|---|---|
| 1. 相关度低 |  | 5. 培养小学体育教师的目标不明确 |  |
| 2. 形式化严重 |  | 6. 小学工作需要的专业能力实践培养欠缺 |  |
| 3. 理论脱离实际 |  | 7. 任课教师不了解小学体育 |  |
| 4. 针对性差 |  | 8. 知识陈旧 |  |
| 补充： |  | 补充： |  |

9. 您对我国小学体育教师职前教育培养方案中"A 公共基础课程+B 学科专业课程+C 教师教育课程"的课程体系表示：

①十分赞同　②比较赞同　③一般赞同　④不太赞同　⑤不赞同

您选择的理由：

10. 请您对小学体育教师教育课程体系中的 A 公共基础课程、B 学科专业课程和 C 教师教育课程，按照其重要程度予以排序＿＿＿＿＿＿＿＿＿＿＿＿（请用">""<"或"＝"号表示 ABC 之间的关系）。

### 三、关于小学体育教师职前教育课程"学分"的调查

11. 您上大学时对课程学分的关注度：

①十分关注　②比较关注　③一般关注　④不太关注　⑤不关注

12. 您对学分的关注点是：

①学分数量　②知识结构　③其他

### 四、关于小学体育教师职前教育学科专业课程设置内容的调查

（态度选项代码：5＝十分重要　4＝比较重要　3＝一般重要　2＝不太重要　1＝不重要）

13. 您对将我国小学体育教师教育学科专业课程的"学习领域"内容划分为专业基础理论、专业技术和技能学习、专业能力培养实践三部分表示：

①十分赞同　②比较赞同　③一般赞同　④不太赞同　⑤不赞同

您的理由：

14. 请您对小学体育教师职前教育学科专业课程中的"学习领域"部分予以判断，如有补充项请务必填写，并将理由或建议写在相应的框内。

| 学习领域 | 您的态度 | | | | | 您的理由或建议 |
| --- | --- | --- | --- | --- | --- | --- |
| 1. 专业基础理论 | 5 | 4 | 3 | 2 | 1 | |
| 2. 专业技术、技能 | 5 | 4 | 3 | 2 | 1 | |
| 3. 专业能力培养实践 | 5 | 4 | 3 | 2 | 1 | |
| 4. 补充项： | 5 | 4 | 3 | 2 | 1 | |

15. 请您对学习领域中各部分内容的"建议模块"设置予以判断，如有补充项请务必填写，并将理由或建议写在相应的框内。

| 学习领域 | 建议模块 | 您的态度 | 您的理由或建议 |
|---|---|---|---|
| 1. 专业基础理论 | 1.1 学校体育的基本理论 | 5 4 3 2 1 | |
| | 1.2 人类动作发展的基本理论 | 5 4 3 2 1 | |
| | 1.3 小学体育与健康课程、教学的理论与方法 | 5 4 3 2 1 | |
| | 1.4 小学课外活动的理论与方法 | 5 4 3 2 1 | |
| | 1.5 小学课余训练和比赛的理论与方法 | 5 4 3 2 1 | |
| | 1.6 补充项： | 5 4 3 2 1 | |
| 2. 专业技术、技能 | 2.1 体育运动项目技术和技能的学习 | 5 4 3 2 1 | |
| | 2.2 小学体育与健康课程相关内容学习与开发 | 5 4 3 2 1 | |
| | 2.3 小学课外体育活动相关内容学习与开发 | 5 4 3 2 1 | |
| | 2.4 小学课余训练和比赛相关内容学习与开发 | 5 4 3 2 1 | |
| | 2.5 补充项： | 5 4 3 2 1 | |
| 3. 专业能力培养实践 | 3.1 小学体育与健康课程教学相关实践能力培养 | 5 4 3 2 1 | |
| | 3.2 小学课外体育活动相关实践能力培养 | 5 4 3 2 1 | |
| | 3.3 小学课余训练和比赛相关实践能力培养 | 5 4 3 2 1 | |
| | 3.4 补充项 | 5 4 3 2 1 | |
| 4. 补充项： | | 5 4 3 2 1 | |

问卷到此结束。

对您的细心指导再次表示深深的谢意！

# 调查问卷 S

亲爱的各位同学：

您好！

非常荣幸能邀请到您参加本研究的函询。对您的悉心指导表示诚挚的谢意！根据我国当前高等学校课程结构，《教师教育课程标准》将教师教育课程体系分为公共基础课程、学科专业课程和教师教育课程三个部分。但目前阶段《教师教育课程标准》是专属于教师教育课程的标准，而对学科专业课程标准并没有涉及，本部分的研究主要是从学科专业课程标准的角度出发而进行的研究，是新时期小学体育教师职前教育课程标准中的重要组成部分。您的回答将是我著作完成的有力证据。

河北师范大学体育学院 2013 级博士生：王硕

导师：××教授

联系电话：15891778866

Email：wsh76218@126.com

填写说明：

1. 请您根据自己的判断，在相应的选项上标记。

2. 如果您对选项存在异议，请一定在相应的位置上写明理由。如果您对所列指标有所增加，请填写在相应的"补充项"，并也给予重要程度的判断。

## 第一部分　基本情况调查

请您按照自己的实际情况填写下列表格：

| 年龄 | | 性别 | | 所在年级 | |
|---|---|---|---|---|---|
| 就读学校名称： | | | | | |
| 学校所在省份（直辖市）是： | | | | （直接填写省市名称） | |
| 专业方向： | | | | | |

1. 您对自己所学专业是否满意：
①十分满意　②比较满意　③一般满意　④不太满意　⑤不满意
2. 您所学的专业是在培养哪个学段的体育教师：
①各学段　②中小学　③中学　④小学　⑤幼儿园　⑥不清楚　⑦其他
3. 您认为经过培养后您最能够胜任哪个学段的体育教师：
①各学段　②中小学　③中学　④小学　⑤幼儿园　⑥不清楚　⑦其他
4. 毕业后您是否愿意做一名小学体育教师：
①十分愿意　②比较愿意　③一般愿意　④不太愿意　⑤不愿意

## 第二部分　问卷主体内容

一、关于各种标准的认知情况调查

5. 请您根据自己的认识，判断以下"标准"对小学体育教师工作的重要程度、您的了解程度，并对了解方式进行选择。

（重要程度代码：5=十分重要　4=比较重要　3=一般重要　2=不太重要　1=不重要）

（了解程度代码：5=十分了解　4=比较了解　3=一般了解　2=不太了解　1=不了解）

| 序号 | 标准名称 | 标准的重要程度 | 您的了解程度 | 了解渠道（打"√"选择） | | |
|---|---|---|---|---|---|---|
| | | | | 课程 | 自学 | 其他 |
| 1 | 《义务教育体育与健康课程标准（2011年版）》 | 5 4 3 2 1 | 5 4 3 2 1 | | | |
| 2 | 《小学教师专业标准（试行）》 | 5 4 3 2 1 | 5 4 3 2 1 | | | |
| 3 | 《教师教育课程标准（试行）》 | 5 4 3 2 1 | 5 4 3 2 1 | | | |
| 4 | 《小学教师资格考试标准（试行）》 | 5 4 3 2 1 | 5 4 3 2 1 | | | |
| 5 | 《高等学校体育学类本科专业教学质量国家标准》 | 5 4 3 2 1 | 5 4 3 2 1 | | | |
| 6 | 补充项： | 5 4 3 2 1 | 5 4 3 2 1 | | | |

## 二、关于课程的相关调查

6. 您对自己学院所开设的课程体系（课程整体）：

①十分满意　②比较满意　③一般满意　④不太满意　⑤不满意

7. 您认为本科阶段培养小学体育教师职前教育的课程设置：

①现行的课程设置就可以。

②需要改革，应该与小学体育工作相结合，能表现出小学体育工作的实际需求和特点。

③不清楚。

④其他。

8. 您对自己学院当前所开设的术科专业课程（技术课）表示：

①十分满意　②比较满意　③一般满意　④不太满意　⑤不满意

9. 您对自己学院当前所开设的学科专业课程（理论课）表示：

①十分满意　②比较满意　③一般满意　④不太满意　⑤不满意

10. 您认为现在所学的术科专业课程（技术课）对将来做一名小学体育教师：

①十分有用　②比较有用　③一般有用　④不太有用　⑤没有用

11. 您认为现在所学的学科专业课程（理论课）对将来做一名小学体育教师：

①十分有用　②比较有用　③一般有用　④不太有用　⑤没有用

12. 您认为本科阶段培养小学段的体育教师，以下内容是否重要，您通过自己学院所开设课程的学习后，对以下问题的了解程度是什么？并对了解的渠道进行选择：

（了解程度代码：5＝十分了解　4＝比较了解　3＝一般了解　2＝不太了解　1＝不了解）

| 内容 | 重要程度 | 了解程度 | 了解渠道（打"√"选择） | | | |
| --- | --- | --- | --- | --- | --- | --- |
| | | | 课程 | 实习 | 自学 | 其他 |
| 1. 小学体育与健康课程课的内容与设计 | 5 4 3 2 1 | 5 4 3 2 1 | | | | |
| 2. 小学课外体育活动的内容与设计 | 5 4 3 2 1 | 5 4 3 2 1 | | | | |
| 3. 小学课余训练和竞赛的内容与设计 | 5 4 3 2 1 | 5 4 3 2 1 | | | | |
| 4. 小学体育与健康课程的组织与实施 | 5 4 3 2 1 | 5 4 3 2 1 | | | | |
| 5. 小学课外体育活动开展的组织与实施 | 5 4 3 2 1 | 5 4 3 2 1 | | | | |
| 6. 小学课余训练和竞赛的组织与实施 | 5 4 3 2 1 | 5 4 3 2 1 | | | | |
| 7. 小学体育与健康课程教学中的激励与评价 | 5 4 3 2 1 | 5 4 3 2 1 | | | | |
| 8. 小学课外体育活动开展中的激励与评价 | 5 4 3 2 1 | 5 4 3 2 1 | | | | |
| 9. 小学课余训练和比赛中的激励与评价 | 5 4 3 2 1 | 5 4 3 2 1 | | | | |
| 10. 小学体育与健康课程教学中的沟通与合作 | 5 4 3 2 1 | 5 4 3 2 1 | | | | |
| 11. 小学课外体育活动开展中的沟通与合作 | 5 4 3 2 1 | 5 4 3 2 1 | | | | |
| 12. 小学课余训练和比赛中的沟通与合作 | 5 4 3 2 1 | 5 4 3 2 1 | | | | |
| 13. 小学体育与健康课程方面的反思与发展 | 5 4 3 2 1 | 5 4 3 2 1 | | | | |
| 14. 小学课外体育活动方面的反思与发展 | 5 4 3 2 1 | 5 4 3 2 1 | | | | |

续表

| 内容 | 重要程度 | 了解程度 | 了解渠道（打"√"选择） | | | |
|---|---|---|---|---|---|---|
| | | | 课程 | 实习 | 自学 | 其他 |
| 15. 小学课余训练、比赛方面的反思与发展 | 5　4　3　2　1 | 5　4　3　2　1 | | | | |

### 三、关于学分的调查

**13.** 您对课程学分的关注度：

①十分关注　②比较关注　③一般关注　④不太关注　⑤不关注

**14.** 您对学分的关注点：

①数量　②知识结构　③其他

**15.** 您需要修够多少学分才能毕业？＿＿＿＿＿＿；

其中必修课多少学分？＿＿＿＿＿＿＿；选修多少学分？＿＿＿＿＿＿。

**16.** 您认为现在所修总学分要求：

①太多　②合适　③太少　④不清楚

**17.** 您认为现在所修必修课学分：

①太多　②合适　③太少　④不清楚

**18.** 您认为现在所修选修课学分：

①太多　②合适　③太少　④不清楚

### 四、关于学科专业课程学习领域、建议模块的调查

**19.** 您认为小学体育教师的专业能力需要专门的培养吗？

①十分需要　②比较需要　③一般需要　④不太需要　⑤不需要

**20.** 您认为小学体育教师职前教育中的专业能力培养需要通过哪些领域进行？（多选）

①专业理论的学习　②专业技术、技能的学习　③专业能力培养的实践

④其他

**21.** 请您对小学体育教师职前教育各学习领域的"建议模块"予以判断，如有补充项请务必填写，并将理由或建议写在相应的框内。

| 学习领域 | 建议模块 | 重要程度 |
|---|---|---|
| 1. 专业基础理论 | 1.1 学校体育的基本理论 | 5　4　3　2　1 |
| | 1.2 人类动作发展的基本理论 | 5　4　3　2　1 |
| | 1.3 小学体育与健康课程、教学的理论与方法 | 5　4　3　2　1 |
| | 1.4 小学课外活动的理论与方法 | 5　4　3　2　1 |
| | 1.5 小学课余训练和比赛的理论与方法 | 5　4　3　2　1 |
| | 1.6 补充项： | 5　4　3　2　1 |
| 2. 专业技术、技能 | 2.1 体育运动项目技术和技能的学习 | 5　4　3　2　1 |
| | 2.2 小学体育与健康课程相关内容学习与开发 | 5　4　3　2　1 |
| | 2.3 小学课外体育活动相关内容学习与开发 | 5　4　3　2　1 |
| | 2.4 小学课余训练和比赛相关内容学习与开发 | 5　4　3　2　1 |
| | 2.5 补充项： | 5　4　3　2　1 |
| 3. 专业能力培养实践 | 3.1 小学体育与健康课程教学相关实践能力培养 | 5　4　3　2　1 |
| | 3.2 小学课外体育活动相关实践能力培养 | 5　4　3　2　1 |
| | 3.3 小学课余训练和比赛相关实践能力培养 | 5　4　3　2　1 |
| | 3.4 补充项： | 5　4　3　2　1 |
| 4. 补充项： | | 5　4　3　2　1 |

问卷到此结束。

对您的细心指导再次表示深深的谢意！

# 问卷效度检验表

尊敬的专家：

您好！

我是××大学体育学院 2013 级在读博士生××，目前正在完成我的著作撰写：《我国小学体育教师职前教育培养方案研究》中的第六章。本部分的内容是"小学体育教师职前教育课程体系构建"，采用的主要研究方法是问卷调查法，问卷设计主要依托本书整体设计的"最低标准"原则，参照各项国家标准，并结合前期的研究成果制定而成。调查对象包括三个部分，即小学体育教师、在读学生和学科专家，恳请您在百忙之中给予帮助，对问卷的效度给予检验。

感谢您的关心和帮助！

河北师范大学体育学院 2013 级博士生：王硕

导师：××教授

联系电话：15891778866

Email：wsh76218@126.com

**学科专家问卷：**

| 效度 | 问卷设计总体评价 | 内容设计评价 | 结构设计评价 |
| --- | --- | --- | --- |
| 非常合适 | 10 | 10 | 10 |
|  | 9 | 9 | 9 |
| 比较合适 | 8 | 8 | 8 |
|  | 7 | 7 | 7 |
| 一般 | 6 | 6 | 6 |
|  | 5 | 5 | 5 |
| 不合适 | 4 | 4 | 4 |
|  | 3 | 3 | 3 |
| 很不合适 | 2 | 2 | 2 |
|  | 1 | 1 | 1 |

**小学体育教师问卷：**

| 效度 | 问卷设计总体评价 | 内容设计评价 | 结构设计评价 |
| --- | --- | --- | --- |
| 非常合适 | 10 | 10 | 10 |
| | 9 | 9 | 9 |
| 比较合适 | 8 | 8 | 8 |
| | 7 | 7 | 7 |
| 一般 | 6 | 6 | 6 |
| | 5 | 5 | 5 |
| 不合适 | 4 | 4 | 4 |
| | 3 | 3 | 3 |
| 很不合适 | 2 | 2 | 2 |
| | 1 | 1 | 1 |

**在读学生问卷：**

| 效度 | 问卷设计总体评价 | 内容设计评价 | 结构设计评价 |
| --- | --- | --- | --- |
| 非常合适 | 10 | 10 | 10 |
| | 9 | 9 | 9 |
| 比较合适 | 8 | 8 | 8 |
| | 7 | 7 | 7 |
| 一般 | 6 | 6 | 6 |
| | 5 | 5 | 5 |
| 不合适 | 4 | 4 | 4 |
| | 3 | 3 | 3 |
| 很不合适 | 2 | 2 | 2 |
| | 1 | 1 | 1 |

您认为有哪些内容需要增、减或进一步修改？（请您写出题号或需增、减的内容及建议）

# 后 记

　　表面上的忙碌和喜悦总也遮掩不了内心的焦虑，刚刚过完2016年的新年，落座而思，提笔间不觉感慨："时间过得真是太快了！"转眼间我的学习就要从2013年的考试、入学、学习步入尾声阶段，此刻我的内心诚惶诚恐，既喜也忧。喜的是，即将看到前面胜利的曙光，忧的是，自己三年来的努力能否达到预期？能否交出一份满意的答卷？

　　能在步入不惑之年争取到这样一个宝贵的学习机会，我的内心时常充满感激、感恩、感慨之情。虽然在重读和翻阅本书时，都有很大的修改空间，但很早就渴望能进入这一部分的写作，也无数次遐想自己在写这一部分时的各种语言表达，但当今天真正下笔时，思绪却显得有些混乱，因为这其中发生的令人有所感触的事情一下子就占满了我的整个脑海，激动、哽咽，甚至不知用语言如何表达。但值得肯定的是，这一部分的写作是最让我感到惬意和最充满情义的抒发。

## 一、深情感谢我的导师刘志红教授

　　首先我最为感谢的是我的导师刘志红教授，导师早已升级为姥姥级别的"大人物"了，但对工作一丝不苟的精神和态度时常让我感动，并成为我积极向上的楷模。我和导师之间冥冥之中存在着一种缘分。在经历两次考博失利后，我的整个人当时变得有些消沉，但没有想到和刘老师的一次偶然相遇却改变了我即将要走的路。2012年10月，在青岛举办首届"全国全民健身操总决赛"，我针对健美操不断更名的现象写了一篇题为《健美操新概念——"全民健身操"的多维阐释》的文章投到了大会的"高峰论坛"板块，这篇文章被录为大会报告，并被评为当年论坛的一等奖（后来这篇文章发表在沈阳体育学院学报2014年第一期），文章的观点在大会上引起了广泛的赞同和热烈的讨论。会后，有机会和刘老师进行交流，我的观点也得到了刘老师的认可，当时特别高兴。会议期间有位老师建议我读刘老师的博士研究生，没想到刘老师一口答应，并鼓励我坚持实事求是做科研的态度，好好努力。当时她的一席话就如久旱的甘霖一般滋润了我的心田，给了我莫大的精神鼓励和支持，现在回想起来，依然激动得满眼热泪，就那一瞬间，仿佛世界为我打开了一道通往美好的大门，新的目标使我浑身充满力量，回到西安，我抓住一切的时间进行复习，终不辜负导师的期望，以第一名的成绩顺利考上河北师范大学，成为2013级的博士研究生。

导师日常工作异常繁忙，但是一有空闲时间她就会给我们进行指导。此时，很多个画面闪现在脑海，用我们有位博士同学的话能更好地表达导师在学术上的指导作用。他说："刘老师很厉害，她就像一位知识的巨人，但她又从不限制我们表达自己的观点，她会让我们尽情地发挥和诉说，当我们走岔了、跑偏了，她就会一针见血地指出来并及时将我们拉回来。"就是这样，不知不觉地，我们成长、进步，并且不失快乐！

## 二、感谢河北师范大学的老师和同学们

3年的时间，我对师大产生了浓浓的情感，那是因为这里有着非常好的学术氛围，有着和蔼可亲、令人敬佩和值得学习的老师和同学们。感谢体育学院何玉秀院长和马剑副院长，他们既是体育学院的领导，又是科研工作的佼佼者，他们的言行在深深地影响着师大的体育学子，其中也包括我。他们严谨的作风、一丝不苟的工作精神，时常让人感动。2013级博士研究生来之前，并没有固定的学习场所，何院长当时问我们有什么需要？我们提出很想有一间办公室或教室，大家能在一起讨论问题、共同学习。没想到，学院很重视，很快我们就有了第一个博士生教室103，现在已经搬到学院为我们新装修的106，条件非常的好，大家也十分珍惜这个机会，每天早上8点一直到晚上10点，自习室浓浓的学习气氛让每个人受益匪浅。

感谢河北师范大学的赵斌老师、赵焕彬老师、张海峰老师、刘玉倩老师、王海涛老师、崔冬雪老师、王淑英老师、刘春燕老师、白柳珉老师、赵丽娜老师、江涛老师、程文海老师等在生活、学习、科研工作中给予的帮助和支持！

感谢106的兄弟姐妹们，他们是已经毕业的温朋飞、黄豪、胡精超博士，

2012级的刘绍生，2013级的牛永刚、王保平，2014级的赵永军、崔胜利、周喆啸，2015级的蔡欢、王俞、王梁，感谢他们带给我的学习氛围，也感谢他们在生活上的帮助，尤其是那条从自习室通往宿舍的道路上每一个熟悉的身影和他们留下的欢声笑语将终身难忘。

感谢崔胜利、野丽莹、刘小冉、宋山等师弟、师妹们在问卷收集、录入的过程中给予的帮助。

## 三、感谢各位专家、学者无私的帮助

在整个研究过程中，如果没有诸位学者的无私帮助，本书就没办法完成，现在想想都有些后怕，很是庆幸一切进展都是那么的顺利。感谢华东师范大学的季浏教授和华南师范大学的周爱光教授为我开题，为本书的顺利撰写奠定了坚实的基础，感谢曲阜师范大学曹莉教授参与我研究的中期，为本书的修改以及展望部分的完成奠定基础，感谢访谈、问卷调查中的各位专家学者的无私帮助，他们是：北京师范大学的毛振明教授，福建师范大学的黄汉升教授，北京体育大学的王华倬教授、姚蕾教授、赖天德教授，华东师范大学的董翠香教授，华南师范大学的谭华教授、李薇教授，苏州大学的樊炳友教授，扬州师范大学的潘邵伟教授，华中师范大学的黄爱峰教授，陕西师范大学的史兵教授，杭州师范大学的曹守和教授，西安体育学院的刘新民教授、李艳茹教授、林春源教授、马海涛教授，河南师范大学的许瑞勋教授、岳新坡副教授，郑州大学的赵院长和房馆长，安徽师范大学的孙继龙教授、吴本连副教授，首体教育学院的王皋华教授，沈阳师范大学的周莹教授，湖北工程学院的周桂琴教授，湖北大学的肖平教授，湖南理工学院的李莉教授、李佳川教授，广州第二师范学院的张细谦教授，山西师范大学的樊林虎教授，山西大学的李金龙教授，江西师范大学的罗林教授，河北师范大学的鲁忠义教授，广西师范大学的顾大成教授，肇庆学院的杨丽华教授，上海体育学院的唐炎教授，曲阜师范大学的解毅飞教授等，以及广州市南沙区教育发展中心的邓蔚林老师，山东省肥城市白云山小学的田蒙老师，新城区教师进修学校的乔景文老师，西安市教育科学研究所的褚启明老师，陕西省教育科学研究所的严公建老师，西安市莲湖区远东二小的白雅妮老师，西安市小雁塔小学的齐春峰老师，莲湖区青年路小学的胡凤娥老师，西安建筑科技大学附属小学的张玉朝等多位老师的大力帮助和支持！

很多感人的画面仿佛就在昨天！访谈毛振明教授的那一天，我曾多次找过他，但从早上开始毛老师就一直在忙，一个是学校即将开运动会，需要做大量的准备工作，另一个是全国性的校长会议处于紧张的前期安排，下午他还要去××小学进行体育教学内容及其他工作的视察，时间安排几乎是满满的，他完全可以以任何理由拒绝我，但毛老师听说我要做小学体育教师教育方面的书稿撰写后欣然同意我的访谈，就在他时间安排的空隙我们进行了交流，那一天，从早上一直到下午放学毛老师都没有吃饭，每一件事情他都亲力亲为，对工作的认真负责以及对孩子的爱（一进学校，小孩子都认识他，"毛爷爷好"的亲切叫声已经表明了一切）都深深地感染了我，以前在我眼中，他是专家、学者，可是，通过这一天的接触我对毛老师的认识又增加了很多，也让我对工作和人生价值有了新的思考，对这样一位学者更加的崇敬。

在广州、北京访谈的过程中，刘春燕博士曾两次帮我联系专家，她牺牲自己宝贵的时间亲自安排、陪同，甚是感动！第一次是她在华南师大读博期间，第二次是她在做季浏教授的博士后期间，一方面被她的热情深深地打动（第一次通过电话联系，当时我们还未曾谋面），另一方面为她的努力、上进所折服，在此也祝愿她在博士后工作期间一切顺利，今后取得更多的成就！

就是这样，他们没有任何回报地以各种方式、方法支持了我的研究，唯有以一声真诚的"谢谢"，表示对他们的感激！

## 四、感谢西安体育学院的领导、同事们

三年来，我能安心求学，离不开学院给予的支持！感谢系领导、同事给予的关心与关怀，感谢我的硕士生导师匡小红教授一直以来的鼓励和教导。求学期间，学院经历了巡视诊断，教研室老师们承担了比以往更多的课程外还要应对各种活动，但每次遇见他们，都是真诚的问候与宽慰的鼓舞，嘱托我好好地努力求学，不要分心，让我很是感动，感谢大家！

## 五、感谢同学、朋友和我的学生

感谢我亲爱的同学、朋友和学生！真诚感受到了友情的伟大力量。在访谈、问卷发放过程中，我的大学同学、研究生同学、高访同学、博士同学，以及一些

在学校工作的朋友,还有我带过的学生都给我了很多无私的帮助。在攻读学位期间,时常遇到很多不得其解的困惑使我痛苦至极,在思考的过程中,通过和他们的畅聊,我获益匪浅,感谢身在异乡的研究生同学郭海霞博士和万炳军博士,感谢高校工作的王岩博士、陈乐琴博士、马兆明博士、张宝玉博士、夏秀荣博士、王静博士及侯梦儒、刘春、董潇、齐娇娇、边菊萍等老师,感谢高访班的李宏斌教授、张红学教授、崔冬雪博士、李恩荆博士、郭玲玲博士、刘秀珍博士、姜付高博士、李霞教授、刘云教授、杜文银教授、王世涛副教授、郭玲玲副教授、彭放副教授等,感谢学生郭阳、胡琨琪、焦潘辉、黄锦玲、师弟李贺等,在这里一并表示对他们的感谢!

## 六、感谢我的家人

读书是一件艰苦的事情,这种艰苦的承受涉及我的每位家人,离开了家人的支持和帮助也是不可能完成的。在此,我要深深地感谢曾帮我带孩子的父母,在孩子成长的过程中伴随着他们操劳的还有渐渐的衰老,这么多年了,他们一直都在默默地付出,而我却无以回报,只能在内心深处将这种浓浓的爱化为动能支撑我在困苦的时候有足够的力量继续前行。最为感谢的是我的爱人,他是一个有思想、有理想的人,在我求学、读书这件事情上,多年来他都是百分之百地支持我,2008年儿子出生,2010—2011年我在北京体育大学高访一年,2013—2016年,我又在河北师范大学攻读博士学位,他作为一个男人总能义无反顾地支撑起全部让我能全心做事,一方面他全力支持我完成学业、照顾家庭和孩子,另一方面他还要做自己的事业,这一切都让我特别的感动。儿子上幼儿园、经历幼小衔接,升入小学期间他付出了更多,所以真心感谢我的爱人。还要感谢我的儿子,小小的年纪承担了本不该承担的很多,他现有的年龄中有一半时间我都奔波在外,我们由开始的每次打电话一个这头哭一个那头哭的状态,到了后来愉快地相互鼓励,儿子热情、善良和活泼的个性使我欣慰,他也有自己的梦想,我们能像朋友一样畅所欲言、相互激励,真心感谢上天让我拥有了你,愿你能健康快乐成长,实现自己的梦想。还要感谢我的哥哥、嫂子、弟弟、弟媳、姐姐、姐夫在此期间给予我家的鼓励和帮助。

求学之路终要告一段落,但未来所要走的路程还有很远。在科研这条路上,自己还仅仅是个"破萌"的孩童,没有什么成绩,但在这条路上,我的艰苦付出却得到了老师、同学、家人和朋友的认可,连我自己也感觉到了自己的变化。在写作、逻辑思维、语言表达、看问题的角度和深度等方面都有了长足的进步,每一次小小的进步,都会让我再次充满力量,更加坚定前行的方向,也希望在您驻足的这份答卷面前,您有所评,以促我继续进步。也希望自己今后更加努力,给予大家更满意的答卷。今后我会以你们为榜样,谦和对人、谨慎做事,用行动感触身边的人,树立更多的正能量。再次感谢前行中有你们的陪伴!

王 硕

**2016 年 2 月 25 日于西安**

# 攻读学位期间科研成果

1. 发表文章

| 文章名称 | 发表刊物（出版社） | 刊发时间 | 刊物级别 | 署名次序 |
|---|---|---|---|---|
| 对健美操新概念—"全民健身操"的多维阐释 | 沈阳体育学院学报 | 2014年1月第33卷1期，110-113. | CSSCI | 1 |
| Introspection of the Guiding Thought of Physical Education in Schools in the Field of the Guiding Thought of Health First | Asian Sports Science | 2014年10月第3卷10期，61-67. | EI Retrieval To be | 1 |
| Reserch of Aerobics Teaching Design Based on Intelligent Agent | Simulation Systems, Science & Technology | 2015年8月第16卷4期，85-88. | EI | 1 |
| "学段划分模式"——体育教师职前教育课程改革新构想 | 西安体育学院学报 | 2017年3月第34卷2期，237-241. | CSSCI | 1 |
| 体育艺术表演拓展型创新人才培养目标的研究 | 当代体育科技 | 2017年第4期，2-3. | 中文核心遴选 | 1 |

2. 课题情况

（1）主持2013年西安体育学院教学改革课题《体育艺术表演拓展型创新人才培养的研究》，2014年10月结题。

（2）参与2013年西安体育学院教学改革课题《构建我院体育表演拓专业学生实践能力培养体系的研究》，2015年10月结题。

（3）参与2012年西安体育学院教学研究立项课题《我院体育艺术系艺术类专业毕业论文（设计）改革研究》，2014年10月结题。

（4）主持2015年度西安体育学院教学改革研究项目《西安体育学院表演专业第二课堂项目体系构建》，正在进行。

（5）参与2017年《西安体育学院体育艺术类专业第二课堂实施细则》，已完成。

3. 教材情况

（1）参编《大型文体表演》．北京：高等教育出版社，2014，3．

（2）参编《形体训练》．北京高等教育出版，2016，6．

4. 获奖情况

（1）2014年7月《高等学校本科体育教育专业人才培养方向模式的新构想——"项目划分模式"转为"学段划分模式"》获得"高等院校体育教学训练论文报告会"一等奖。

（2）2014年11月《"学段本位"——体育教师教育的新构想》获得"2014年全国学校体育科学论文报告会暨第七届全国优秀中青年学校体育工作者研讨会论文"一等奖。

（3）2015年《新时期我国老年体育发展的问题与对策研究》获得"全国全民健身操舞高峰论坛"一等奖。

（4）2015年《学段本位论——我国体育教师教育的新构想》入选参加全国第十届体育科学大会墙报交流。

（5）2016年10月《体育艺术表演专业实践能力培养体系研究——以西安体育学院为例》获2016年全国体育院校艺术类专业建设协作会科学论文报告会二等奖。

（6）2016年10月指导学生参加"2016年华山论剑西凤酒杯陕西省广场舞公开赛暨全国全民健身操舞陕西分站赛"公开组有氧轻器械三级获一等奖。

5. 参加其他活动情况

（1）2013年11月，参加全国体能教练员培训班，获得结业证。

（2）2014年河北师大第二届研究生论文报告会，大会报告主持。

（3）2015年8月参加全国社会体育指导员健身技能培训，获得结业证书。

（4）2015年参加香港马会主力全民健身公益系列活动——全国社会体育指导员健身技能培训（广场健身操舞），成绩合格，顺利结业。

（5）2015年12月参加陕西省一级社会体育指导员业务培训，成绩合格，顺利结业。

（6）2016年1月参加全国全民健身操舞裁判员、教练员培训班，顺利结业。

（7）2016年9月参加香港马会主力全民健身公益系列活动——全国社会体育指导员健身技能培训（节奏体育操），成绩合格，顺利结业。

（8）2017年3月参加陕西省健美操、艺术体操、啦啦操及健身操舞培训，成绩合格，获得陕西省学校体育竞赛教练员证书。